普通高等教育经管类专业系列教材

管理会计
（第三版）（微课版）

张　璠　主　编
崔　婕　姬　昂　副主编

U0360924

清華大学出版社
北　京

内 容 简 介

管理会计是管理学与会计学交叉形成的、具有边缘学科性质的一门新兴学科。管理会计是服务于企业内部的"内部报告会计"，是向企业内部管理者或决策者提供与预测、决策、预算、控制、评价相关的一系列专门方法的会计学科。随着我国经济的深入发展与现代企业制度的日益完善，管理会计的作用越来越重要，应用也越来越广泛。本书是作者在参考大量中外出版的管理会计文献的基础上，结合多年教学经验、研究成果编写而成的。全书共分为十二章，除了系统阐述管理会计的基本理论与基本方法，还将管理会计的前沿信息补充进来，进一步满足学生更高层次的学习需求。

本书适合会计学、财务管理、审计学等专业的本科生作为教材使用，也可供企业经济管理人员、会计人员自学使用。

本书配套的电子课件和习题答案可以到 http://www.tupwk.com.cn/downpage 网站下载，也可以通过扫描前言中的二维码获取。扫描前言中的视频二维码可以直接观看教学视频。

图书在版编目(CIP)数据

管理会计：微课版 / 张璠主编. —3 版. —北京：清华大学出版社，2024.2
普通高等教育经管类专业系列教材
ISBN 978-7-302-65281-6

Ⅰ.①管… Ⅱ.①张… Ⅲ.①管理会计—高等学校—教材 Ⅳ.①F234.3

中国国家版本馆 CIP 数据核字 (2024) 第 024258 号

责任编辑：胡辰浩
封面设计：周晓亮
版式设计：孔祥峰
责任校对：成凤进
责任印制：沈 露

出版发行：清华大学出版社
   网 址：https://www.tup.com.cn，https://www.wqxuetang.com
   地 址：北京清华大学学研大厦 A 座   邮 编：100084
   社 总 机：010-83470000   邮 购：010-62786544
   投稿与读者服务：010-62776969，c-service@tup.tsinghua.edu.cn
   质 量 反 馈：010-62772015，zhiliang@tup.tsinghua.edu.cn

印 装 者：涿州汇美亿浓印刷有限公司
经 销：全国新华书店
开 本：185mm×260mm 印 张：15.75 字 数：364 千字
版 次：2017 年 8 月第 1 版 2024 年 2 月第 3 版 印 次：2024 年 2 月第 1 次印刷
定 价：69.00 元

产品编号：102098-01

管理会计是管理学与会计学交叉形成的、具有边缘学科性质的一门新兴学科。20世纪80年代初，管理会计以较为成熟的学科形式被介绍到中国，随着我国经济的深入发展与现代企业制度的日益完善，管理会计的作用越来越重要，应用也越来越广泛。《会计改革与发展"十四五"规划纲要》更是指出要加强管理会计指引体系建设，推进管理会计广泛应用，提升会计工作管理效能。本书正是为了适应上述要求进行了第三版的修订，吸收了当前管理会计的理论研究成果、教学改革成果编写而成，体现了如下特色。

(1) 内容精练，重点突出。本书的理论阐述由浅入深，文字表述言简意赅、准确清楚，重点放在强化应用上。

(2) 注重实用性，配备大量的实例。本书重点培养学生综合运用知识和技能的能力，实用性强，使用范围广。

(3) 课后习题类型丰富。书中习题包括单选题、多选题、判断题和计算分析题等，知识点基本覆盖各章节的重点和难点，便于学生加强对知识的理解与掌握，巩固各章知识要点。

(4) 教学资源丰富。本书配有PPT教学课件及习题答案，便于教师组织教学，也便于学生课堂学习及课下巩固知识。本书适用于会计学、财务管理、审计学等专业本科生的日常教学工作，也可供企业经济管理人员、会计人员自学使用。

本书是多人智慧的结晶，作者们从事多年的教学工作，并具有丰富的实践经验。本书由张璠担任主编，负责大纲拟订、全书总纂，崔婕、姬昂担任副主编，具体编写分工如下：张璠编写第1章、第4章、第8章和第11章，姬昂编写第2章、第3章和第6章，宋丽编写第5章、第9章，于越编写第7章和第10章，崔婕编写第12章。在本书的编写过程中，作者参考了一些相关著作和文献，在此向这些文献的作者深表感谢。在编写过程中，作者可能会因某些方面考虑不周而存在一些问题，欢迎广大读者批评指正。我们的邮箱是992116@qq.com，电话是010-62796045。

本书配套的电子课件和习题答案可以到http://www.tupwk.com.cn/downpage网站下载，也可以通过扫描下方的二维码进行下载。扫描下方的视频二维码可以直接观看教学视频。

扫描下载   扫一扫

配套资源   看视频

作 者

2023年11月

目 录

第一章

绪　　论

【学习目标】
○　了解管理会计的形成与发展。
○　理解管理会计的定义、作用、内容、职能。
○　掌握管理会计与财务会计的联系与区别。

第一节　管理会计的产生与发展

一、管理会计的定义

管理会计是管理学和会计学相互融合而成的一门学科，它主要为各类组织内部的管理者提供服务。多年来，许多学者根据自己的研究对管理会计进行了定义。下面是具有代表性的几种观点。

我国学者李天民教授在其1984年编著的《管理会计》一书中认为，管理会计主要是通过一系列专门的方法，利用财务会计提供的资料及其他资料进行整理、计算、对比和分析，使企业各级管理人员能据以对日常发生的一切经济活动进行规划与控制，并帮助企业领导做出各种决策的一套信息处理系统。

我国著名管理会计学专家余绪缨教授(1999)认为，管理会计是为企业内部使用者提供管理信息的会计，它为企业内部使用者提供有助于正确进行经营决策和改善经营管理的有关资料，发挥会计信息的内部管理职能。

我国学者胡玉明博士(2000)认为，21世纪的管理会计应是为企业核心能力的诊断、分析和提升提供相关支持的信息系统。

从上述定义可以看出，管理会计的定义在不断变化。综合而言，比较一致的观点是：管理会计是以提供经济管理信息为目的，通过广泛利用财务会计信息和非财务会计信息，对经济过程进行预测、决策、规划、控制和责任考评的会计信息系统。

二、管理会计的产生及发展阶段

（一）管理会计的产生

管理会计是从传统的成本会计中逐渐派生出来的一门新兴学科，是生产力进步和管理水平不断提高的必然结果。管理会计的前身是成本会计，管理会计的作用最初体现在成本管理方面。19世纪下半期，尤其是最后的20年，工业化大生产格局已处于形成过程之中。在此期间，人们逐渐认识到产品固定成本的增加对公司盈利的影响。这样，在19世纪与20世纪之交，人们开始集中精力研究解决固定成本的问题。20世纪初期，随着工业化大生产基本格局的形成，在工业企业中，重型机器设备在资产中所占比重越来越大，产品制造程序亦日趋复杂，于是人们又开始着手研究解决产品成本形成过程中的间接费用分配问题。同时，随着竞争压力日益增大与一系列成本问题的集中，人们开始考虑对产品制造成本的全面控制问题。从1885年美国军械师亨利·梅特卡夫的《制造成本》、1887年英国电气工程师埃米尔·加克与会计师M.费尔斯合著的《工厂账目》，到1911年E.韦伯纳的《工厂成本》，这些书主要讲述了产品成本的计算问题，但其中已开始涉及一些成本管理方面的问题，依次考察其内容，这些书在一定程度上反映出由单纯讲述成本核算向兼顾成本管理问题过渡的状况。当人们的思想、行为开始由成本计量、记录方面转向成本控制方面时，管理会计的形成便处于萌芽阶段。

20世纪初，美国许多企业开始推行泰罗的科学管理。这种管理通过时间研究和动作研究，制定一定客观条件下可以实现且最具有效率的标准，以实现生产各个方面的标准化。伴随泰罗的科学管理，会计技术也有了相应的发展和变化，"标准成本控制""预算管理"及"差异分析"方法产生。会计领域中这类新方法的出现，不仅给已有的成本会计增加了许多新的内容，而且为会计直接服务于企业管理开辟了一条新的途径。此时的企业会计已经突破了单纯的事后计算而开始进行事前计算，并有意识地将事前计划与事后分析相互结合，因而在提高生产效率、改善经营管理、加强企业内部各部门的经济责任等方面发挥着越来越重要的作用。此时，管理会计实际上已经形成，并大体处在初级阶段。标志管理会计形成的代表作主要有：奎因坦斯1922年出版的《管理会计：财务管理入门》，这部书不仅首次提出"管理会计"的名称，而且阐明了企业的会计管理工作与财务管理工作之间的关系。学者布利斯1923年出版了《经营管理中的财务效率和营业效率》一书，次年又出版了《通过会计进行管理》一书，这两部作品都强调把相关会计信息应用到企业经营管理过程之中，并强调提高企业经营管理人员对企业财务与营业效率的控制水平。1924年，麦金西的专著《管理会计》出版，书中指出，企业的会计工作不能停留在以往的会计之上，而应当把一些以科学管理为基础的、面向未来的会计概念及其会计程序纳入以经营管理为目的的会计制度中去。

(二) 管理会计的发展阶段

到了20世纪50年代，资本主义经济迅速发展，跨国公司开始出现，国内企业竞争加剧，市场情况变化多端。面对这种严峻的外部条件，每个企业都必须以更先进、更科学的企业管理取代已陈旧过时的泰罗的科学管理。正是在这种情况下，现代管理科学产生。现代管理科学的创立，促进了全局性的以"决策会计"为主的现代管理会计的建立。现代管理理论武装了企业会计，使许多行之有效的现代技术方法广泛地渗入会计领域，从而充实了管理会计的内容，加速了管理会计的演进过程，并最终促成了管理会计与财务会计的分离。1952年，国际会计师联合会正式通过"管理会计"这一专业术语，这标志着会计正式分为"财务会计"和"管理会计"两大领域。从本源上讲，管理会计是从早期成本会计的基础上演变而来的，成本会计是管理会计建立之根基。然而，值得注意的是，一方面在管理会计形成及发展过程中，它创造性地发展了成本会计，把成本会计研究与实践中由注重核算方面引向注重控制方面，并最终从管理控制的方向将成本会计方面的一些内容纳入管理会计的体系之中；另一方面，在现代管理会计发展阶段，无论是在广度还是在深度方面，管理会计都不同于20世纪初所建立的标准成本系统，它的发展已围绕企业经营决策及强化内部控制这个中心，逐步构建了自己的理论体系及方法体系。从企业会计工作分工方面讲，财务会计通过信息系统将相关财务会计信息提供给企业外部的信息使用者，服务于社会各相关方面；而管理会计则通过信息系统将相关管理信息提供给企业经营管理的决策者、执行者，在其参与决策、参与经营管理的过程中发挥直接作用。处于现代管理会计核心地位的是预测决策会计。在企业经营与管理活动过程中，管理会计与财务会计既有明确分工，也必然会出现工作交叉的方面。分工决定着它们各自朝着专业化的方向发展，而工作的交叉方面，既需要学术界在研究过程中加以协调，又需要工作人员在工作过程中加以处理。

进入20世纪70年代后，在经济发达的国家及地区，不仅管理会计理论研究工作又有进一步的发展，而且管理会计的推广应用也进入实质性工作阶段。1972年，美国全国会计师协会开始举办"审定管理会计师"(CMA，译为执业管理会计师)考试，凡考试合格者颁发"管理会计师证书"，以此作为上岗依据。其后，经过十多年的努力，CMA考试已在美国的67个城市举行，这时，《华尔街日报》及其他刊物上的招聘广告已把通过CMA与CPA(注册会计师)考试并列作为相关应聘人员的必备条件。1980年，在巴黎举行的世界会计人员联合会第一次大会也把管理会计的应用作为研究主题，这次国际会议的举办表明管理会计的影响已开始扩大到世界范围。

20世纪80年代以后，高新科技蓬勃发展，生产的电脑化、自动化进入了新阶段。同时，随着全球经济的一体化发展，越来越多的国家和地区通过多边协议等方式加强了彼此之间的经济联系，在全球寻找生产资料、人力和技术等方面的优势资源。其结果是世界成为一个紧密联系的大市场，企业面临越来越激烈的市场竞争。要维持生存和发展，企业必须学会在产品设计阶段有效地控制成本，适应多变的顾客需求，缩短开发产品的时间。为此，企业应树立全局和长期的观念，高瞻远瞩地进行战略管理。战略管理下，出现了包括全面质量管理、作业管理、价值链分析等各种创新的管理方法。这些管理方法的创新对企业的管理会计系统产生了重大影响，使决策性管理会计的不足开始显现，战略管理会计由此产生。战略管理会计是当今管理会计理论研究的新热点之一。战略管理会计既关注企业内部信息，也关注企业外部信息；既提供财务信息，也提供非财务信息。这些信息包括竞争者的成本、产品的盈利能力、定价决策、市场份额、品牌价值等。战略管理会计所提供的这些信息，填补了财务报告的财务指标和战略决策的不确定性之间的空白，将外部市场和竞争对手的信息纳入其中，将财务信息转化为决策者所容易把握的经营信息，从而帮助管理者确保企业战略的实现、竞争优势的保持。

20世纪90年代至今，以美国和英国为首的发达国家共同致力于进一步推动管理会计的发展。2012年，美国注册会计师协会(AICPA)与英国皇家特许管理会计师公会(CIMA)推出全球特许管理会计师(CGMA)头衔。2014年，AICPA与CIMA发布CGMA职业能力框架，该框架旨在帮助管理会计师及其雇主了解岗位的经验需求，以及支持持续职业发展的能力所在，包括数字技能、商业技能、人际技能、领导技能和专业技能五方面。这五项职业能力体现了新时代会计行业的实际发展需求，同时结合了各个企事业单位在进行会计工作和财务工作管理过程中的必要元素。2017年，AICPA与CIMA成立国际注册专业会计师公会。国际注册专业会计师公会拥有超过69.8万名管理会计和公共会计会员及学员，旨在帮助会计师们做好充分准备，应对今天的挑战，把握明天的机遇。

三、中国管理会计的发展

20世纪80年代初，管理会计以较为成熟的学科形式被介绍到中国。随着我国市场经济的不断发展和改革，管理会计在我国企业管理建设中也得到了一定的推广和运用，其发展经历了从以成本控制为基本特征的阶段到以预测、决策为基本特征的阶段，再到战略管理阶段，有效地增强了企业的市场竞争力，提高了企业的经济效益。

由于中国的管理会计理论很大程度上是从国外引进的，尚没有形成具有中国特色的管理会计理论体系，从而导致在实际应用的过程中缺乏相应的理论指导和规范的制度保障，出现理论与实践脱节的现象。针对这些情况，2014年1月29日，财政部网站首次刊登了《关于征求〈财政部关于全面推进管理会计体系建设的指导意见(征求意见稿)〉意见的函》，就全面推进管理会计体系广泛征求意见。2014年10月，财政部在《关于全面推进管理会计体系建设的指导意见》中提出形成以管理会计基本指引为统领、以管理会计应用指引为具体指导、以管理会计案例示范为补充的管理会计指引体系。2014年被会计界誉为管理会计"元年"，这标志着财政部已将管理会计列入今后会计改革发展的重点方向，着手加强管理会计制度建设，加快管理会计人才培养。2016年6月，财政部颁布了《管理会计基本指引》以促进单位(包括企业和行政事业单位)加强管理会计工作，提升内部管理水平，促进经济转型升级。为推进管理会计指引体系建设，提升单位管理会计工作水平，增强价值创造力，实现单位可持续发展，2017年10月，财政部发布了《管理会计应用指引第100号——战略管理》等22项管理会计应用指引。2018年2月和6月，财政部又分别发布了《管理会计应用指引第202号——零基预算》和《管理会计应用指引第204号——作业预算》。这一系列应用指引的出台，对逐步完善管理会计理论体系、指导管理会计的实践活动起到了积极的作用。同时，随着区块链等新技术、碳管理会计等新趋势的出现，管理会计正积极整合，努力实现自身的创新和发展，从而实现其应有的效率和效益。

为适应国际发展潮流，中国国际人才交流基金会携手英国皇家特许管理会计师公会(CIMA)将数字化管理会计(DMA)引入中国，致力于推广数字化管理会计知识和认证体系，和我国共同培养具备全球视野、数字化思维和先进管理会计技能的国际紧缺高端人才。2019年，我国率先改革大纲，将数字化作为CGMA全球特许管理会计师职业能力框架的核心技能，并以此为蓝图，设计开发了数字化管理会计认证体系，DMA应运而生。为了更好地满足数字化时代的人才新需求，该数字化管理会计项目教学大纲经过精心设计，为中国新一代财务人量身打造，结合一系列相关主题、理念和实践领域，旨在为财务专业人员提供一个提升综合能力素质的学习平台，推进国内财会从业人员的技能升级，使其拥抱职业发展的更多可能，助力企业数字化财务变革。该项目将为财务人员国际化、数字化转型和专业人才测评的进一步实施提供驱动力和实践经验，以更好地适应21世纪数字化企业的要求。

第二节 管理会计与财务会计的关系

管理会计与财务会计是现代企业会计的两个分支。两者之间存在一定的内在联系，但管理会计作为一门独立的边缘学科，又与财务会计有明显的区别。

一、管理会计与财务会计的联系

管理会计与财务会计同属企业会计的范畴，两者之间具有千丝万缕的联系。

(一) 财务会计为管理会计提供资料

管理会计一般不涉及填制会计凭证、登记会计账簿及编制会计报表，它经常直接利用财务会计记账、算账和报账的资料进行分析研究，有时对这些资料进行必要的加工、调整和延伸，再结合其他有关信息进行计算、对比和分析，编制各种管理报表。财务会计的改革有助于管理会计的发展。

(二) 管理会计为财务会计提供服务，促进财务会计的发展

管理会计侧重于规划和控制企业现在和未来经济活动中的资金运动，其规划和控制的结果最终都要通过财务会计进行记录、计算并报告。从这一点上来说，管理会计也在为财务会计提供服务。在管理会计的作用下，财务会计提供的资料会更合理、更科学。同时，管理会计也促进了财务会计的发展，如原来在管理会计中用于反映企业现金流量，评价企业现金获利能力、偿还债务及支付投资者报酬能力的内部报表——现金流量表，现已被列为所有企业必须对外呈报的报表。

(三) 管理会计与财务会计最终目标一致

管理会计与财务会计所处的工作环境相同，它们的许多原始资料是相同的，所提供的信息资料相互补充，共同为企业提高经济效益这一根本目标服务。

二、管理会计与财务会计的区别

管理会计与财务会计尽管存在一定的联系，但二者之间也存在许多区别。

(一) 目的不同

财务会计主要通过定期向外报送财务报表的形式为与企业有经济利益关系的单位、组织或个人服务，为其提供企业一定时期的财务状况、经营成果和现金流量等财务信息；管理会计主要为企业内部管理部门和管理人员提供有效经营决策和管理所需的信息。

(二) 主体不同

财务会计往往以整个企业为工作主体；管理会计主要以企业内部各层次的责任单位为主体，并突出以人为本的行为管理，同时兼顾企业主体。

(三) 职能不同

财务会计侧重核算和监督企业已发生或已完成的经济活动，属于"报账型"会计；管理会计侧重预测前景、参与决策、规划未来、控制和评价企业的经济活动，属于"经营型"会计。

(四) 程序不同

财务会计的核算程序比较固定，一般严格按照凭证、账簿、报表的程序，有关信息载体的格式也较为固定；管理会计无固定程序，较为自由灵活，信息载体的格式也可根据需要灵活设计使用。

(五) 依据不同

财务会计必须遵守会计准则，其处理方法只能在允许的范围内进行选择，灵活性相对较小；管理会计服从于企业管理部门和管理人员的管理要求及有关经济决策理论与方法，不受会计准则的约束，其处理方法完全依据企业管理的实际情况和需要确定，具有很大的灵活性和机动性。

(六) 对象不同

财务会计的核算对象比较固定，它以整个企业的生产经营全过程为对象；管理会计的对象不固定，大至整个企业，小至某一部门、某个项目，可能是企业的生产经营全过程，也可能是某一特定阶段或环节。

(七) 方法不同

财务会计在一定时期内只可采用同一种核算方法，较为稳定；管理会计则依据具体需要灵活采用多种核算方法，如成本习性分析法、本量利分析法、边际贡献分析法、成本效益分析法、折现的现金流量分析法等。

(八) 精确度不同

财务会计的核算结果应力求精确，并要定期输出核算结果；管理会计的结果则不要求绝对精确，有时为近似值即可，也不必定期输出，何时输出依管理要求而定，报告期间可以按小时、天、旬进行，也可以按月、季、年甚至数年进行。

(九) 信息特征不同

财务会计主要向企业外部利益关系集团提供以货币为主要计量单位的信息，这些信息满足全面性、系统性、连续性、综合性、真实性、准确性、合法性等原则与要求；管理会计主要向企业内部管理部门提供定量的价值信息，还经常使用非价值单位，提供定性的、特定的、有选择的，以及不具有法律效用的信息。

(十) 体系完善程度不同

财务会计具有规范性、统一性，体系相对成熟，形成了统一的会计规范和会计模式；管理会计缺乏规范性和统一性，体系尚不健全。

第三节 管理会计的职能

管理会计的职能是指管理会计在企业经营管理中的功能。它既可以考评过去，又可以控制现在，还可以筹划未来。因此，管理会计具有预测、决策、规划、控制和考评五大职能。

一、预测职能

为了有效地帮助经营管理部门在经营管理决策中做出正确的判断和选择，需要对各种生产经营方案的各项经济指标进行科学预测。管理会计在预测过程中，主要对历史数据进行科学加工与整理，以此预测未来经济活动的发展变化，从而减少企业经营管理决策的盲目性。

二、决策职能

对各种备选方案做出选择的过程就是决策。决策是管理会计的一项重要职能。决策正确与否关系到一个企业的成败。管理会计在决策中以预测为基础，对为实现一定经营目标可供选择的有关方案进行分析与比较，权衡利弊得失，从中选择最优方案。

三、规划职能

规划以预测、决策为基础，将经营决策确定的经营目标和选定的方案借助于预算，使其具体化、数量化，企业以此作为控制和考评经济活动的依据。管理会计在对有关指标进行预测和决策后，主要的工作就是正确编制各项计划，即实行全面预算。全面预算是经营管理决策的具体化。

四、控制职能

控制是指以规划所确定的各项目标(即预算)为经营管理的依据，对预算期内可能发生的或实际已经发生的各种有关信息进行收集、整理、比较和分析，以便在事前、事中、事后对各项经济活动进行调节和控制，从而确保各项目标的实现。管理会计中应用的控制方法有全面预算控制、保本保利分析控制、标准成本控制、责任会计控制等。

五、考评职能

考评是将企业及各责任单位编送的业绩报告与企业及各责任单位的全面预算和责任预算进行对比、分析，以评价和考核企业及各责任单位履行经营责任的情况，并据业绩大小和有无给予相应的奖惩。实施责任会计，定期进行考评是管理会计的又一职能。

第四节　管理会计的内容与作用

一、管理会计的内容

管理会计究竟应该包括哪些内容，迄今尚未完全定型。就目前来说，管理会计与财务管理、成本会计存在诸多交叉。怎样来确定管理会计的基本内容，按照逻辑学的说法，应根据管理会计的职能进行推导。作为企业管理当局的管理会计，其基本内容应服从于强化企业经营管理，实现预测、决策、规划、控制和考评职能的要求，因此，管理会计的基本内容应该涵盖预测分析、决策分析、全面预算、成本控制和责任会计等方面。其中，预测分析和决策分析合并称为"预测决策会计"；全面预算、成本控制和责任会计合并称为"规划控制会计"。因此，管理会计的基本内容可归纳为"预测决策会计"和"规划控制会计"两大部分。

(一) 预测决策会计

预测决策会计是在调查研究的基础上，利用相关信息，采用各种专门方法，对计划期的各项重要经济指标进行科学的预测分析，并对经营和投资等一系列重要经济问题进行正确决策。因此，预测决策会计的主要内容包括以下几方面。

1. 经营预测

经营预测一般包括销售预测、成本预测和利润预测等。通过经营预测，可以了解企业生产经营前景和经济发展趋势，并在此基础上确定未来一定期间的各项具体经营目标，如销售目标、成本目标、利润目标等。

2. 短期经营决策

短期经营决策是在确定企业未来一定期间经营目标的基础上，通过对有关可行性方案的经济性进行计量、分析和比较，为最大限度地改善经营管理、提高经济效益而选取产品生产、产品定价等方面的最优方案。

3. 长期投资决策

长期投资决策是指在考虑货币时间价值和投资风险价值的前提下，通过对有关可行性方案的经济性进行计量、分析和比较，为最大限度地发挥资金效益、提高资金回报水平而选取产品开发、技术引进、固定资产购建与更新等方面的最优方案。

(二) 规划控制会计

规划控制会计是指通过预测和决策所确定的各项目标和任务，用数量和表格的形式加以汇总、协调，编制成企业的"全面预算"或制定出标准成本；再按照责任会计的要求加以分解，明确各个责任中心的责任；各责任中心在预算执行过程中，建立日常记录，定期编制业绩报告，并通过差异的计算和分析，实施反馈控制和业绩考评。因此，规划控制会计的主要内容包括以下几方面。

1. 全面预算

全面预算是企业经营决策的具体化。全面预算按经济内容分为业务预算、财务预算和资本预算。全面预算的量化分解指标可作为日常经济运行的控制依据，可作为期间、期末考核部门或个人经营业绩的标准。

2. 标准成本

标准成本是预先确定的生产某种产品所应当发生的成本，是分析和评价成本管理工作业绩的重要指标。通过实际成本同标准成本的比较，可以分析成本差异产生的原因，寻求降低产品成本的途径，最终达到有效地进行成本控制的目的。

3. 责任会计

责任会计是以强化企业内部控制为目的，将经济责任同会计数据相联系，全面评价和考核各责任单位工作业绩的内部会计控制制度。通过实施责任会计，可以明确企业内部各部门、各单位的经济责任与职权范围，达到正确评价工作成绩，及时提供信息反馈，进一步加强和改善各项经营管理工作的目的。

"预测决策会计"和"规划控制会计"两者相互联系、不可分割，共同构成了管理会计的统一整体。成本性态分析、变动成本法是管理会计的基础，它们既与"预测决策会计"相联系，又与"规划控制会计"相联系。

二、管理会计的作用

管理会计作为有别于财务会计的另一会计分支，主要发挥以下四方面的作用。

(一) 为企业内部提供必需的管理会计信息

为了圆满地完成预定的经营目标，既需要财务会计提供历史性、总括性会计信息，也需要管理会计提供预测性、分析性会计信息。从某种意义上讲，预测性、分析性会计信息相对历史性、总括性会计信息而言，前者对于企业生产经营活动的事前管理更为重要。管理会计从满足企业管理者行使管理职能、制定经营决策的需要出发，着重提供包含多种不同经济内容、以多种不同形式出现的信息，以便将它们用来解决不同性质或不同要求的管理与决策问题。同时，管理会计根据经营决策的不同内容和决策分析的不同要求，提出许多具有特殊含义和特定用途的决策成本信息，如边际成本、机会成本、付现成本等，以供企业管理者在产品生产、产品定价等领域制定决策之需。

(二) 帮助企业管理者做出科学的经营决策

管理会计除了给企业管理的有关方面提供信息，还对企业会计部门所掌握的大量会计信息进行计量和加工，并通过适当运用一系列决策理论和方法，对现实经济、技术条件下不同备选方案的预期效益进行分析评价，然后向企业最高决策者提出决策参考意见，从而使他们能够做出正确的选择。例如，借助货币时间价值理论与净现值法、内含报酬率法等专门方法，对设备购建、产品开发等方面的可行性方案进行经济评价，以帮助公司经理选定最优的投资方案。

(三) 对企业的生产经营活动实施严格的追踪、监控

若要切实加强企业管理，改善生产经营，圆满实现企业目标，需要借助管理会计的有关理论与方法对企业的整个生产经营过程进行跟踪、监控，将反映计划执行过程和决策实施过程的实际数据，同体现企业经营目标的预算、标准、定额等进行比较、分析和评价。管理会计不仅可以利用调查、分析、计算等手段预先估计未来可能出现的问题，并制定出相应的预防措施；还可以利用对目标、计划的实际执行过程进行计量、比较和考评等，及时发现偏差，查明偏差产生的原因，进而制定改进措施，以便将目标、计划的完成过程引向正确的轨道。

(四) 促进企业经济效益全面提高

讲求经济效益是任何企业从事生产经营活动的基本原则，是其存在和发展的客观要求。生产企业的经济效益表现在两方面：一是费用最低化；二是利润最大化。管理会计作为企业内部管理服务的信息系统，作为加强企业管理、提高经济效益的工具，其目标职能是通过一系列专门理论、方法的运用，实现对企业生产经营活动的科学规划和严格控制，以最大限度地节约费用、降低成本，最大限度地增加收益、扩大盈利，以此来提高企业的经济效益。

▌思考练习▐

一、单选题

1. 现代管理会计的一个重要特征是(　　)。
　　A. 具有统一性和规范性　　　　B. 必须遵循企业会计准则
　　C. 方式、方法灵活多样　　　　D. 方法单一
2. 下列选项中，处于现代管理会计核心地位的是(　　)。
　　A. 预测决策会计　　　　　　　B. 规划控制会计
　　C. 责任会计　　　　　　　　　D. 标准成本会计

3. 管理会计的作用最初体现在( )方面。

    A. 成本决策   B. 财务管理

    C. 成本计算   D. 成本管理

4. 管理会计是从传统的( )中逐渐派生出来的一门新兴学科。

    A. 预算会计   B. 成本会计

    C. 财务管理   D. 责任会计

5. 现代会计的两大分支为( )。

    A. 预测会计与决策会计   B. 规划会计与控制会计

    C. 财务会计和管理会计   D. 责任会计与内部会计

二、多选题

1. 管理会计的职能包括( )。

    A. 预测经济前景   B. 参与经济决策

    C. 控制经济过程   D. 考评经营业绩

2. ( )属于现代管理会计的两大基本内容。

    A. 预测决策会计   B. 规划控制会计

    C. 预算会计   D. 责任会计

3. 管理会计与财务会计之间的联系包括( )。

    A. 财务会计为管理会计提供资料

    B. 管理会计为财务会计提供服务，并促进财务会计的发展

    C. 管理会计与财务会计最终目标一致

    D. 财务会计是管理会计的前身，管理会计是在财务会计的基础上发展而来的

4. 下列选项中，能够揭示管理会计与财务会计之间共性特征的表述是( )。

    A. 两者都是现代会计的组成部分

    B. 两者的具体目标相同

    C. 两者共享部分信息

    D. 两者相互制约

5. 规划控制会计的内容包括( )。

    A. 全面预算   B. 标准成本

    C. 责任会计   D. 短期经营决策

三、判断题

1. 战略管理会计是当今管理会计理论研究的新热点之一。 ( )

2. 管理会计与财务会计的具体目标是一致的。 ( )

3. 相对于财务会计而言，目前的管理会计体系更具有统一性和规范性的特点。 ( )

4. 财务会计为管理会计提供资料。 ( )

5. 管理会计为财务会计提供服务，并促进财务会计的发展。 ( )

第二章

成本分类及其性态分析

【学习目标】
- 掌握固定成本、变动成本、混合成本的概念和特征。
- 掌握高低点法和一元直线回归法。
- 了解成本的主要分类。
- 了解成本性态分析的各种方法。
- 熟悉相关范围的定义及其意义。

第一节 成本分类

管理会计是在成本核算和成本管理的基础上发展起来的，能为企业管理人员提供进行决策和评价考核等所需的信息。成本在经济学、管理学及其他社会科学中都十分重要，而在研究的过程中，由于不同学科研究的侧重点不同，因此对于成本的定义、分类又有所不同。在管理会计的研究领域，成本属于生产经营中的一种消耗，是为了获得某种利益或达到一定目标所发生的耗费或支出。为了适应企业经营管理的需要，出于不同的目的，成本可以按照不同的标准进行分类。

一、成本按经济用途分类

生产成本和期间成本的区分，是传统的财务会计按照经济用途进行的分类。相应的生产成本也称为制造成本，期间成本也称为非制造成本。

(一) 制造成本

制造成本也称为生产成本，主要是指为制造产品或提供劳务而发生的支出。制造成本可以根据其具体的经济用途分为直接材料、直接人工和制造费用。

1. 直接材料

直接材料是指直接用于产品生产并构成产品实体或主要成分的各种材料。例如，家具厂生产家具耗用的木材，汽车制造厂外购的汽车轮胎等。

2. 直接人工

直接人工是指企业给予直接参加产品制造的生产工人的薪酬。

3. 制造费用

制造费用是指企业为制造产品或提供劳务而发生的各项间接费用，包括间接材料、间接人工和其他间接费用。

(1) 间接材料是指在产品制造过程中被耗用，但不容易归入某一特定产品，或者没必要单独选择分配标准归属某一特定产品的材料成本，例如，家具厂生产家具耗用的钉子、印刷厂装订图书时耗用的黏合剂。区分直接材料和间接材料的一个原则是考虑成本效益原则。

(2) 间接人工是指为生产提供劳务而不直接进行产品生产的人工成本，例如，生产车间管理人员的职工薪酬。

(3) 其他间接费用是指不属于间接材料和间接人工的其他各项间接费用，例如，固定资产的折旧费、保险费、生产车间照明用电等。

这里需要指出的是，划分直接和间接的标准是相应的成本能否准确地直接归结在某一特定产品上。在简单生产的情况下，直接成本(直接材料和直接人工)和间接成本(制造费用)的划分比较容易区分。随着生产经营流程的不断改进，成本核算体系不断发展，直接成本和间接成本的划分越来越困难。直接成本和间接成本的划分不是绝对的，而是依赖于企业具体的生产流程和成本核算系统。

(二) 非制造成本

非制造成本也称为期间成本或期间费用，通常分为销售费用、管理费用和财务费用。销售费用反映企业在销售商品过程中发生的包装费、广告费等费用，以及为销售本企业商品而专设的销售机构的职工薪酬、业务费等经营费用。管理费用反映企业为组织和管理生产经营发生的各项费用，例如，企业管理部门发生的办公费、折旧费等。财务费用反映企业筹集生产经营所需资金等而发生的筹资费用。

非制造成本的特点是其支出可以使企业整体受益，但难以描述这项支出与特定产品之间的关系，因此，在财务处理上其作为期间成本处理，直接计入当期损益。

二、成本按成本性态分类

成本性态也称成本习性，是指一定条件下，成本总额与业务量之间的依存关系。这里的业务量是企业经营活动水平的标志量。它可以是产出量也可以是投入量；可以使用实物度量、时间度量，也可以使用货币度量。例如，产品产量、人工工时、销售额、主要材料处理量、生产能力利用百分数、生产工人工资、机器运转时数、运输吨公里等，都可以作为企业业务量大小的标志。成本总额是指企业在正常经营活动中发生的制造成本和非制造成本，即不仅包括生产成本，还包括销售费用、管理费用等。按成本性态可以将企业的成本分解为固定成本、变动成本和混合成本三类。

(一) 固定成本

固定成本是指在一定时期和一定业务量范围内，其总额不受业务量的影响而保持固定不变的成本。例如，按直线法计提的固定资产折旧费、每月固定的租金成本等。

【例2-1】升达有限公司厂房的月租金为6 000元，当月产量分别为1 000件、2 000件、3 000件、4 000件时，企业的租金成本如表2-1所示。

表2-1　产量与租金成本表

产量/件	总成本/元	单位产品负担的固定成本/元
1 000	6 000	6.0
2 000	6 000	3.0
3 000	6 000	2.0
4 000	6 000	1.5

从表2-1中可以看出，当月产量在4 000件范围内时，租金总成本不会随着产量的变化而变化，保持6 000元不变，因而属于固定成本。

单位产品所负担的固定成本与业务量成反比关系，即业务量的增加会导致单位产品所负担的固定成本下降，固定成本的性态模型如图2-1所示。

1. 固定成本的特征

固定成本的特征可以概括为以下两方面。

(1) 固定成本总额在相关范围内保持不变。

(2) 单位固定成本与业务量成反比关系。

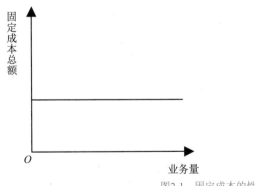
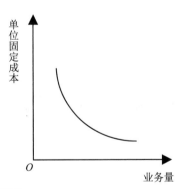

图2-1　固定成本的性态模型

2. 固定成本的分类

固定成本按照管理层控制程度的高低又可以分为酌量性固定成本和约束性固定成本。

(1) 酌量性固定成本是由管理层根据经营方针确定的一定期间的预算额而形成的固定成本，如广告费、职工培训费、研发费等。管理层的决策可以改变其支出数额，通常由企业管理层在每一会计年度开始前制定预算，决定每一项开支的多少以及新增或取消某项开支，但是这并非意味着酌量性固定成本可有可无。从性质上讲，酌量性固定成本仍是企业的一种"存在"成本，它直接关系到企业未来竞争能力的大小。从短期来看，虽然其与企业的业务量没有直接关系，但它决定着企业未来的长期竞争能力。

(2) 约束性固定成本是为了维持企业正常的生产经营所必须支付的最低成本，管理层的决策无法改变其支出数额的固定成本，如厂房、设备的折旧费。其短期内不受管理层决策的控制。企业经营规模越大，这种维持成本也将越高。约束性固定成本的性质决定了该项成本的预算期通常比较长。酌量性固定成本控制的重点在于控制总量，约束性固定成本的重点在于更为经济合理地利用企业的生产能力。

值得一提的是，酌量性固定成本和约束性固定成本的界限并不是绝对的，区分两者的关键在于管理层的控制力。当管理层对大部分固定成本项目都要做可行性分析时，这意味着酌量性固定成本的比例会比较大，反之则意味着大部分固定成本属于约束性固定成本。

划分约束性固定成本和酌量性固定成本，有利于企业寻求不同的成本降低途径。对于约束性固定成本来说，由于其总额不变，降低成本的途径只能是充分利用现有生产能力，提高产量，从而降低单位产品中的固定成本。因为如果试图降低这种成本总额则会导致企业缩减现有的生产能力，可能影响企业长远的发展能力。酌量性固定成本可以由企业管理人员根据未来的实际需要和财务负担能力加以调整。

(二) 变动成本

变动成本是指在一定时期和一定业务量范围内，其总额与业务量成正比例变动的成本。例如，书店购进某种图书时每本成本8元，对该书店来说，这种图书的购进成本就是一种变动成本。在企业里，通常来说，直接材料费、按件计酬的工人薪酬，以及按照工作量法计提的固定资产折旧费均属于变动成本。

【例2-2】升达有限公司生产一种衣柜，每个衣柜的木料成本为80元，则衣柜的产量和木料的成本关系如表2-2所示。

表2-2 产量与木料成本表

产量/个	总成本/元	单位成本/元
10	800	80
20	1 600	80
30	2 400	80
40	3 200	80
50	4 000	80

根据【例2-2】，可以发现变动成本也具有两个特征。
(1) 变动成本总额在相关范围内与业务量成正比关系。
(2) 单位变动成本不随业务量的增减变动而变动。
变动成本的性态模型如图2-2所示。

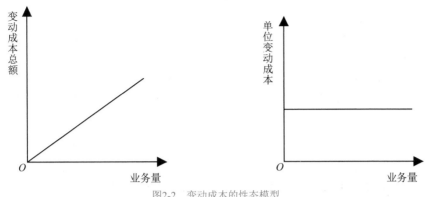

图2-2 变动成本的性态模型

变动成本受到企业技术和管理水平的影响。技术和管理水平越高，单位产品消耗的原材料和人工成本就会越低。了解了变动成本的特性，可以知道如果想降低变动成本，则必须设法降低单位变动成本。

(三) 混合成本

为了进行决策特别是短期决策，需要将成本按性态划分为固定成本和变动成本。但在生产经营活动中，许多成本并不直接表现为固定成本或者变动成本。这类成本总额与业务量的关系介于两者之间。一方面成本总额随业务量的变化而变化，另一方面成本总额的变化不与业务量的变化成正比例关系，此即混合成本。混合成本种类繁多，根据其发生的具体情况，通常可以分为以下四类。

1. 半变动成本

半变动成本的特征是当业务量为零时，成本为一个非零基数；当业务发生时，成本以该基数为起点，随业务量的变化而成正比例变化。例如，企业发生的设备维修保养费在企业没有生产时，也要发生基本设备保养支出，但随着业务量的增加，维修保养费又会相应增加。企业的公用事业费，如电费、水费、电话费等均属半变动成本。

以电费为例，我们假设企业每月电费支出的基数为500元，除基数费用外，生产一件产品需支付电费0.3元。如果以y来代表企业本月支付的电费总额，x代表产品产量，则本例可以通过$y=500+0.3x$这样一个数学模型来表示。半变动成本示意图如图2-3所示。

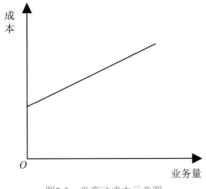

图2-3 半变动成本示意图

2. 半固定成本

半固定成本又称为阶梯式成本，此种成本的特征是在一定业务量范围内，其发生额的数量是不变的，但当业务量的增长达到一定限额时，其发生额会跃升到一个新的水平保持不变，直到产生另一个新的跃升为止。假设某企业每一名质检员最多检验800件产品，产量一旦超过了800件，就必须增加一名质检员，那么该企业质检员的工资就属于半固定成本，随着产品产量的增加，该项成本呈阶梯式跃升。半固定成本用数学模型来表达较为困难。当产量的变化范围较小时，半固定成本可以被视为固定成本，可以用$y=a$这样的数学模型来表示。当产量的范围变动较大时，我们可以用平滑的方式将半固定成本描述为一种近似的变动成本性态。半固定成本示意图如图2-4所示。

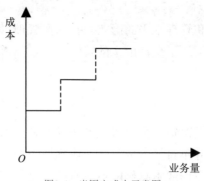

图2-4　半固定成本示意图

3. 延期变动成本

延期变动成本的特征是在一定业务量范围内保持总额不变，当业务量增长超过了这个范围时，成本就与业务量的增长成正比例变动。假设某企业支付销售人员的工资是当月销售量在800件以内时，工资为1 000元，当销售量大于800件时，每增加1件支付工资10元，那么对该企业来说，支付的销售人员工资就是一种延期变动成本。延期变动成本示意图如图2-5所示。

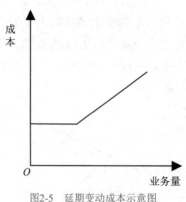

图2-5　延期变动成本示意图

4. 曲线型混合变动成本

曲线型混合变动成本的特征是成本随着业务量的增加逐步增加，不过两者的变化幅度并不一致。例如，累进计件工资，随着产量的增加，成本也将相应增加，但是成本增加的幅度大于产量增加的幅度，这种变化率是递增的。曲线型混合变动成本示意图如图2-6所示。

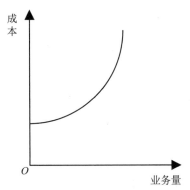

图2-6 曲线型混合变动成本示意图

现实经济生活中，成本的种类繁多、形态各异。上述所列举的几种混合成本并不能概括全部。虽然混合成本在企业中占有重要比例，但由于成本与业务量之间的关系并不是线性的，因此处理起来非常不方便。为了简便，通常将混合成本与业务量之间近似地看作线性关系。根据以上分析，混合成本可以分解为变动成本和固定成本两部分，如果用 y 表示总成本，a 表示固定成本，b 表示单位变动成本，x 表示业务量，那么成本的函数模型可以表示为 $y=a+bx$。这个公式可以看作近似的成本函数，根据这个函数，通过对未来业务量水平的预测，就可以预测出相应的成本总额。

(四) 相关范围

固定成本和变动成本的特征只适用于一定时期和一定业务量范围内，称为相关范围。超出这个范围，固定成本总额不变和单位变动成本不变的特征就不能保持，所有成本都将呈现混合成本的特征。【例2-1】中升达有限公司厂房的租金是一项固定成本，但是假设企业的生产能力增强，又租用了一间新的厂房，租金成本上涨到10 000元，这时原有的相关范围被打破，也就有了新的相关范围，如图2-7所示。

图2-7 固定成本的变化与相关范围的界定

又如，在产品投产初期，由于工人劳动不熟练，生产效率低，单位产品的材料和人工成本可能比较高，当业务量增加到一定程度后，各项消耗会逐渐稳定在一个水平，从而使单位产品的材料成本和人工成本逐渐降下来。而当产量突破上述范围继续上升时，可能会出现新的不经济因素(如支付工人加班工资、废品率上升等)，单位成本又会上升，如图2-8所示。

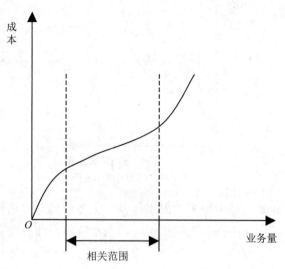

图2-8　曲线型混合变动成本相关范围的界定

　　为了使直线方程$y=a+bx$成立，就必须保持固定成本和变动成本的性态。为此，可以无限缩小相关范围。在很小的相关范围内，任何成本都会呈现出固定成本和变动成本的特征。尽管线性关系可能不是十分精确，但在企业管理实践中，由于运用起来方便易懂，因此更容易受到管理人员的欢迎。如果需要更准确地反映成本与业务量之间的关系，就需要用非线性函数或者多元线性函数来反映，如果使用二次方程或者其他函数模型来进行描述，尽管这增加了成本分析的精确程度，但是需要花费更多的时间和精力，这时，企业便需要在成本和效益之间做出判断和权衡。

第二节　成本性态分析

一、成本性态分析的含义

　　固定成本和变动成本只是经济生活中诸多成本性态的两种极端类型，多数成本是以混合成本的形式存在的，需要将其进一步分解。成本性态分析是指运用一定的程序和方法将企业的全部成本最终分解为固定成本和变动成本两大类，并建立相应的成本函数模型的过程。如果我们可以对费用支出逐笔、逐次地进行分析、分解，结果将是最准确的。但是由于企业的经济业务繁多，因此这种分解工作的成本无疑是相当大的。在实践中，人们往往在一类成本中选择具有代表性的成本项目进行性态分析，并以此为基础推断该类成本的性态。进行成本性态分析，为企业应用变动成本法、进行本量利分析、进行短期决策和预测分析、编制全面预算、实行标准成本系统等奠定了基础。

二、成本性态分析的方法

(一) 账户分析法

账户分析法是指根据会计科目的性质、内容和有关会计核算制度及费用开支的规定，判断各项成本的特征，并将其逐一划分为变动成本和固定成本。这种方法简便易行，但实际分析的工作量太大，不适合规模较大的企业的成本性态分析。下面用一个简单的例子来说明账户分析法如何对成本进行分解。

【例2-3】假设升达有限公司某车间的制造费用账户1月份发生的费用如表2-3所示。

表2-3 制造费用明细表

单位：元

费用项目	合　计
折旧费	4 000
电费	3 000
管理人员工资	3 000
物料消耗	10 000
制造费用合计	20 000

假设本期产量为4 750件，升达有限公司对每项费用进行成本性态分析之后，得到的结果如表2-4所示。

表2-4 制造费用成本性态分析表

单位：元

费用项目	固定成本	变动成本	合计
折旧费	4 000		4 000
电费	1 000	2 000	3 000
管理人员工资	3 000		3 000
物料消耗	2 500	7 500	10 000
制造费用合计	10 500	9 500	20 000

根据表2-4，该车间的制造费用被分解为固定成本和变动成本两部分，其中固定成本总额为10 500元，变动成本总额为9 500元，因为产量为4 750件，所以单位变动成本为2元。因此制造费用成本模型为$y=10\ 500+2x$。

就账户分析法的对象而言，这一方法通常用于特定期间总成本的分解，而且对成本性态的确定通常限于成本性态相对而言比较典型的成本项目。

(二) 技术测定法

1. 技术测定法的原理

技术测定法是根据工程项目在正常生产过程中投入产出的关系，分析确定在实际业务量基础上其固定成本和变动成本的水平，并揭示其变动规律的一种方法。例如，在进行工程项目的可行性分析时，工程设计能力中规定了一定条件下材料、燃料、动力及机器小时等的消耗标准，这些标准较为准确地反映了正常生产条件下的投入产出规律，可以以此作为成本性态分析的依据。技术测定法从投入与产出之间的关系入手，通过观察和分析，测定在一定的生产流程、工艺水平和管理水平条件下应该达到的各种消耗标准，是一种较为理想的投入与产出关系，这种关系是企业的各种经济资源利用最优化的结果，所以，技术测定法在排除无效或非正常支出方面具有不可比拟的优势。

2. 采用技术测定法的关键

采用技术测定法的关键在于：准确测定并反映在一定生产技术和管理水平条件下，投入的成本和产出的数量之间具有规律性联系的各种消耗量标准。例如，企业详细的工程设计说明书一般都包括制造某种合格产品所需的各种原材料及其标准耗用量，只要将其与原材料单位价格相结合，即可准确地测定出原材料成本是多少。根据工程设计说明书与时间动作研究，就可以准确地测定生产流程中每一步骤所消耗的时间，再将其乘以小时工资率，便可得到单位产品的标准人工成本。

3. 采用技术测定法分解成本的基本步骤

(1) 确定研究的成本项目。

(2) 对导致成本形成的生产过程进行观察和分析。

(3) 确定生产过程的最佳操作方法。

(4) 以最佳操作方法为标准，测定成本项目每一构成内容的标准成本，并以此为依据分别确定固定成本和变动成本。

4. 采用技术测定法必须注意的问题

(1) 技术测定法只有在能够测定出固定成本总额和单位变动成本的前提条件下，才是可行的。

(2) 如果用技术测定法进行成本性态分析的成本较大，应根据成本效益原则进行取舍。

5. 技术测定法的优越性与局限性

技术测定法适用于任何可以从客观立场进行观察的"投入—产出"过程，并要求产品的投入量和产出量之间的关系比较稳定。除了上述提到的直接材料、直接人工，还可以用于办公费、装运费、仓储费等非制造成本的测定。技术测定法的优越性主要有以下三方面。

(1) 技术测定法不仅可以对现有生产流程进行测定，还可以对所有生产活动和辅助生产活动进行详细分析，以寻求改进工作的途径，找出最经济、最有效的程序和方法，使产品制造、工作效率及资源配置效益都有所提高。

(2) 技术测定法的主要目的是确立理想的投入—产出关系，所以企业在建立标准成本和制定预算时，使用技术测定法具有较好的科学性和指导性。

(3) 技术测定法既是在缺乏历史成本资料条件下可用的最有效的方法，也是用于检验历史成本分析结论的最佳方法。

技术测定法的局限性在于分析成本较高，在应用这种方法的过程中需要耗用大量的人力、物力、财力和时间。另外一点就是对投入—产出关系的直接相关性要求过高，不能进行没有特定投入—产出关系的各项费用的分析。

【例2-4】升达有限公司铸造车间的熔炉，具体分为点火(耗用木柴和焦炭)和溶化铁水(耗用焦炭)两项操作。如果以燃料费作为成本研究对象，根据测定，每次点火要使用木柴0.1吨、焦炭1.5吨，溶化1吨铁水要使用焦炭0.15吨。每个工作日点火一次，全月工作21天，木柴每吨价格为100元，焦炭每吨价格为180元。

要求：对铸造车间熔炉的燃料费进行分解。

解：设每月燃料费总成本为y，每月固定燃料费成本为a，单位燃料费成本为b，x为溶化铁水重量，则有

$$a = (0.1 \times 100 + 1.5 \times 180) \times 21 = 5\,880(元)$$
$$b = 0.15 \times 180 = 27(元)$$

则该车间燃料费总成本分解的数学模型为

$$y = 5\,880 + 27x$$

当然，技术测定法的分析成本较高，因为对投入—产出过程进行观察、分析和测定，往往需要耗费较多的人力、物力和财力。而且，对于不能直接将其归属于特定投入—产出过程的成本，或者属于不能单独进行观察的联合生产过程中的成本，如各种间接成本，则不能使用工程分析法。

(三) 合同确认法

合同确认法是根据经济合同的数额或有关收费单位的具体规定来确认成本性态的方法，如电话费，保险费，水、电、气费等均可以按照与供应单位的约定来确定成本的性态。

【例2-5】假设按供电局的规定，升达有限公司的变压器维护费为4 000元/月，每度电费0.6元，用电额度为每月10 000度，超额用电部分按正常电费的10倍计价。每件产品平均用电2度，照明用电每月2 000度。

要求：进行成本性态分析，建立成本模型。

解：由于用电额度内每度电0.6元，超额用电部分每度电6元，所以

$$用电额度内最大产量 = (10\,000 - 2\,000) / 2 = 4\,000(件)$$

设本期产品产量为x，电费为y。

(1) 产量在4 000件以内时

$$固定成本a = 4\,000 + 2\,000 \times 0.6 = 5\,200(元)$$
$$单位变动成本b = 2 \times 0.6 = 1.2(元)$$
$$y = 5\,200 + 1.2x(0 < x \leqslant 4\,000)$$

(2) 产量在4 000件以上时

$$固定成本a = 4\,000 + 10\,000 \times 0.6 = 10\,000(元)$$
$$变动成本b = 2 \times 0.6 \times 10 = 12(元)$$
$$y = 10\,000 + (x - 4\,000) \times 12 = -38\,000 + 12x(x \geqslant 4\,000)$$

本例中，由于超过限额和限额内部分每度电的成本发生了变化，因此无法直接建立成

本函数模型，所以我们首先依据产量划分了两个相关范围，分别在每一个相关范围内建立数学模型。

上述三种方法都是直接根据费用的性质来分析和判断其成本性态的。下面介绍三种根据历史数据，并运用一定的数学方法进行相应的数学处理来分析成本性态的方法。

(四) 高低点法

高低点法就是在相关范围内，以最高和最低两个业务量水平下的成本总额为基础，推算出混合成本中固定成本总额和单位变动成本的一种方法。该方法的关键是根据高低点的坐标值求出单位变动成本b和固定成本a。其中

$$单位变动成本b = \frac{最高业务量的成本 - 最低业务量的成本}{最高业务量 - 最低业务量}$$

$$固定成本a = 最高业务量成本 - 单位变动成本 \times 最高业务量$$

或 $$固定成本a = 最低业务量成本 - 单位变动成本 \times 最低业务量$$

【例2-6】假设升达有限公司产品业务量与成本的历史数据如表2-5所示。

表2-5　业务量与成本

月份	业务量/件	产品成本/元
1	210	1 900
2	190	1 850
3	220	2 050
4	180	1 720
5	200	1 980
6	160	1 570
合计	1 160	11 070

要求：用高低点法进行成本性态分析。

解：从表中找出产量最高和最低的两点，分别是3月的220件和6月的160件，这两个月的生产成本分别是2 050元和1 570元，由此计算出的单位产品的变动成本为

$$b = \frac{2\ 050 - 1\ 570}{220 - 160} = 8(元/件)$$

$$a = 2\ 050 - 8 \times 220 = 290(元)$$

或 $$a = 1\ 570 - 8 \times 160 = 290(元)$$

反映产品成本变动趋势的直线方程为

$$y = 290 + 8x$$

需要注意的是，选择高低点的坐标应以自变量的高低为准，而不是按因变量成本的高低来选择。高低点法根据高点和低点的数据来描述成本性态，其结果会带有一定的偶然性，根据这种带有一定偶然性的成本性态模型进行决策，势必会造成一些不必要的偏差，

因此，我们在使用高低点法描述成本性态时，往往会对模型进行一些修正。当高点或低点业务量不止一个(即有多个期间的业务量相同且同属高点或低点)而成本又相异时，则只需按高低点法的原理，高点取成本大者，低点取成本小者。

(五) 散布图法

散布图法又称散点图法，是指将若干期业务量和成本的历史数据标注在用业务量和成本构成的坐标图上，形成若干个散布点，然后通过目测画一条尽可能接近所有坐标点的直线，即一条能够反映成本变动趋势的直线，并据此来确定直线的截距为固定成本，然后据以计算单位变动成本的一种成本性态分析法，如图2-9所示。

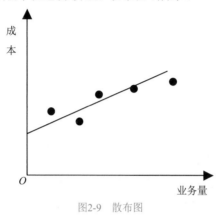

图2-9 散布图

散布图法的优点是全面考虑了所有的历史成本数据，相对于高低点法，使用的数据更加全面，所以计算结果比高低点法更加准确，但是由于目测的拟合直线具有一定的主观随意性，故而不同的成本分析人员对相同的资料可能会得出不同的答案。因此，这种方法仅适用于对成本的粗略估计，不适合进行精确的成本估计。

(六) 回归直线法

回归直线法是根据"最小平方法"原理，从大量历史数据中计算出最能反映成本变动趋势的回归直线方程，并以此作为成本模型的一种成本性态分析方法。

在上述的散布图中，依据散布点的趋势，通过目测可以画许多反映x与y关系的直线。其中，有的直线距离图中大多数点近一些，用这些直线表示x和y的内在联系与实际情况比较符合；有的直线距离图中大多数点较远，用这些直线则不能准确地表示x与y的内在联系。其中，有一条直线最能接近图上各散布点，这条直线也最能精确地反映x与y之间的内在联系，最能代表各成本数据的平均水平，将这条直线的方程作为成本性态分析的结果也是最准确的。这条直线就是回归直线，这一直线方程就是回归直线方程。它要求各数据与该直线的总的残差最小，或者说，与其他直线相比，各坐标点与该直线的距离的平方和应是最小。因此，可以用"最小平方法"原理确定该直线方程$y=a+bx$中的a和b。其数学推导为：用$(x_i, y_i)(i=1, 2, \cdots, n)$表示$n$组观测数据，即$n$个观测样本。各观测值与回归直线间的距离即拟合残差可以表示为

$$e_i = y_i - y = y_i - (a + bx_i) = y_i - a - bx_i \qquad \text{(公式2.1)}$$

根据最小二乘法的要求，残差平方和达到最小时，回归直线的拟合效果最好。设

$$Q = \sum_{i=1}^{n} e_i^2 = \sum_{i=1}^{n} (y_i - a - bx_i)^2 \qquad \text{（公式2.2）}$$

由此，问题转换为寻找合适的回归直线参数 a 和 b，使 Q 值能够最小。根据数学分析中的极值定理，要使 Q 值最小，只需使上述函数对 a 和 b 的偏导数等于0，即解方程组

$$\frac{\partial Q}{\partial a} = -2\sum_{i=1}^{n}(y_i - a - bx_i) = 0 \qquad \text{（公式2.3）}$$

$$\frac{\partial Q}{\partial b} = -2\sum_{i=1}^{n}(y_i - a - bx_i)x_i = 0 \qquad \text{（公式2.4）}$$

求该方程组的解，可得

$$a = \frac{\sum y - b\sum x}{n} \qquad \text{（公式2.5）}$$

$$b = \frac{n\sum xy - \sum x \sum y}{n\sum x^2 - (\sum x)^2} \qquad \text{（公式2.6）}$$

在利用这种方法之前，必须先确定 x 与 y 之间有无线性关系，即 x 与 y 之间是否相关。若 x 与 y 相关性较强，则可进行分解；若相关性较弱，则无须进行分解。相关系数 r 的绝对值的大小说明 x 与 y 这两个变量相关程度密切与否，其计算公式为

$$r = \frac{n\sum xy - \sum x \sum y}{\sqrt{[n\sum x^2 - (\sum x)^2][n\sum y^2 - (\sum y)^2]}} \qquad \text{（公式2.7）}$$

相关系数 r 的取值范围一般为 $-1\sim+1$。当 $r=0$ 时，说明 x 与 y 完全不相关；当 $r=1$ 时，说明 x 与 y 完全正相关。

【例2-7】升达有限公司近10个月的成本数据如表2-6所示。

要求：用回归直线法建立成本性态模型。

表2-6　成本数据

月份	产量 x_i /件	成本 y_i /元	x_iy_i	x_i^2	y_i^2
1	100	540	54 000	10 000	291 600
2	120	590	70 800	14 400	348 100
3	110	580	63 800	12 100	336 400
4	230	980	225 400	52 900	960 400
5	200	800	160 000	40 000	640 000
6	130	600	78 000	16 900	360 000
7	150	570	85 500	22 500	324 900
8	140	650	91 000	19 600	422 500
9	180	700	126 000	32 400	490 000
10	160	770	123 200	25 600	592 900
合计	1 520	6 780	1 077 700	246 400	4 766 800

解：根据资料进行以下计算。

(1) 计算相关系数

$$r = \frac{10 \times 1\ 077\ 700 - 1\ 520 \times 6\ 780}{\sqrt{[10 \times 246\ 400 - (1\ 510)^2][10 \times 4\ 766\ 800 - (6\ 780)^2]}} = 0.92$$

$r=0.92$，说明x与y之间存在线性关系，可以用直线方程$y=a+bx$描述其变动趋势。

(2) 将有关数据代入(公式2.5)和(公式2.6)中

$$b = \frac{10 \times 1\ 077\ 700 - 1\ 520 \times 6\ 780}{10 \times 246\ 400 - (1\ 520)^2} = 3.069$$

$$a = \frac{6\ 780 - 3.069 \times 1\ 512}{10} = 211.512$$

这样，就可以得到估计的回归模型为

$$y = 211.512 + 3.069x$$

如果升达有限公司预测下一个月的产量为250件，根据回归模型，将产量250代入x，即可求出下一月的成本额为978.762元。

从以上分析过程中可以看出，回归直线法计算比较精确，能够充分揭示历史成本中的成本性态信息，在实际处理过程中，有些时期企业的成本数据可能会出现极端值的情况，这种数据在分析中应该予以剔除。另外，回归分析的计算过程相对比较烦琐，通常可以使用Excel、SPSS等软件进行数据处理。

成本性态分析为管理会计中各种方法的实际应用奠定了基础，因此，进行成本性态分析在企业管理中具有十分广泛和重要的意义。

三、成本按决策相关性分类

按照成本与决策的关系，可以分为相关成本和无关成本两类。

(一) 相关成本

相关成本顾名思义就是与决策有关联关系的成本。相关成本有两个重要的特征。第一是它必须是预计未来发生的成本。历史上的数据和决策是没有直接联系的，因为当前的决策不能影响过去的数据，决策只能影响未来。第二是它必须在各方案之间有所差别。在预计的未来数据中，只有那些会随所选方案的不同而改变的数据才是与决策相关的。任何一个不会随着选择方案的改变而变化的项目，对决策来说都是不相关的。例如，不管产品的存货情况如何，部门经理的工资均保持不变，这里部门经理的工资相对于存货决策来说就是不相关的。相关成本在决策分析时必须认真考虑并加以计量。例如，后面讲到的付现成本、差量成本、机会成本、边际成本、专属成本等都属于相关成本。

(二) 无关成本

无关成本是指过去已经发生，或者虽未发生但对决策没有影响，因而在决策分析时无须加以考虑的各种成本，如后面讲到的沉没成本、历史成本、不可递延成本、共同成本等。

思考练习

一、单选题

1. 企业的生产经营能力一旦形成,在短期内难以做重大改变。属于这种经营能力成本的是(　　)。

    A. 约束性固定成本　　　　　　　　B. 酌量性固定成本

    C. 重置成本　　　　　　　　　　　　D. 沉没成本

2. 在相关范围内,单位变动成本(　　)。

    A. 随业务量增加而减少　　　　　　B. 随业务量增加而增加

    C. 在各种业务量水平下保持不变　　D. 在不同的业务量水平下各不相同

3. 在相关范围内,固定成本表现出(　　)的特点。

    A. 成本总额不受业务量增减变动的影响

    B. 成本总额随业务量的增加而增加

    C. 单位固定成本随业务量的增加而增加

    D. 业务量增加,单位固定成本保持不变

4. 阶梯式混合成本是(　　)的表现形式之一。

    A. 半变动成本　　　　　　　　　　B. 固定成本

    C. 变动成本　　　　　　　　　　　D. 差异成本

5. 某企业成品库有固定员工5名,工资总额5 000元,当产量超过5 000件时,就需雇用临时工。临时工实行计件工资,每包装发运1件产品支付工资2元,则该企业成品库的人工成本属于(　　)。

    A. 半变动成本　　　　　　　　　　B. 延期变动成本

    C. 曲线型混合变动成本　　　　　　D. 阶梯式成本

二、多选题

1. 成本按成本性态划分包括(　　)。

    A. 制造成本　　　　　　　　　　　B. 非制造成本

    C. 固定成本　　　　　　　　　　　D. 变动成本

    E. 混合成本

2. 下列费用选项中属于酌量性固定成本的是(　　)。

    A. 厂房折旧　　　　　　　　　　　B. 房屋租金

    C. 管理人员工资　　　　　　　　　D. 广告费

    E. 新产品开发费

3. 下列关于各类成本的特点,说法错误的是(　　)。

    A. 阶梯成本是指在一定业务量范围内总额保持稳定,超过特定业务量则开始随业务量比例增长的成本

    B. 计件工资属于固定成本

  C. 固定成本是指在特定的业务量范围内不受业务量变动的影响，在一定期间内总额保持固定不变的成本

  D. 变动成本是指成本总额永远随业务量成正比例变化的成本

4. 下列说法中正确的有(　　)。

  A. 机器设备的维修保养费属于半变动成本

  B. 质检人员工资属于阶梯成本

  C. 企业的所得税属于变动成本

  D. 企业的房屋租赁费属于固定成本

5. 新产品成本估计，不能采用的方法有(　　)。

  A. 回归直线法   B. 散布图法

  C. 技术测定法   D. 高低点法

三、判断题

1. 定期支付的广告费属于约束性固定成本。   (　　)

2. 采用高低点法进行成本性态分析时，若业务量最高点、最低点与成本最高点、最低点不一致，高低点坐标的选择以业务量为准。   (　　)

3. 成本性态分析的最终目的是把全部成本分为固定成本、变动成本和混合成本三大类。   (　　)

4. 当相关系数 r 等于 $+1$ 时，表明成本与业务量之间的关系是完全不相关的。 (　　)

5. 在不改变企业生产经营能力的前提下，采取降低固定成本总额的措施通常是指降低约束性固定成本。   (　　)

四、业务题

1. 已知升达有限公司的设备维修属于混合成本，20×7 年 7—12 月份的实际成本资料如表2-7所示。

表2-7 20×7 年 7—12 月份的实际成本资料

月份	业务量/小时	设备维修费/元
7	110	3 200
8	120	3 300
9	130	3 500
10	80	2 600
11	60	2 000
12	70	2 200

要求：

(1) 用高低点法进行成本性态分析，并列出成本模型；

(2) 用回归直线法进行成本性态分析，并列出成本模型；

(3) 如果预测月份的业务量为90小时，维修费将达到多少，并比较分别用两个模型预测的差异。

2. 升达有限公司生产计算机配件，其成本(y)函数是按照劳动力成本的比例变化来预测的：y=2×劳动力成本，然而在劳动力成本缩减的同时，其总成本却在增长，公司意识到它的成本估计极不合理，也不可靠。公司的总会计师经过分析，列出了两个不同的成本函数：

$$y = 1\,000 + 2 \times 劳动力成本$$
$$R^2 = 0.233$$
$$y = 10\,000 + 11 \times 组件使用数量$$
$$R^2 = 0.782$$

要求：

(1) 用什么方法能较好地测试哪一个成本函数更好地预测了总成本；

(2) 在下一个月里，劳动力成本是12 000元，使用2 000个产品组件，实际总成本y为31 460元。分别用以上两个成本函数进行分析，说明预测与实际成本的差异。

第三章

变动成本法与完全成本法

【学习目标】

○ 了解变动成本法的概念。

○ 掌握变动成本法与完全成本法的主要区别。

○ 掌握两种成本法分期营业利润差额的计算。

○ 了解两种成本法的优缺点和适用情况。

第一节 变动成本法与完全成本法概述

变动成本法(全称变动成本计算法)是美国会计学家哈里斯于1936年提出的，但最初并没有引起社会的广泛关注，在实际工作中也很少被采用。第二次世界大战后，随着经济和科学技术的迅猛发展，企业环境发生了重大改变，市场竞争日益激烈，企业管理当局强烈要求会计部门能够提供预测、决策、预算等方面的信息，以帮助其改善日常管理工作，加强内部控制与决策。此后，变动成本法开始受到世界各国的广泛重视，并作为内部管理决策的重要工具，成为管理会计的一项重要内容。

对于企业来说，为了满足财务报表的要求，按照公认会计准则进行成本计算的方法称为完全成本法。但是按照完全成本法计算的产品成本并不能满足企业内部管理的需要，为了更好地满足内部决策的需要，还需要按照变动成本法计算产品成本。

一、变动成本法

所谓变动成本法，是指在产品成本的计算中，只包括产品生产过程中所消耗的直接材料、直接人工和制造费用中的变动性部分，而不包括制造费用中的固定性部分。制造费用中的固定性部分被视为期间成本而从相应期间的收入中全部扣除。在变动成本法下，变动制造成本随着生产量的变化成正比例变化，因此计入产品成本，随着产品的流动而流动。随着产品的对外出售，其变动制造成本作为销售成本在利润表中列示，尚未销售的产品以存货项目在资产负债表中列示。至于固定性制造费用，由于与生产量并无变动关系，因此直接作为期间成本，计入当期损益。变动成本法可以提供产品的变动成本数据，从而为本量利分析及短期经营决策提供良好的数据基础。

采用变动成本法，要求企业将全部成本按照成本性态区分为变动成本和固定成本，然后将两类成本按经济用途区分为生产成本和非生产成本。变动成本中的变动生产成本(包括直接材料、直接人工和变动制造费用)计入产品成本进行核算，而将固定性制造费用和销售费用、管理费用和财务费用一起作为期间成本，直接在当期利润表中列示。

在变动成本法下，产品成本和期间成本的构成内容如图3-1所示。

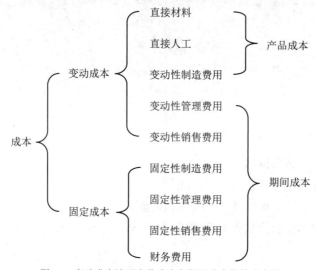

图3-1　变动成本法下产品成本和期间成本的构成内容

变动成本法下，产品成本不包括固定性制造费用，而是将其作为期间成本。这是因为，固定性制造费用主要是为企业提供一定的生产经营条件而发生的，这些条件一旦形成，不管其实际利用程度如何，有关费用照常发生，所以固定性制造费用同产品的实际生产没有直接联系，并不随产量的增减而增减，也就是说其所联系的是会计期间而非产品成本。其效益随着时间的推移而逐渐丧失，不能递延到下一会计期间。因此，固定性制造费用应当与非生产成本一样作为期间成本来处理。

二、完全成本法

完全成本法的指导思想是将全部成本按照经济用途分为生产成本和非生产成本两部分。其中，生产成本包括直接材料、直接人工和制造费用，通过一定成本计算方法计入产品成本。非生产成本包括销售费用、管理费用和财务费用，作为期间成本直接计入当期损益。常用的成本计算方法如品种法、分批法、分步法等都属于完全成本法。完全成本法符合公认会计准则的要求，被广泛用于财务会计的成本核算之中。

在完全成本法下，产品成本和期间成本的构成内容如图3-2所示。

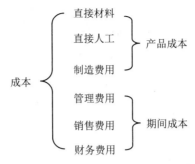

图3-2　完全成本法下产品成本和期间成本的构成内容

【例3-1】升达有限公司全年只生产一种产品，期初没有存货，当年产量为4 000件，本期销售产品3 000件，单价20元。产品的成本资料如下。

生产成本：　　　　　　　　　　36 000元

包括：直接材料　　　　　　　　14 000元

　　　直接人工　　　　　　　　 8 000元

　　　制造费用　　　　　　　　14 000元

　　　其中：变动性制造费用　　 2 000元

　　　　　　固定性制造费用　　12 000元

非生产成本：　　　　　　　　　13 800元

包括：管理费用　　　　　　　　 3 800元

　　　销售费用　　　　　　　　10 000元

要求：分别按变动成本法和完全成本法确定产品成本、存货成本及该年的营业利润。

解：根据资料计算如下。

(1) 变动成本法下：

产品总成本=14 000+8 000+2 000=24 000(元)

单位产品成本=24 000/4 000=6(元)

销售成本=6×3 000=18 000(元)

期末存货成本=24 000-18 000=6 000(元)

营业利润=3 000×20-18 000-12 000-13 800=16 200(元)

(2) 完全成本法下：

产品总成本=14 000+8 000+14 000=36 000(元)

单位产品成本=36 000/4 000=9(元)

销售成本=9×3 000=27 000(元)

期末存货成本=1 000×9=9 000(元)

营业利润=3 000×20-27 000-13 800=19 200(元)

变动成本法区别于完全成本法，将固定性制造费用全部作为期间成本来处理，其理论依据主要包括以下几方面。

第一，产品成本应该只包括变动生产成本。管理会计中，产品成本应该是那些随产品实体的流转而流转，只有当产品销售出去时才能与相关收入实现配比，得以补偿的成本。

按照变动成本法，产品成本必然与产品产量密切相关，在生产工艺没有发生实质性变化，成本消耗水平不变的情况下，所发生的产品成本总额应当随着完成的产品产量成正比例变化。如果不存在产品成本这个物质承担者，就不应当有产品成本存在。因此，在变动成本法下，只有生产成本中的变动部分构成产品成本的内容。

第二，固定性制造费用应当作为期间成本处理。在管理会计中，期间成本是指那些不随产品实体的流转而流转，而是随着企业生产经营持续期间长短而增减，其效益随时间的推移而消失，不能递延到下期，只能于发生的当期计入利润表，由当期收入补偿的成本。期间成本于发生当期直接转作本期费用，不能计入期末存货并随产品实体的流转而递延至下期。

第二节　变动成本法与完全成本法的比较

变动成本法与完全成本法对固定性制造费用的不同处理，导致了两种方法下的一系列差异。

一、两种成本计算方法的比较

(一) 应用的前提及产品成本和期间成本构成内容的比较

变动成本法是以成本性态分析为基础，将全部成本划分为变动成本和固定成本两大部分。完全成本法首先要求把全部成本按其经济用途分为生产成本和非生产成本。凡在生产环节为生产产品而发生的成本就归属于生产成本，最终计入产品成本；发生在流通领域和服务领域，由于组织日常销售或进行日常行政管理而发生的成本则归属于非生产成本，作为期间成本处理。

两种成本法的主要区别在于对固定性制造费用的处理不同。变动成本法将其与销售费用和管理费用等非生产成本一起作为期间成本来处理，产品成本只包含生产成本中的变动部分；而完全成本法则是把固定性制造费用与变动生产成本一道作为产品成本的构成内容，仅把销售费用及管理费用等非生产成本作为期间成本处理。

(二) 销售成本和存货成本的比较

采用完全成本法时，无论是销售成本还是存货成本，其中均包含固定性制造费用，而采用变动成本法时，固定性制造费用被作为期间成本直接计入利润表，无须再转化为销售成本和存货成本，销售成本和存货成本中只包括变动生产成本。由此可见，完全成本法所确定的存货成本和销售成本均大于变动成本法所确定的数额。

(三) 损益计算的比较

两种成本计算方法在成本的计算内容上有区别，因此也会影响营业利润的计算。变动成本法以成本性态分类为前提，销售收入首先用来补偿变动成本，计算出边际贡献，然后用以补偿固定成本，从而确定营业利润。而完全成本法以成本按经济用途分类为前提，首先用销售收入扣减已销产品的销售成本，计算出销售毛利，然后用销售毛利减去非生产成本，从而确定营业利润。

完全成本法下的利润计算公式为

$$营业利润=销售收入-销售成本-期间费用$$

其中：

$$销售成本=期初存货成本+本期生产成本-期末存货成本$$

$$本期生产成本=直接材料+直接人工+制造费用$$

$$=直接材料+直接人工+变动性制造费用+固定性制造费用$$

变动成本法下的利润计算公式为

$$营业利润=边际贡献-固定成本$$

$$=边际贡献-固定性制造费用-固定性销售与管理费用$$

其中：

$$边际贡献=销售收入-变动成本$$

$$=销售收入-变动性制造费用-变动性销售与管理费用$$

【例3-2】升达有限公司只生产和销售一种产品，该产品期初存货为0元，本期生产10 000件，销售8 000件，单价25元。单位产品成本如下：直接材料6元，直接人工4元，变动性制造费用2元，变动性销售费用8 000元，变动性管理费用16 000元，固定性制造费用20 000元，固定性销售费用22 000元，固定性管理费用4 000元。

要求：分别按照变动成本法和完全成本法编制利润表(见表3-1与表3-2)。

表3-1　变动成本法下的利润表

项目	金额/元
销售收入	250 000
变动成本	
销售成本	96 000
变动性销售费用	8 000
变动性管理费用	16 000
小计	120 000
边际贡献	130 000
固定成本	
固定性制造费用	20 000
固定性管理费用	22 000
固定性销售费用	4 000
小计	46 000
营业利润	84 000

表3-2　完全成本法下的利润表

项目	金额/元
销售收入	250 000
销售成本	
期初存货成本	0
本期产品成本	140 000

（续表）

项目	金额/元
期末存货成本	28 000
小计	112 000
销售毛利	138 000
非生产成本	
管理费用	20 000
销售费用	30 000
小计	50 000
营业利润	88 000

从【例3-2】中可以看到，两种成本法编制的利润表除了格式不同，它们提供的信息指标也有所不同。按完全成本法编制的传统式利润表提供了销售毛利及各成本项目的资料，而按变动成本法编制的利润表则提供了边际贡献、变动成本和固定成本等用于企业内部管理的信息资料。

通过以上对两种方法的比较分析和举例，可以看出二者之间存在许多差异。但是，这二者之间还是有密切联系的：成本、损益核算所运用的原始资料相同，成本项目中大多数一样，从长期来看，二者计算的损益大小是一样的。特别是二者的不同归根结底是为了满足不同会计信息使用者的需求所引起的，它们分别适应不同的管理需要，因此只有相互结合使用，才能发挥出其应有的作用。

但为什么完全成本法下的营业利润比变动成本法下的营业利润多了4 000元？原因在于固定性制造费用在变动成本法下全额计入当期损益，而完全成本法下只有80%(对外销售的8 000件)的固定性制造费用计入损益，而剩余20%的固定性制造费用随着存货转入资产，不影响损益，所以产生了20 000×20%=4 000元的差异。为了较全面地说明变动成本法与完全成本法对损益计算的影响，再分以下两种情况进行分析。

1. 连续各期产量相同而销量不同

【例3-3】假设升达有限公司连续3年只生产一种产品，相关产销业务量、成本及售价资料如表3-3、表3-4所示，假定各期期末均无在产品，各期财务费用为0元，存货的计价按照先进先出法。

表3-3 各期产销业务量

单位：件

摘要	第1年	第2年	第3年	合计
期初存货量	0	0	1 000	0
本期生产量	8 000	8 000	8 000	24 000
本期销售量	8 000	7 000	9 000	24 000
期末存货量	0	1 000	0	0

表3-4 成本及售价资料

单位：元

基本资料		变动成本法		完全成本法	
每件售价	12	单位变动生产成本	5	单位变动生产成本	5
生产成本				单位固定生产成本	3
单位变动成本	5				
固定性制造费用	24 000				
销售及管理费用					
单位变动成本	0				
固定成本总额	10 000				
单位产品成本			5		8

要求：分别按照变动成本法、完全成本法确定各期营业利润。

解：由于本例中比较的内容是营业利润，因此，按变动成本法计算时采用的是简化的利润计算方法。可以先计算出制造边际贡献，再减去期间成本，其结果也是营业利润。分别按照两种方法计算出的营业利润如表3-5所示。

表3-5 按照两种方法计算编制的利润表

单位：元

项目	第1年	第2年	第3年	合计
变动成本法				
销售收入	96 000	84 000	108 000	288 000
销售成本	40 000	35 000	45 000	125 000
制造边际贡献	56 000	49 000	63 000	168 000
期间成本				
固定性制造费用	24 000	24 000	24 000	72 000
销售及管理费用	10 000	10 000	10 000	30 000
小计	34 000	34 000	34 000	102 000
营业利润	22 000	15 000	29 000	66 000
完全成本法				
销售收入	96 000	84 000	108 000	288 000
销售成本				
期初存货成本	0	0	8 000	8 000
本期生产成本	64 000	64 000	64 000	192 000
期末存货成本	0	8 000	0	8 000
小计	64 000	56 000	72 000	192 000
销售毛利	32 000	28 000	36 000	96 000
非生产成本				
销售及管理费用	10 000	10 000	10 000	30 000
营业利润	22 000	18 000	26 000	66 000

比较按照两种成本法计算编制的利润表及营业利润数据，可以发现以下几点。

第1年，两种成本计算方法所求得的营业利润是相等的。这是由于当年期初存货量与期末存货量是相等的。也就是本期生产量等于本期销售量。本例中期初、期末存货都是0件，产销绝对平衡，这种情况下，采用完全成本法计算时，随期初存货转入当期或者随期末存货转入下期的固定性制造费用都为0元，当期发生的固定性制造费用全部随着存货的销售从利润中完全扣除，而变动成本法下，固定性制造费用作为期间成本也从当期的损益中全部扣除，因此，从结果来看两种成本法计算的营业利润是相等的。

第2年，按完全成本法计算的营业利润比按变动成本法计算的营业利润多3 000(18 000-15 000)元。这是由于该年期末存货量增加了1 000件，即产量大于销量1 000件，而按完全成本法计算的每件存货成本较变动成本多3元，也就是按完全成本法计算时单位产品负担的固定性制造费用为3元，由于期末存货有1 000件，因此按完全成本法计算时需要把期末存货1 000件中包含的固定性制造费用3 000元转入下一年度，本期已销产品7 000件只负担了全部固定性制造费用中的21 000元，而变动成本法下无论产销量如何变化，该期的固定性制造费用24 000元全部计入当期损益。因此，按完全成本法计算的营业利润就会比按变动成本法计算的结果多3 000元。

第3年，按完全成本法计算的营业利润比按变动成本法计算的结果少3 000(26 000-29 000)元。这是由于该年的期末存货量为0件，而期初存货量为1 000件，即产小于销1 000件。采用完全成本法需要将上年1 000件中包含的固定性制造费用3 000元也转为本期的销售成本从利润中扣除，而本期期末存货为零，也就是本期未将固定性制造费用转至下期。因此，按完全成本法计入本期销售成本的固定性制造费用为27 000(3×9 000)元，较按变动成本法计算的24 000元多出3 000元，所以造成了按完全成本法计算的营业利润比按变动成本计算的结果少了3 000元。

2. 连续各期销量相同而产量不同

销售量稳定意味着各年的销售收入相同，而产量变动则表明在完全成本法计算下各年的单位产品成本不同。因为，即使各年的固定性制造费用不变，但产量不同的话，单位产品所负担的固定成本也不同。

【例3-4】假设升达有限公司从事单一产品生产，连续3年的销量均为1 000件，而3年的产量分别为1 200件、1 000件和800件，其他条件如表3-6和表3-7所示。

表3-6　各期产销业务量

单位：件

业务量	第1年	第2年	第3年	合计
期初存货量	0	200	200	400
当年生产量	1 200	1 000	800	3 000
当年销售量	1 000	1 000	1 000	3 000
期末存货量	200	200	0	400

表3-7　售价及成本资料

单位：元

售价及成本资料		单位产品成本							
每件售价	20	**完全成本法**				**变动成本法**			
生产成本									
单位变动成本	10	年度	第1年	第2年	第3年	年度	第1年	第2年	第3年
固定成本总额	1 200	变动生产成本	10.0	10.0	10.0	变动生产成本	10.0	10.0	10.0
销售及管理费用		固定生产成本	1.0	1.2	1.5				
固定成本总额	1 500	单位产品成本	11.0	11.2	11.5	单位产品成本	10.0	10.0	10.0

要求： 根据以上资料，分别按两种成本计算方法确定各期营业利润。

解： 比较按照两种成本法计算编制的利润表，如表3-8所示。

表3-8　按照两种成本法计算编制的利润表

单位：元

项目	第1年	第2年	第3年	合计
变动成本法				
销售收入	20 000	20 000	20 000	60 000
销售成本	10 000	10 000	10 000	30 000
制造边际贡献	10 000	10 000	10 000	30 000
期间成本				
固定性制造费用	1 200	1 200	1 200	3 600
销售及管理费用	1 500	1 500	1 500	4 500
合计	2 700	2 700	2 700	8 100
营业利润	7 300	7 300	7 300	21 900
完全成本法				
销售收入	20 000	20 000	20 000	60 000
销售成本				
期初存货成本	0			
本期生产成本	13 200	11 200	9 200	33 600
期末存货成本	2 200	2 240	0	4 440
小计	11 000	11 160	11 440	33 600
销售毛利	9 000	8 840	8 560	26 400
非生产成本				
销售及管理费用	1 500	1 500	1 500	4 500
营业利润	7 500	7 340	7 060	21 900

从表中提供的营业利润数据可以看出，在产量变动、销量稳定的情况下：

(1) 采用变动成本法计算，各年的营业利润都相等。因为每年的销售量相同，而且每年的成本水平和费用都一致，所以各期营业利润的计算结果也相同。这里各期产量变化对营业利润的计算并无影响；

(2) 采用完全成本法计算，由于三年的产量不同，故而各期单位产品所负担的固定性制造费用也不相同，各期的单位产品成本就会有差异。即使在各期销售量相同的情况下，销售成本也不会相同，从而导致完全成本法下的各年营业利润不相同；

（3）在各年产量变动的情况下，即使各年的销售量相同，两种成本法下的营业利润也会出现差异。本例中，第1年产量大于销售量200件。按完全成本法计算的营业利润比按变动成本法计算的结果多200(7 500-7 300)元，这是由于完全成本法下有一部分固定性制造费用随期末存货200件转移到下期，其金额为200(1×200)元，而在变动成本法下，不论产销关系如何，固定性制造费用均在当期损益中一次扣除。第2年产销尽管相对平衡，都是1 000件，但是由于出现了期初、期末存货，故而按照完全成本法计算的营业利润比按照变动成本法计算的多40(7 340-7 300)元。原因是期初存货200件中包含上期的部分固定性制造费用200(1×200)元转入本期从损益中扣除，期末存货200件中包含了本期的固定性制造费用240(1.2×200)元转至下期，因此计入本期损益的固定性制造费用比变动成本法下计入损益的固定性制造费用少40(200-240)元，营业利润则多出40。第3年，产量小于销量200件，按完全成本法计算的营业利润比按变动成本法计算的结果少240(7 060-7 300)元，原因是完全成本法下，期初存货释放了第2年的部分固定性制造费用240(1.2×200)元转入本期，由本期损益承担，期末没有存货，故营业利润比变动成本法下少240元。

(四) 按照两种成本法计算的分期营业利润出现差额的根本原因

通过对两种成本法下成本的计算流程及营业利润的计算公式进行比较分析，可以发现以下几点。

第一，销售收入在两种成本法中，计算方式及结果完全相同，不会导致两者之间营业利润出现不相等。

第二，尽管两种成本法对非生产成本计入利润表的位置和补偿途径不同，但实质相同，都是将其作为期间成本，在当期收入中全部扣除，因此也不会导致两者之间营业利润出现不相等。

第三，变动生产成本在两种成本法下均为构成产品成本的内容，随产品实物的流转而流转，也不会导致两者之间营业利润出现不相等。

第四，只有固定性制造费用在两种成本法下处理方式不同。变动成本法将其作为期间成本的一部分，直接计入当期损益，完全成本法将固定性制造费用分配计入产品成本，只有产品实物流转，其所分摊的相应的部分才计入当期损益。因此当本期发生的固定性制造费用与流转的产品实物分摊的固定性制造费用不等时，就导致了两者之间营业利润不等。

准确来说，两种成本法下各期营业利润出现差额的根本原因在于两种成本法下计入当期利润表的固定性制造费用水平不同。因为在变动成本法下，计入当期利润表的是当期发生的全部固定性制造费用；而在完全成本法下，计入当期利润表的固定性制造费用不仅受到当期发生的全部固定性制造费用水平的影响，而且受到期初存货和期末存货的影响，固定性制造费用随着存货的流转而流转。所以，两种成本法下各期的营业利润出现差额，又具体表现为完全成本法下的期末存货吸收(吸收是指将固定性制造费用计入存货中)的固定性制造费用与期初存货释放(释放是指计入存货的固定性制造费用随存货流转计入销售成本，从收入中扣除)的固定性制造费用之间的差异。公式推导如下：

完全成本法下计入当期利润表的固定性制造费用
=期初存货吸收的固定性制造费用+本期发生的固定性制造费用
-期末存货吸收的固定性制造费用
（公式3.1）

$$变动成本法下计入当期利润表的固定性制造费用$$
$$=本期发生的固定性制造费用 \qquad (公式3.2)$$

在其他因素(销售收入、变动成本、非生产成本)相同的情况下，由于两种成本法下计算损益时固定性制造费用均是减项，因此下式成立：

$$完全成本法与变动成本法下计算确定的当期营业利润差额$$
$$=公式3.2-公式3.1=期末存货吸收的固定性制造费用-期初存货释放的固定性制造费用$$
$$(公式3.3)$$

可以用【例3-4】中反映的两种成本法下的各期营业利润差额来验证该公式。

第1年，完全成本法与变动成本法下确定的分期营业利润差额

$$=7\,500-7\,300=200=200 \times 1-0=200(元)$$

第2年，完全成本法与变动成本法下确定的分期营业利润差额

$$=7\,340-7\,300=40=200 \times 1.2-200 \times 1=40(元)$$

第3年，完全成本法与变动成本法下确定的分期营业利润差额

$$=7\,060-7\,300=-240=0-200 \times 1.2=-240(元)$$

二、两种成本计算方法下营业利润差额的变化规律

已经发现两种成本法下的分期营业利润不相等的根本原因是完全成本法下期末存货吸收的固定性制造费用与期初存货释放的固定性制造费用数额不相等。由此，也可总结出两种成本法下分期营业利润之间的一般变化规律。

(1) 若完全成本法下期末存货吸收的固定性制造费用等于期初存货释放的固定性制造费用，则两种成本法下确定的营业利润必然相等，其差额等于零。

(2) 若完全成本法下期末存货吸收的固定性制造费用大于期初存货释放的固定性制造费用，则两种成本法下确定的营业利润差额必然大于零，也就是按完全成本法计算的营业利润大于按变动成本法计算的营业利润。

(3) 若完全成本法下期末存货吸收的固定性制造费用小于期初存货释放的固定性制造费用，则两种成本法下确定的分期营业利润差额必然小于零，也就是按完全成本法计算的营业利润小于按变动成本法计算的营业利润。

两种成本法下营业利润出现差额的根本原因，可以通过(公式3.3)进行反映：

$$完全成本法与变动成本法下确定的当期营业利润差额$$
$$=期末存货吸收的固定性制造费用-期初存货释放的固定性制造费用 \qquad (公式3.4)$$

用完全成本法计算出期初、期末存货量以及期初、期末存货中包含的固定性制造费用，利用计算出的期初、期末存货量以及期初、期末存货中包含的不同固定性制造费用这四项因素，计算两种成本法下分期营业利润的差额，这就是利润差额的简算法。利用简算法，有助于了解产销平衡关系与营业利润差额之间的联系，通过(公式3.3)，结合本节举例，可以发现下列规律。

(1) 当期末存货量不为零，而期初存货量为零时，完全成本法下计算的营业利润大于变动成本法下计算的营业利润。此时，期初存货释放的固定性制造费用为零，期末存货吸收

的固定性制造费用大于零，后者大于前者，所以完全成本法与变动成本法下确定的营业利润差额大于零。其差额等于本期计入单位产品的固定性制造费用乘以期末存货量。

(2) 当期末存货量为零，而期初存货量不为零时，完全成本法下计算的营业利润小于变动成本法下计算的营业利润。此时，期初存货释放的固定性制造费用大于零，而期末存货吸收的固定性制造费用为零，前者大于后者，所以完全成本法与变动成本法下计算的营业利润差额就会小于零。其差额等于负数的期初存货单位固定性制造费用乘以期初存货量。

(3) 当期末存货量和期初存货量均为零时，两种成本法下计算的营业利润相等。

(4) 当期末存货量和期初存货量均不为零时，两种成本法下计算所确定的营业利润之间的关系可以用(公式3.3)进行计算。

第三节　成本计算方法的选择

一、两种成本计算方法的优缺点

(一) 变动成本法的优缺点

1. 变动成本法的优点

(1) 充分体现了"费用与收入相配比"这一公认的会计原则。配比原则要求会计所记录的一定时期发生的收入和费用，必须属于这一期间，也就是在一定的会计期间应以实现的收入为依据，归集相关的费用，并计算损益。变动成本法正是将生产成本按照成本性态分为变动成本和固定成本。变动生产成本包括直接材料、直接人工和变动性制造费用，计算损益时，将它们按照销售量的比例，把已销产品的变动生产成本作为当期费用同当期收入配比；而将未销售的产品成本转作存货成本以便与未来预期获得的收入相配比。而固定性制造费用同产品生产没有直接联系，是为保持生产能力而产生的。它与生产能力的利用程度无关，既不会因产量的提高而增加，也不会因产量的减少而下降，它只是随着时间的推移而消失，所以应将固定性制造费用与非生产成本一起列作期间费用，计入当期损益，由当期收入补偿。

(2) 能提供有效的管理信息，有利于正确地进行短期决策，强化企业的经营管理。变动成本法强调固定性制造费用不因产量的增加而变动，有助于管理当局做出恰当的决策。采用变动成本法可以提供单位变动成本、边际贡献及其他有关信息，有助于管理者进行损益平衡分析和短期经营决策。变动成本法揭示了业务量与成本变化的内在规律和生产、销售、成本与利润之间的依存关系，提供了各种产品盈利能力的重要信息。这对企业的经营管理者深入地进行本量利分析，控制现在，规划未来，预测前景，都是极其有用的。

(3) 促进管理当局重视销售环节，防止盲目生产。在完全成本法下，经理们可以通过在某期内生产超出销售所需的产品，并将超产部分所包含的固定性制造费用保留在存货中而使营业利润上升。过量生产使得固定性制造费用成本分摊到更多单位上，减少了产成品的单位成本。由于单位产品成本降低，因而销售成本降低，从而报表上的营业利润增加。但这样做不仅会虚增当期利润，增加库存压力，而且会造成下一期为消化期初库存而不得不减产，进而导致营业利润大幅下降。

【例3-5】升达有限公司生产甲产品，以每件20元销售。产品的变动成本为每件10元，该公司的固定成本为每月10 000元，假设升达有限公司3月份生产并销售了1 200件，则单位固定成本为10 000/1 200=8.33元。该月的营业利润计算如下：

销售收入(1 200×20)　　　　　　24 000元

减：总成本

变动成本(10×1 200)　　　　　12 000元

固定成本　　　　　　　　　　10 000元

营业利润　　　　　　　　　　　2 000元

现在假设管理人员决定3月份生产2 000件，预期销售仍为1 200件，则单位固定成本为5(10 000/2 000)元，月末存货800件里的固定性制造费用为4 000(800×5)元。看看营业利润有何变化：

销售收入(1 200×20)　　　　　　24 000元

减：总成本

变动成本(10×1 200)　　　　　12 000元

固定成本(10 000-4 000)　　　　6 000元

营业利润　　　　　　　　　　　6 000元

通过比较，在完全成本法下，该公司3月份的销量不变但营业利润提高了，提高的金额4 000 (6 000-2 000)元等于分配给产成品存货800件的固定成本金额，管理业绩好看多了，但是这个营业利润数字只是一个假象，是产量增加而非销量增加造成的。完全成本法下，一方面会引起营业利润上升的假象，另一方面如果该公司以利润为目标进行业绩评价，会鼓励经理们盲目生产，期末大量积压的存货又会发生整理、保管等费用。当这些成本加上管理层奖金等薪酬成本的时候，过量生产甚至可能威胁该公司的长期盈利。

采用变动成本法，不但可以排除产量变动对单位产品成本的影响，而且便于分析企业的真实利润。在销售单价、单位变动成本、销售结构(多品种生产)不变的情况下，采用变动成本法，营业利润与销售量同方向变动，从而促进管理当局更加重视销售环节，注意研究市场动态，做到以销定产。相应地，也可避免管理人员超过需求量生产产品，使部分固定性制造费用留存于库存产品中，"提高"盈利水平而导致存货的大量积压。变动成本法以成本性态分析为基础，它所提供的资料，对于加强成本控制和科学地进行成本分析有以下几方面的优越性。一是可以把由产量变动所引起的成本升降，与由于成本控制工作的好坏而造成的成本升降清楚地区分开来，如在完全成本法下可以通过产量的增加而将固定性制造费用摊薄，而变动成本法法则完全避免了这一问题。为了正确地考核部门的业绩，可以通过应用变动成本法，并制定标准成本和弹性预算进行日常控制。二是便于成本责任的归属和业绩评价。【例3-5】中清楚地反映了这一问题。采用变动成本法，不管产量变动与否，如何变动，营业利润与销售量都保持同向变动，这样就可以促使管理当局特别重视销售环节，注意研究市场动态，做好市场预测。

(4) 简化产品成本计算。采用变动成本法，把固定性制造费用列作期间成本，从边际贡献中扣除，从而使得产品成本计算中的费用分摊工作大大简化，且可以减少成本计算中固定性制造费用分摊的主观随意性，使各期产品生产成本更具有可比性。若采用标准成本制度，完全成本法下因固定性制造费用的存在，当实际生产能力与正常情况不一致时就会产生生产能力差异，即使是会计人员可能都很难了解，为何某些生产成本实际上已经发生，但不能计入产品成本。变动成本法由于将固定性制造费用排除于产品成本之外，可避免该项差异的产生及带来的诸多问题，从而简化成本核算和分析。

2. 变动成本法的缺点

变动成本法也有其不足之处，主要表现在以下几方面。

(1) 不符合传统的成本概念的要求。按照传统的观点，产品成本应该包括变动生产成本和固定生产成本两部分。企业会计核算应遵循权责发生制原则，而按照权责发生制原则，无论是变动性制造费用还是固定性制造成本，均为制造产品的必要支出，均应计入产品成本之中。

(2) 不能适应长期决策的需要。长期决策要解决的是增加或减少生产能力，以及扩大或缩小经营规模的问题。从长远来看，所谓的固定成本也是会发生变动的，单位变动成本也会由于技术进步和物价变动等因素的影响而发生变动。因此，变动成本法所提供的信息资料，一般无法适应长期决策的需要。

(3) 变动成本法不利于定价决策。在进行产品定价决策时，既应该考虑变动成本，也应该考虑固定成本，它们都应该得到补偿。变动成本法所计算的产品成本只包括变动生产成本，不包括固定性制造费用，该产品成本不能反映产品生产的全部消耗，不能直接据此进行定价决策。

(4) 变动成本与固定成本的划分比较困难。将成本划分为固定成本和变动成本是应用变动成本法的前提，但在固定成本与变动成本的划分上有一定的假定性，而且有些还需要复杂的数学计算。另外，成本与业务量的线性相关也只是在相关范围内具有较高程度的线性相关，而非完全线性相关。

(二) 完全成本法的优缺点

1. 完全成本法的优点

完全成本法是按照公认的会计原则在事后将间接的产品生产成本分配给各产品，反映出生产产品发生的全部耗费，以此确定产品实际成本和损益，能够满足对外提供报表的需要。由于它提供的成本信息可以揭示外界公认的成本与产品在质的方面的归属关系，有助于扩大生产，能刺激生产者的积极性，因而被外界广泛接受。

2. 完全成本法的缺点

完全成本法的缺点主要包括以下几方面。

(1) 完全成本法下的单位产品成本不仅不能反映生产部门的真实业绩，而且会掩盖或提高其实际生产成本。

(2) 采用完全成本法确定的各期损益，其结果往往难以为管理部门所理解，甚至会鼓励企业片面追求产量，盲目生产，造成积压和损失。

(3) 对于固定性制造费用，往往需要经过繁杂的分配手续，而且会受会计主管人员、有关成本计算人员主观判断的影响。

通过分析可知，变动成本法与完全成本法最大的差异，在于对制造费用的处理：是否将其划分为变动性制造费用与固定性制造费用两部分，固定性制造费用不包括在产品成本之中。事实上，两种方法之间并非谁对谁错，谁优谁劣，而是根据服务对象不同而有所侧重，分别适用于不同场合。就帮助企业内部管理决策而言，变动成本法较为有用，而就存货计价及对外财务报告的信息而言，则完全成本法更易被接受。两种方法各有优缺点，重要的是了解每种方法的特点及适用条件。

二、两种成本计算方法的配合使用

从前面的内容中可以看出，完全成本法和变动成本法有其各自的优点和不足，而且从某种意义上讲，双方的不足之处可以通过对方来弥补。变动成本法与完全成本法之间不应是相互排斥的关系，而应该是相互结合、相互补充的关系。完全成本法依据公认的会计原则来汇集企业在一定期间所发生的生产费用，并据以计算和确定产品成本和分期损益。它主要适用于财务会计系统，用于编制对外财务报告。而变动成本法是为了满足企业内部经营管理的需要，对成本进行事前规划和日常控制而产生的。它主要适用于管理会计系统，用来编制对内管理报告，为决策提供有用的信息。

如何将两种方法结合起来呢？能不能分别按照两种方法同时搞两套成本计算系统呢？出于时间和金钱的考虑，在实践中，比较现实可行的办法是将两种成本计算结合起来。以变动成本法为基础建立成本计算系统，定期将变动成本法计算的成本与利润信息调整为按完全成本法反映的信息资料。其具体做法如下。

(1) 日常核算以变动成本法为基础，"生产成本(在产品)""库存商品(产成品)"账户均登记变动成本。

(2) 设置"变动制造费用"账户，借方用以核算生产过程中发生的变动费用，期末则将其发生额转入"生产成本"账户，也可以将"变动制造费用"账户作为"生产成本"账户的二级账户处理。

(3) 设置"固定性制造费用"账户，借方用以归集当期发生的固定性制造费用，期末则将应由已销产品负担的部分自贷方转入"主营业务成本"账户的借方而列入利润表；该账户的期末余额则为期末在产品和产成品所应负担的固定性制造费用，期末与"生产成本"和"库存商品"账户的余额一起合并计入资产负债表的"存货"项目下。

(4) 设置"变动非制造费用"和"固定非制造费用"账户，借方分别用以归集销售费用和管理费用中的变动部分和固定部分，期末则如数由贷方转入"本年利润"账户。

下面通过一个例子来说明以变动成本法为基础的成本计算系统账务处理程序。

【例3-6】假设升达有限公司只生产一种产品，且期末无在产品，其他有关资料如下。

期初存货	0件
当期产量	5 000件
当期销量	4 000件
期末存货	1 000件

单位变动成本

直接材料	10元
直接人工	6元
变动性制造费用	4元
固定性制造费用	30 000元
变动性非制造费用(假设随销量变动)	4元
固定性非制造费用	40 000元
单位产品售价	45元

以变动成本法为基础的成本计算系统账务处理程序可以用T型账户反映如下(见图3-3)。

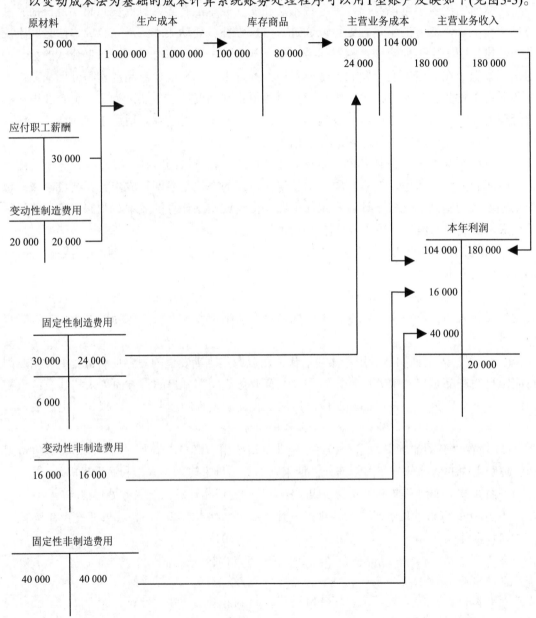

图3-3 T型账户

思考练习

一、单选题

1. 变动成本法的基本原则是将期间成本全部作为当期费用来处理，其主要依据在于( )。
   - A. 期间成本是不可控的，不应分配计入特定产品的成本
   - B. 期间成本一般数量不大，若将其计入产品成本，会得不偿失
   - C. 期间成本的分配是主观的，会导致错误的管理决策
   - D. 无论是否生产，期间成本都会发生，所以将其分配计入产品成本，将当期经营活动的成本递延是不合适的

2. 有关变动成本法的表述错误的是( )。
   - A. 各期营业利润的多少只与销售多少有关，与其他因素无关
   - B. 产品成本只包括变动生产成本，不受产量的影响
   - C. 固定生产成本作为期间成本，简化了成本核算
   - D. 提供的产品成本信息不符合对外报告的要求

3. 变动成本法下的期间成本包括( )。
   - A. 直接材料
   - B. 直接人工
   - C. 变动性制造费用
   - D. 固定性制造费用

4. 变动成本法与完全成本法结合应用时，企业应另设( )账户。
   - A. 产成品
   - B. 制造费用
   - C. 销售费用
   - D. 存货中的固定性制造费用

5. 下列说法不正确的是( )。
   - A. 变动成本法下，固定成本作为期间成本在发生的当期全部直接转为费用
   - B. 完全成本法下，各会计期发生的全部生产成本要在完工产品和在产品之间分配
   - C. 变动成本法下，利润=销售收入-变动成本-固定成本
   - D. 完全成本法下，全部成本、费用都计入产品成本

二、多选题

1. 变动成本法下的贡献式利润表与完全成本法下的传统式利润表共同包含的指标有( )。
   - A. 销售收入
   - B. 变动成本
   - C. 贡献边际
   - D. 销售毛利
   - E. 营业利润

2. 按完全成本法确定的净收益与按变动成本法确定的净收益不等的情况存在于( )。
   - A. 产销平衡时
   - B. 产销不平衡时
   - C. 本期生产量大于销售量时
   - D. 本期生产量小于销售量时
   - E. 期末存货等于期初存货时

3. 按完全成本计算，产品成本包括(　　)。

    A. 期间成本　　　　　　　　　B. 直接人工

    C. 变动性制造费用　　　　　　D. 固定性制造费用

    E. 直接材料

4. 下列说法正确的有(　　)。

    A. 变动成本法提供的资料无法适应长期决策的需要

    B. 变动成本法下，营业利润=销售收入-变动生产成本-固定制造费用-销售和管理费用

    C. 完全成本法下，各会计期发生的全部生产成本要在完工产品和在产品之间分配

    D. 完全成本法下，全部成本都计入产品成本

5. 变动成本法与完全成本法，其产品成本均包括(　　)。

    A. 直接材料　　　　　　　　　B. 直接人工

    C. 变动制造费用　　　　　　　D. 固定制造费用

三、判断题

1. 变动成本法下，固定性制造费用作为期间成本在发生的当期全部直接转为费用。

    (　　)

2. 完全成本法下，各会计期发生的全部生产成本要在完工产品和在产品之间分配。

    (　　)

3. 变动成本法下，边际贡献利润=销售收入-变动成本-固定成本。　　　　(　　)

4. 完全成本法下，全部成本、费用都计入产品成本。　　　　　　　　　　(　　)

5. 如果本期产量大于本期销量，则按完全成本法所确定的利润大于按变动成本法所确定的利润。　　　　　　　　　　　　　　　　　　　　　　　　　　　　　　　(　　)

四、业务题

1. 练习变动成本计算法

资料：升达有限公司生产甲产品30 000件，假定年末无在产品，当年销售25 000件，每件售价3元。其他有关资料如下：

直接材料	10 000元
直接人工	8 000元
变动性制造费用	3 000元
固定性制造费用	15 000元
销售及管理费用	
其中：变动性销售及管理费用	10 000元
固定性销售及管理费用	5 000元

要求：

(1) 按照完全成本计算法和变动成本计算法，分别计算该企业年度损益；

(2) 解释上述两种成本计算方法下编制利润表利润额产生差异的原因。

2.练习完全成本计算法与变动成本计算法对营业利润差额计算的运用。

资料：升达有限公司过去对外公开的利润表是按照完全成本法编制的，其连续三年的简明资料如表3-9所示。

表3-9 升达有限公司利润表

单位：元

项目	20×5	20×6	20×7
销售收入	40 000	24 000	48 000
销售成本	25 000	15 000	30 000
销售毛利	15 000	9 000	18 000
销售及管理费用	7 000	7 000	7 000
营业利润	8 000	2 000	11 000

假定该公司产品单位变动生产成本为2元，其固定生产成本按每件0.5元共生产10 000件的基础分摊于产品。

该公司近三年的产销量情况如表3-10所示。

表3-10 升达公司产销量

单位：件

产销量	20×5	20×6	20×7
生产量	10 000	10 000	10 000
销售量	10 000	6 000	12 000

要求：无须按变动成本法计算编制利润表，可否知道两种成本法计算所确定的营业利润是否相等？如不相等，按变动成本法计算确定的营业利润是多少？

第四章

本量利分析

【学习目标】

○ 理解本量利分析的含义、本量利分析的基本假定。

○ 掌握本量利之间的依存关系、保本点的计算与分析、保利点的计算与分析。

○ 掌握盈亏平衡图的绘制与分析。

第一节　本量利分析概述

一、本量利分析的含义

本量利分析也称量本利分析，是指在成本性态分析和变动成本法的基础上，以数量化的会计模型与图式来揭示固定成本、变动成本、销售量、销售单价、销售收入及利润等变量之间内在规律性联系的一种定量分析方法。

本量利分析方法属于管理会计中常见的分析方法之一，在全球范围内其应用都十分广泛。运用本量利分析，可以进行企业的盈亏平衡规划与目标利润规划；可以进行企业的经营风险分析，为企业提供化解经营风险的方法和手段；可以帮助企业进行有关的生产决策、定价决策；可以作为企业编制全面预算和控制成本的基础。任何分析理论与方法都是建立在一定的假设前提下才能成立的，其内容也才能严谨和完善，那么，本量利分析的基本假设是什么呢？

二、本量利分析的基本假设

(一) 成本性态分析假设

成本性态分析假设是指全部成本按其性态划分为变动成本和固定成本，产品成本只由变动生产成本构成，固定生产成本和非生产成本作为期间费用处理。

(二) 相关范围假设

在分析期内，业务量的变动不应超越销售单价、单位变动成本和固定成本总额不变的范围。在此情况下，不仅业务量与边际贡献成正比，而且业务量小额的变动会引起营业利润更大比例的变动。

(三) 线性关系假设

假定在一定时期内，业务量总是保持在成本水平和单价水平不变所能允许的范围内变化，于是固定成本总额的不变性和变动成本单位额的不变性在相关范围内能够得以保证，成本函数表现为线性方程$y=a+bx$；同时，在相关范围内，单价也不因销售量的变化而改变，使得销售收入也表现为直线方程$y=px$。这一假定排除了在时间和业务量变动的情况下，各生产要素的价格(原材料、工资率等)、技术条件、工作效率和生产率，以及市场条件变化的可能性。总之，假定在一定期间和一定业务量范围内，成本与销售收入分别表现为一条直线。

(四) 产销平衡假设

在企业的预算期内，产品的生产量与销售量趋于平衡，并且期初存货等于期末存货。

假定在只安排生产一种产品的条件下，生产出来的产品总是可以找到市场，可以实现产销平衡；对于多产品生产的企业，假定在以价值形式表现的产销总量发生变化时，原来的各种产品的产销额在全部产品产销总额中所占的比重并不发生变化。这种假定可使分析人员能够集中注意力于价格、成本，以及业务量对营业利润的影响。

(五) 产品品种结构稳定假设

企业在生产经营多种产品时，其产销量的增减变化必须在各种产品之间保持结构不变。假设有A、B、C三种产品，生产结构比例为0.2∶0.2∶0.6，无论产销量如何变化，生产结构比例始终控制在原比例0.2∶0.2∶0.6。

三、本量利分析基本公式

本量利分析所考虑的相关因素主要包括：总成本(用C表示)、变动成本(用VC表示)、固定成本(用FC表示)、单位变动成本(用b表示)、产销量(用Q表示)、销售单价(用p表示)、销售收入(用S表示)和营业利润(用P表示)等。这些变量之间的关系可用下式进行反映：

$$利润=销售收入-总成本$$
$$=销售收入-(变动成本+固定成本)$$
$$=销售收入-变动成本-固定成本$$
$$=销售量\times销售单价-销售量\times单位变动成本-固定成本$$
$$=(销售单价-单位变动成本)\times销售量-固定成本$$

$$P=S-C$$
$$=S-(VC+FC)$$
$$=S-VC-FC$$
$$=p\times Q-b\times Q-FC$$
$$=(p-b)\times Q-FC$$

由于本量利分析的数学模型是在上述公式的基础上建立起来的，故可将上述公式称为本量利关系基本公式。

四、贡献边际及相关指标计算

在本量利分析中，贡献边际是一个十分重要的概念。贡献边际又称为贡献毛益，是指产品的销售收入与相应变动成本之间的差额边际利润或创利额。贡献边际指标有贡献边际总额、单位贡献边际、贡献边际率。

(一) 贡献边际总额(TCM)

贡献边际总额是指产品的销售收入与相应变动成本总额之间的差额。

$$\text{贡献边际总额} = 销售收入 - 变动成本$$
$$= 销售量 \times 销售单价 - 销售量 \times 单位变动成本$$
$$= (销售单价 - 单位变动成本) \times 销售量$$
$$TCM = S - VC$$
$$= p \times Q - b \times Q$$
$$= (p - b) \times Q$$

结合本量利分析基本公式，因为 $P = S - VC - FC$，所以 $TCM = S - VC = FC + P$，即贡献边际总额=固定成本+营业利润，由此可见，企业通过产品销售获得贡献边际有两个用途，即弥补固定成本和形成营业利润。

(二) 单位贡献边际(CM)

单位贡献边际是指产品的销售单价减去单位变动成本后的差额，代表新增销售一个产品给企业增加的"贡献"大小。

$$\text{单位贡献边际} = 贡献边际总额 \div 销售量$$
$$= (销售单价 - 单位变动成本) \times 销售量 \div 销售量$$
$$= 销售单价 - 单位变动成本$$
$$CM = TCM \div Q$$
$$= (p - b) \times Q \div Q$$
$$= p - b$$

(三) 贡献边际率(CMR)

贡献边际率又称为创利率，是贡献边际的相对数形式，指每一元销售收入所产生的贡献边际数额。贡献边际率反映产品为企业做出贡献的能力，因此它是正指标。

$$\text{贡献边际率} = 贡献边际总额 \div 销售收入$$
$$= (销售单价 - 单位变动成本) \times 销售量 \div (销售单价 \times 销售量)$$
$$= 单位贡献边际 \div 销售单价$$

$$CMR=TCM \div S$$
$$=(p-b) \times Q \div (p \times Q)$$
$$=(p-b) \div p$$
$$=1-b/p$$

与贡献边际率密切关联的指标是变动成本率(VCR)。变动成本率是指变动成本占销售收入的百分比。

$$变动成本率=变动成本 \div 销售收入$$
$$=(单位变动成本 \times 销售量) \div (销售单价 \times 销售量)$$
$$=单位变动成本 \div 销售单价$$
$$VCR=VC \div S$$
$$=b \times Q \div (p \times Q)$$
$$=b/p$$

变动成本率表明了企业销售收入中用于弥补变动成本的比率的高低。变动成本率越高，企业的获利能力越低，因此它是负指标。

两者之间的关系为

$$贡献边际率+变动成本率=1-b/p+b/p=1$$

可见，贡献边际率与变动成本率属于互补性质，变动成本率高的企业，其贡献边际率低，创利能力小；反之，变动成本率低的企业，贡献边际率高，创利能力大。

以上指标的计算公式及其变形公式在管理会计中十分重要，必须在理解的基础上熟练掌握，以便灵活运用。

【例4-1】升达有限公司生产的T恤衫，单价p为100元/件，单位变动成本b为65元/件，固定成本a为60 000元。预计今年的销售量为2 000件。

要求：

(1) 计算单位贡献边际、贡献边际总额、贡献边际率；

(2) 计算营业利润；

(3) 计算变动成本率；

(4) 验证贡献边际率与变动成本率的关系。

解：根据资料中的各项指标计算如下。

(1) 全部贡献边际指标如下。

单位贡献边际(CM)=100-65=35(元/件)

贡献边际总额(TCM)=35 × 2 000=70 000(元)

贡献边际率(CMR)=35/100=70 000/200 000=35%

(2) 利润(P)=2 000 × 35-60 000=10 000(元)

(3) 变动成本率(VCR)=65/100=65%

(4) 贡献边际率与变动成本率的关系验证：贡献边际率+变动成本率=35%+65%=1

第二节　保本分析

一、保本分析的概念

保本分析又称为盈亏平衡点分析，是研究当企业恰好处于盈亏平衡状态时本量利关系的一种定量分析方法。盈亏平衡点(BEP)是指能使企业达到保本状态，即使企业处于不亏不盈状态的业务量的总称。此时，企业销售所带来的贡献毛益总额，刚好等于固定成本总额。也就是说，企业总的销售收入刚好等于成本总额，而此时利润为零。

保本分析是以盈亏平衡点为基础，对成本、销售量和利润三者之间关系所进行的盈亏平衡分析，是本量利分析的一项重要内容。进行保本分析，不仅可以为企业管理当局提供未来防止亏损应完成的最低业务量信息，而且为审视企业未来经营的安全程度，确定达到盈亏平衡状态的开工率，以及开展相应的目标利润分析创造了条件。

保本点有两种表现形式：一是盈亏平衡点销售量，简称保本量；二是盈亏平衡点销售额，简称保本额。

二、单一品种保本点分析

(一) 保本点的绝对数指标

保本点的绝对数指标包括保本量和保本额。以本量利分析的基本公式为基础，令利润为零就可以计算出保本点的销售量和销售额。

$$利润=(销售单价-单位变动成本)\times 销售量-固定成本$$

令利润为零，则有

$$保本量=\frac{固定成本}{销售单价-单位变动成本}$$

$$=\frac{固定成本}{单位贡献边际}$$

$$即保本量=\frac{FC}{p-b}$$

$$=\frac{FC}{CM}$$

$$保本额=销售单价\times 保本量$$

$$=\frac{固定成本}{贡献边际率}$$

$$即保本额=\frac{FC}{1-b/p}$$

$$=\frac{FC}{CMR}$$

【例4-2】假设升达有限公司只生产甲产品，单价p为20元/件，单位变动成本b为10元/件，固定成本FC为20 000元。

要求：按基本模型计算该企业的保本点指标。

CM=20-10=10(元)

CMR=10/20=50%

保本量=20 000/(20-10)=2 000(件)

保本额=20 000/50%=40 000 (元)

(二) 保本点的相对数指标

保本点的相对数指标是保本作业率。保本作业率又称"危险率"，是指保本量占现有或预计销售业务量的百分比。该指标是一个反指标，越小说明越安全。换句话说，一个大部分销售额都用来弥补成本的企业是很难盈利的。

$$保本作业率 = \frac{保本量(额)}{正常或者预计销售量(额)} \times 100\%$$

三、多品种保本点分析

在介绍了单一品种保本点确定方法的基础上，多品种保本点分析更接近大部分企业经营的实际情况。在企业同时生产并销售多种产品的情况下，保本点的计算由于不同产品的实物量无法相加，而只能以价值形式来反映。在实际工作中，多品种保本点的计算方法主要包括综合贡献边际率法、加权平均法和联合单位法等。

(一) 综合贡献边际率法

综合贡献边际率法是根据企业的综合贡献边际率计算多种产品保本点的方法。这种方法对各种产品同等看待，不要求分配企业的固定成本，将各产品创造的综合贡献边际视为补偿企业全部固定成本的收益来源。其具体计算步骤如下。

(1) 计算各产品销售额比重，公式为

$$某产品的销售额比重 = \frac{该产品的销售额}{全部产品的销售额之和}$$

(2) 计算综合边际贡献率，公式为

$$综合边际贡献率 = \frac{各产品的边际贡献之和}{全部产品的销售额之和}$$

(3) 计算综合保本额，公式为

$$综合保本额 = \frac{固定成本}{综合边际贡献率}$$

(4) 计算单个产品的保本额，公式为

$$单个产品的保本额 = 综合保本额 \times 销售额比重$$

(二) 加权平均法

加权平均法的具体计算步骤如下。

(1) 计算各产品销售额比重，公式为

$$某产品的销售额比重 = \frac{该产品的销售额}{全部产品的销售额之和}$$

(2) 计算加权平均边际贡献率，公式为

$$加权平均边际贡献率 = \sum(各产品边际贡献率 \times 销售比重)$$

(3) 计算综合保本额，公式为

$$综合保本额 = \frac{固定成本}{加权平均边际贡献率}$$

(4) 计算单个产品的保本额，公式为

$$单个产品的保本额 = 综合保本额 \times 销售额比重$$

【例4-3】假设升达有限公司现主要生产甲、乙、丙三种系列产品，20×7年全厂的固定成本总额为2 400元。其他有关资料如表4-1所示。

表4-1　升达有限公司生产资料

项目	产品甲	产品乙	产品丙
销售量Q/件	40	64	80
单价p/元	200	250	100
单位变动成本b/元	172	220	90

要求：分别用两种方法计算该公司的保本点和各产品的保本量。

方法一：综合贡献边际率法。

(1) 计算各种产品的销售额。

甲产品=200×40= 8 000(元)

乙产品=250×64= 16 000(元)

丙产品=100×80= 8 000(元)

销售收入总额=8 000+16 000+8 000=32 000(元)

甲产品的销售比重=8 000/32 000=25%

乙产品的销售比重=16 000/32 000=50%

丙产品的销售比重=8 000/32 000=25%

(2) 计算综合边际贡献率。

甲产品贡献边际=(200−172)×40= 1 120(元)

乙产品贡献边际=(250−220)×64=1 920(元)

丙产品贡献边际=(100−90)×80=800(元)

贡献边际总额=1 120+1 920+800=3 840(元)

综合边际贡献率=3 840/32 000=12%

(3) 计算综合保本额。

综合保本额=2 400/12%=20 000(元)

(4) 计算各种产品的保本点。

甲产品销售额=20 000×25%=5 000(元)

甲产品销售量=5 000/200=25(件)

乙产品销售额=20 000×50%=10 000(元)

乙产品销售量=10 000/250=40(件)

丙产品销售额=20 000×25%=5 000(元)

丙产品销售量=5 000/100=50(件)

方法二：加权平均法。

(1) 计算各种产品的销售额。

甲产品销售额=200×40=8 000(元)

乙产品销售额=250×64=16 000(元)

丙产品销售额=100×80=8 000(元)

销售收入总额=8 000+16 000+8 000=32 000(元)

甲产品的销售比重=8 000/32 000=25%

乙产品的销售比重=16 000/32 000=50%

丙产品的销售比重=8 000/32 000=25%

(2) 计算加权平均边际贡献率。

甲产品边际贡献率=(200−172)/200=14%

乙产品边际贡献率=(250−220)/250=12%

丙产品边际贡献率=(100−90)/100=10%

加权平均边际贡献率=14%×25%+12%×50%+10%×25%=12%

(3) 计算综合保本额。

综合保本额=2 400/12%=20 000(元)

(4) 计算各种产品的保本点。

甲产品销售额=20 000×25%=5 000(元)

甲产品销售量=5 000/200=25(件)

乙产品销售额=20 000×50%=10 000(元)

乙产品销售量=10 000/250=40(件)

丙产品销售额=20 000×25%=5 000(元)

丙产品销售量=5 000/100=50(件)

(三) 联合单位法

联合单位是指由各产品按其销售比重形成的组合。联合单位法具体是指在事先掌握多品种之间客观存在的相对稳定的产销实物量比例的基础上，确定每一联合单位的单价和单位变动成本，进行多品种条件下本量利分析的一种方法。其具体的计算步骤如下。

(1) 确定用销售量表示的销售组合。

(2) 计算联合单位的贡献边际。

$$联合单位的贡献边际 = \sum(每联合单位包含某产品数量 \times 该产品单位贡献边际)$$

(3) 计算保本点联合单位数。

$$保本点联合单位数 = \frac{固定成本}{联合单位的贡献边际}$$

(4) 计算各种产品在保本点的销售量。

$$某产品保本点的销售量 = 保本点联合单位数 \times 联合单位包含该产品数量$$

【例4-4】假设升达有限公司销售两种产品A和B，销售组合比例为5∶8，A产品的单价为12元，单位变动成本为6元，B产品的单价为5元，单位变动成本为3元，固定成本总额为57 500元。

要求：用联合单位法计算各产品的保本点。

解：根据以上资料进行计算。

(1) 联合单位的贡献边际=5×(12-6)+8×(5-3)=46(元)

(2) 保本点的联合单位数=57 500/46=1 250

(3) 各产品的保本点如下。

A产品销售量=1 250×5=6 250(件)

B产品销售量=1 250×8=10 000(件)

第三节 保利分析

一、保利分析的含义

上一节介绍的保本分析只能表明企业避免亏损的最低销售量(额)，而无法显示企业实现目标利润所需要的销售水平。对于企业的经营管理人员来说，他们更为关注的是目标利润下的销售水平。因此，管理会计人员还需要在盈亏平衡点分析的基础上，进一步研究分析企业的保利点，从而进行有效的目标利润管理。

保利点是指企业在销售单价、单位变动成本和固定成本总额不变的情况下，为实现目标利润而必须达到的销售量(额)。通过保利点分析，可以反映企业实现目标利润所需完成的销售量或销售额，为准确进行目标利润规划提供服务。保利点分析是进行本量利分析的一项重要内容。

二、保利分析模型

保利分析模型有两种，分别为：税前利润模型和税后利润模型。

(一) 税前利润模型

以本量利分析的基本公式为基础，令利润为目标利润就可以计算出保利点的销售量和销售额。

$$利润=(销售单价-单位变动成本)\times销售量-固定成本$$

令利润为目标利润，则有

$$保本量=\frac{固定成本+目标利润}{销售单价-单位变动成本}$$

$$=\frac{固定成本+目标利润}{单位贡献边际}$$

$$即保本量=\frac{FC+P}{p-b}$$

$$=\frac{FC+P}{CM}$$

$$保本额=销售单价\times保利点销售量$$

$$=\frac{固定成本+目标利润}{贡献边际率}$$

$$即保本额=\frac{FC+P}{1-b/p}$$

$$=\frac{FC+P}{CMR}$$

(二) 税后利润模型

由于所得税是企业的一项费用，因此税后利润才能反映企业真正的收益水平。税前利润与税后利润之间的关系如下。

$$税后利润=税前利润\times(1-所得税税率)$$

税前利润模型和税后利润模型可通过以上公式进行相互转换。

【例4-5】升达有限公司只生产A产品，单价为20元/件，单位变动成本为12元/件，固定成本为64 000元，20×7年销售量为10 000件。假设20×7年的税前目标利润为30 000元，价格和成本水平同上年完全相同。

要求：计算20×7年的有关指标。

解：根据资料计算如下。

保利量=(30 000+64 000)/8=11 750(件)

保利额=(30 000+64 000)/40%=235 000(元)

假定该公司的所得税税率为40%，计划利润30 000元为税后利润。

则有关指标的计算为如下。

保利量=[30 000/(1-40%)+64 000]/8=14 250(件)

保利额=[30 000/(1-40%)+64 000]/40%=285 000(元)

三、企业安全程度评价

(一) 安全边际

保本点销售量提供的贡献毛益全部被固定成本抵消，只有超过保本点的销售量提供的贡献毛益才形成企业的利润。实务中，企业常用现有销售量超过保本点的销售量的大小表明企业经营的安全性，称为安全边际。安全边际指标包括安全边际量、安全边际额和安全边际率三个指标。

$$安全边际量 = 现有销售量 - 保本量$$

$$安全边际额 = 现有销售额 - 保本额$$

$$安全边际率 = \frac{安全边际量(额)}{现有或者预计销售量(额)} \times 100\%$$

显然，上述指标的数值越大，企业发生亏损的可能性越小，企业就越安全。

西方企业常用的安全边际指标评价标准如表4-2所示。

表4-2 西方企业常用的安全边际指标评价标准

安全边际率	40%以上	30%~40%	20%~30%	10%~20%	10%以下
经营安全状态	很安全	安全	比较安全	值得注意	危险

【例4-6】已知升达有限公司只生产A产品，单价为20元/件，单位变动成本为10元/件，固定成本为20 000元。当年销售量为4 000件。

要求：

(1) 计算该企业的安全边际指标；

(2) 计算该企业的保本作业率；

(3) 验证安全边际率与保本作业率的关系；

(4) 评价该企业的经营安全程度。

解：根据资料计算如下。

(1) 安全边际指标的计算。

保本量=20 000/(20-10)=2 000(件)

保本额=2 000×20=40 000(元)

安全边际量=4 000-2 000=2 000(件)

安全边际额=4 000×20-2 000×20

=80 000-40 000

=40 000(元)

$$安全边际率=2\ 000/4\ 000\ \times100\%$$
$$=40\ 000/80\ 000\times100\%$$
$$=50\%$$

(2) 保本点作业率=2 000/4 000×100%=50%

(3) 安全边际率+保本点作业率=50%+50%=1

(4) 因为安全边际率为50%，所以可以断定该企业很安全。

(二) 销售利润率

从以上有关指标分析中可知，只有超过保本点的销售量(额)，即只有安全边际才能为企业提供利润。安全边际部分的销售收入减去其变动成本后的差额，既是安全边际提供的边际贡献，也是企业的利润。这是因为，安全边际部分的销售收入已无须负担任何固定成本，只要从中扣除变动成本之后便是企业的利润，用公式可表示为

$$利润=销售收入-变动成本-固定成本$$
$$=贡献边际总额-固定成本$$
$$=单位贡献边际\times销售量-单位贡献边际\times保本量$$
$$=单位贡献边际\times(销售量-保本量)$$
$$=单位贡献边际\times安全边际量$$
$$=贡献边际率\times安全边际额$$

因此，销售利润率的计算公式可表述为

$$销售利润率=利润\div销售收入$$
$$=贡献边际率\times安全边际额\div销售收入$$
$$=贡献边际率\times安全边际率$$

第四节　盈亏平衡图

在进行保本分析时，不仅可以根据数据资料计算出要达到盈亏平衡点所对应的销售量和销售收入，还可以绘制盈亏平衡图。盈亏平衡图是围绕盈亏平衡点，将影响利润的有关因素及相互关系，集中在一张图上形象而具体地表现出来的图形。在盈亏平衡图上，我们可以将影响利润的因素——销售量、销售单价、单位变动成本和固定成本总额描述出来。借助盈亏平衡图，可以一目了然地观察到相关因素变动对利润产生的影响，从而有助于管理者进行短期经营决策。盈亏平衡图可以根据不同目的而绘制不同的图形。通常使用的盈亏平衡图有三种：基本式、贡献边际式和量利式。

一、基本式盈亏平衡图

(一) 绘制基本式盈亏平衡图的步骤

绘制基本式盈亏平衡图的步骤如下(见图4-1)。

(1) 绘制一个坐标，横轴代表销售量，纵轴代表成本和销售收入金额。

(2) 在纵轴上标出固定成本，通过它画一条平行于横轴的直线，即固定成本线。

(3) 计算并在坐标图中标出选择销售量下的总成本(固定成本+变动成本总额)，通过该点和固定成本与纵轴的交点，即可画出总成本线。

(4) 选择一个销售量，在图上标出该销售量下的销售收入，通过原点和该点，即可画出总收入线。

(5) 总收入线和总成本线的交点即盈亏平衡点。

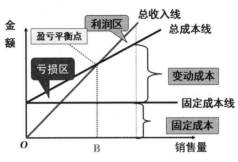

图4-1　基本式盈亏平衡图

(二) 相关因素对盈亏平衡图的影响

1. 销售单价变动的影响

从图4-2可知，在单位变动成本、固定成本总额和产品销售结构等因素不变的情况下，产品销售单价提高，盈亏平衡点降低，企业获得的利润增多，企业的单位边际贡献和边际贡献率都将增大；反之，盈亏平衡点升高。因此，在其他因素不变的情况下，盈亏平衡点与销售单价呈反方向变动。

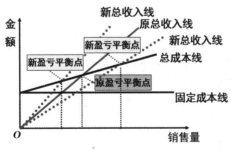

图4-2　销售单价对盈亏平衡图的影响

2. 单位变动成本变动的影响

从图4-3可知，在销售单价、固定成本总额和产品销售结构等因素不变的情况下，产品单位变动成本上升，盈亏平衡点升高，企业获得的利润减少，企业的单位边际贡献和边际贡献率都将降低；反之，盈亏平衡点降低。因此，在其他因素不变的情况下，盈亏平衡点与产品单位变动成本呈同方向变动。

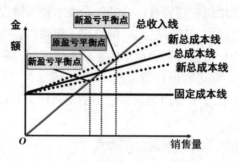

图4-3　单位变动成本对盈亏平衡图的影响

3. 固定成本变动的影响

从图4-4可知，在销售单价、单位变动成本和产品销售结构等因素不变的情况下，固定成本总额上升，企业获得的利润减少，盈亏平衡点升高；反之，盈亏平衡点降低。因此，在其他因素不变的情况下，盈亏平衡点与固定成本总额呈同方向变动。

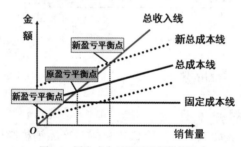

图4-4　固定成本对盈亏平衡图的影响

二、贡献边际式盈亏平衡图

贡献边际式盈亏平衡图和基本式盈亏平衡图实质上是相同的(见图4-5)，只是表现形式不同。贡献边际式盈亏平衡图更突出贡献边际的作用，强调两种不同性态的成本对企业利润的不同影响。贡献边际式盈亏平衡图更清晰地反映了企业利润的形成过程，即产品销售所带来的贡献毛益只有在弥补固定成本后才能成为利润。

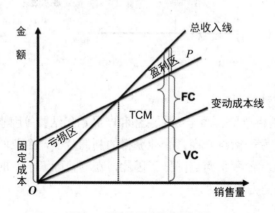

图4-5　贡献边际式盈亏平衡图

三、量利式盈亏平衡图

量利式盈亏平衡图是一种简化的盈亏平衡图(见图4-6)，也常常被称为利润图，纵坐标的销售收入和成本因素均被省略，目的是帮助管理人员更清晰地了解销售量和利润的依存关系。

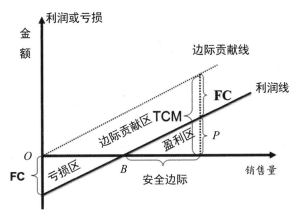

图4-6 量利式盈亏平衡图

思考练习

一、单选题

1. 按照本量利分析的假设，收入函数和成本函数的自变量均为( )。
   A. 销售单价   B. 单位变动成本
   C. 固定成本   D. 产销量

2. 在本量利分析中，必须假定产品成本的计算基础是( )。
   A. 完全成本法   B. 变动成本法
   C. 吸收成本法   D. 制造成本法

3. 计算贡献边际率，可以用单位贡献边际除以( )。
   A. 单位售价   B. 总成本
   C. 销售收入   D. 变动成本

4. 下列指标中，可据以判定企业经营安全程度的指标是( )。
   A. 保本量   B. 贡献边际
   C. 保本作业率   D. 保本额

5. 已知企业只生产一种产品，单位变动成本为每件45元，固定成本总额为60 000元，产品单价为120元，为了使安全边际率达到60%，该企业当期至少应销售的产品为( )件。
   A. 2 000   B. 1 333
   C. 800   D. 1 280

二、多选题

1. 安全边际指标包括的内容有( )。
   A. 安全边际量
   B. 安全边际额
   C. 安全边际率
   D. 保本作业率
   E. 贡献边际率

2. 保本点的表现形式包括( )。
   A. 保本额
   B. 保本量
   C. 保本作业率
   D. 变动成本率
   E. 贡献边际率

3. 下列各项中,可据以判定企业是否处于保本状态的标志有( )。
   A. 安全边际率为零
   B. 贡献边际等于固定成本
   C. 收支相等
   D. 保本作业率为零
   E. 贡献边际率等于变动成本率

4. 下列与安全边际率有关的说法中,正确的有( )。
   A. 安全边际与当年实际定货量的比值
   B. 安全边际率与保本作业率的和为1
   C. 安全边际与销售量的比率
   D. 安全边际率越小,企业发生亏损的可能性越小
   E. 安全边际率越大,企业发生亏损的可能性越小

5. 下列各式计算结果等于贡献边际率的有( )。
   A. 单位贡献边际/单价
   B. 1-变动成本率
   C. 贡献边际/销售收入
   D. 固定成本/保本销售量
   E. 固定成本/保本销售额

三、判断题

1. 在进行本量利分析时,不需要任何假设条件。 ( )
2. 贡献边际首先用于补偿固定成本,之后若有余额,才能为企业提供利润。 ( )
3. 本量利分析应用的前提条件与成本性态分析的假设是相同的。 ( )
4. 企业的贡献边际应当等于企业的营业毛利。 ( )
5. 安全边际率和保本作业率是互补的,安全边际率高则保本作业率低,其和为1。
   ( )

四、业务题

1. 已知:假设升达有限公司全年的产销量一致,且销售量为500件,单价100元,单位变动成本10元。
   要求:计算该企业的贡献边际总额、单位贡献边际和贡献边际率。

2. 已知:升达有限公司只生产一种产品,20×7年的销售收入为1 000万元,变动成本率为60%,税前利润为100万元。

要求：

(1) 计算该公司20×7年的固定成本；

(2) 计算20×7年该公司的保本额；

(3) 假定20×8年该公司只追加20万元的广告费，其他条件均不变，试计算20×8年的固定成本和保本额。

3. 已知：升达有限公司计划同时生产甲、乙、丙三种产品，固定成本总额为19 800元，其他有关资料如表4-3所示。

表4-3　升达有限公司成本资料

品种	销售单价/元	销售量/件	单位变动成本/元
甲	2 000	60	1 600
乙	500	30	300
丙	1 000	65	700

要求：

(1) 计算综合保本点销售额及各产品的保本销售额和销售量；

(2) 计算营业利润。

第五章

预测分析

第一节 预测分析概述

一、预测分析的概念

预测分析是指以现有的经济条件和过去的历史资料为基础，利用相关人员的实践经验，并运用各种专门的方法，对企业未来生产经营活动的发展趋势和状况进行预计和测算的经济活动。企业对自身经营活动的预测分析按预测内容的不同可以分为销售预测、利润预测、成本预测和资金预测；按预测的时间长短不同可以分为短期预测、中期预测和长期预测。科学合理的预测是企业做出正确决策的前提，也是企业编制预算的基础。

二、预测分析的程序

(一) 确定预测目标

企业进行预测分析前，首先必须弄清楚预测的对象和内容是什么，要达到什么样的目的，然后才能根据预测的具体对象和内容，确定预测的范围、期限和数量单位。

(二) 收集整理资料

经营预测的科学性有赖于对系统、准确和全面的数据和信息的分析，所以企业确定预测目标后，应着手收集有关的计划资料和实际数据，并采用一定的方法对所搜集的资料进行加工、整理和归纳，尽量从中发现与预测对象相关的各因素间的相互依存关系。

(三) 选择恰当的预测方法

预测方法多种多样，既有定性预测方法，也有定量预测方法。在收集整理完数据后，预测者应根据预测对象和内容的不同特点，并结合以往经验选用恰当和切实可行的预测方法。

(四) 建立数学模型进行预测

企业应根据占用资料和预测方法的不同，建立不同的预测模型。譬如，对于定量预测，要建立数学模型；对于定性预测，则要建立设想的逻辑思维模型，并根据不同的数学模型对预测对象进行预测。

(五) 检验并修正预测

得出预测结论后，企业还需对预测结论进行验证，检查前期预测结论是否符合当前实际。若不相符，企业还应分析差异产生的原因，并对初步预测结果进行修正，保证预测结果尽可能符合实际情况，同时还要对预测模型进行验证。若模型没有考虑非计量因素，企业还应对预测模型进行修正，以保证后期预测结论的准确性。

(六) 报告预测结论

对于最终的预测结论，企业要以一定形式，并通过一定程序将修正过的最终预测结论向企业的有关部门报告。

三、预测分析的基本方法

预测分析的基本方法包括定量预测分析法和定性预测分析法。

(一) 定量预测分析法

定量预测分析法又称数量预测分析法，是指根据掌握的完整数据资料，运用一定的数学模型或现代数学方法对各种数据资料进行科学的加工处理，研究各预测变量与有关变量之间的关系，并以此作为预测未来事物发展趋势依据的一种分析方法。定量分析法又可分为因果预测分析法和趋势预测分析法。

1. 因果预测分析法

因果预测分析法是指根据各变量之间的因果关系，运用现代数学方法，建立因果预测的经济数学模型，并对企业的经营活动进行预测的一种预测分析方法。常用的因果预测法包括本量利分析法、回归分析法、盈亏平衡分析法等。

2. 趋势预测分析法

趋势预测分析法又称为时间序列分析法或趋势外推分析法，是将时间(月、年)作为制约预测对象变化的自变量，把未来作为历史的自然延续，按事物自身发展趋势进行预测的一种分析方法。常用的趋势预测法有算术平均法、移动平均法、指数平滑法等。

定量预测分析法主要适用于资料比较完备且容易取得的企业。预测分析出来的结果比较精确，但该种方法计算量大，需建立模型，对复杂事物进行预测时会加大工作量。

(二) 定性预测分析法

定性预测分析法又称非数量分析法，是指根据预测人员长期的实践经验、专业知识及综合判断能力，并结合当前微观和宏观环境，对预测对象未来发展趋势做出推断的一种分析方法。该种方法一般适用于企业缺乏完备的历史资料，或拥有一定历史数据但变量之间不存在明显数量关系的情况。定性预测分析法没有客观历史数据作为预测支撑，所以采用该种方法预测出来的结果不太精确。

(三) 定量预测分析法和定性预测分析法的关系

定性预测分析法与定量预测分析法各有其特点，但在预测分析实践中，定性预测分析法与定量预测分析法并不相互排斥，而是相辅相成、相互补充的。企业应根据具体情况，将定性预测分析法与定量预测分析法结合使用，这样才能取得较好的预测效果。

第二节　销售预测分析

一、销售预测的概念

销售预测是在对市场进行充分调查的基础上，根据"以需定销"和"以销定产"的原则，以现有的销售资料为依据进行分析、判断，对企业特定产品在未来的销售量及变化趋势进行预计和测算的过程。销售预测在企业经营预测系统中处于先导地位，是进行其他各项经济预测的基础。做好销售预测，有利于提高经营决策的科学性，同时有助于企业合理安排和组织生产，大大提高企业的经营效益。

二、销售预测的主要方法

(一) 定性预测分析法

1. 市场调查法

市场调查法是指直接向顾客进行消费意向调查，以了解市场需求的变化趋势，并在此基础上进行销售预测的方法。采用该种方法进行消费预测，简便易行，常用于顾客数量有限、消费意向明确且不易改变、调查费用不高的公司。

2. 判断分析法

判断分析法是指由熟悉市场变化情况及对其趋势变化较为敏感的人员，对产品未来销售量的变化趋势做出判断的一种分析方法。熟悉市场变化情况及对其趋势变化较为敏感的人员可以是本企业熟悉销售业务的销售人员和管理人员，也可以是企业外聘的专家。该方法常用于不便于直接向顾客进行调查的公司。常用的判断分析法主要包括主观判断法、专家小组法和德尔菲法。

1) 主观判断法

主观判断法又称意见汇集法，是指销售人员根据直觉判断进行预估，然后由销售经理加以综合，进行销售预测的一种分析方法。由于推销人员最接近市场和客户，并且最了解他们的情况，所以采用这种方法进行预测耗时短、耗费较少，预测结果具有较强的实用价值，但是推销人员秉性各异，往往会导致其在预测过程中做出过于悲观或乐观的估计。

2) 专家小组法

专家小组法是指由企业组建专家讨论小组对相关问题进行讨论，运用专家们的集体智慧进行判断的一种预测方法。企业可以通过召开座谈会的方式召集各方面的专家，小组中的专家们可以广泛讨论、相互启发，以弥补个人意见的不足，可以全面深入地分析研究问题。但由于权威专家的存在，预测结果容易被少数权威专家的意见左右，会在一定程度上影响预测结果的客观性。

3) 德尔菲法

德尔菲法又称专家调查法，它是采用通信的方式，向有关方面的专家发出调查函，以征询各方面专家的意见，然后由企业相关部门对意见加以归纳和整理，并对有争议的问题反复发函论证，最后做出预测判断的一种预测方法。该方法由于采用发函的方式征集意见，各位专家不曾碰面，每位专家都可以各抒己见，因此可以避免预测结果受到部分权威专家的左右。另外，采用此种方法需反复进行询证，可以通过反复的交流和讨论，使分散的意见趋于集中，最后得到一个比较全面的分析和判断。

(二) 定量预测分析法

1. 算术平均法

算术平均法又称简单平均法，它是以某产品过去若干期间内销售量或销售额的算术平均值作为该产品未来期间内销售预测值的一种预测方法。其计算公式为

$$计划期销售预测值 = \frac{以前各期销售量(额)之和}{期数} = \frac{\sum_{i=1}^{n} x_i}{n}$$

其中，x_i——第i期销售量(额)；

n——期数。

【例5-1】升达有限公司20×3年上半年销售A产品的情况如表5-1所示。

表5-1　升达有限公司A产品销售情况

单位：件

月份	1	2	3	4	5	6
销售量	1 030	1 200	1 100	1 210	1 240	1 300

要求：采用算术平均法预测升达有限公司20×3年7月份A产品的销售量。

解：根据资料计算如下。

$$7月份的销售量预测值 = \frac{1\ 030 + 1\ 200 + 1\ 100 + 1\ 210 + 1\ 240 + 1\ 300}{6} = 1\ 180(件)$$

采用算术平均法预测产品销售量的优点是计算比较简单，但是仅以算术平均值作为预测值，没有考虑近期销售量的变化趋势对预测值的影响，可能造成一定的预测误差。因此该方法一般适用于各期销售没有什么变化，销售量比较稳定的产品预测。

2. 简单移动平均法

简单移动平均法是指根据过去若干期间的销售量或销售额，按时间先后顺序计算移动平均数，以此作为未来期间销售预测值的一种方法。计算移动平均数时一般采用简单算术平均法。"移动"是指预测值随着时间的不断推移，计算的平均值也在不断向后顺延。

【例5-2】沿用【例5-1】的资料，假设移动期为3，要求采用简单移动平均法对升达有限公司20×3年7月份A产品的销售量进行预测(计算结果保留两位小数)。

升达有限公司A产品销售量资料及预测计算表如表5-2所示。

表5-2　升达有限公司A产品销售量资料及预测计算表

单位：件

月份	产品实际销售量	产品销售量预测值 移动期为3
1	1 030	—
2	1 200	—
3	1 100	—
4	1 210	1 110.00
5	1 240	1 170.00
6	1 300	1 183.33
7	—	1 250.00

表中各期的预测值等于前三期实际值的简单平均数，所以升达有限公司A产品20×3年7月份销售量为1 250[(1 210+1 240+1 300)÷3]件。

简单移动平均法是对算术平均法的改进，采用此种方法预测销售量比较简单，并且在一定程度上考虑了近期销售量的变化趋势对预测值的影响。但是采用此种方法进行预测时，移动期的长短不太好确定，这会影响预测结果的准确性。此法适用于销售业务略有波动的产品预测。

3. 加权平均法

加权平均法是指按照近期权数大些、远期权数小些的原则，确定过去若干期间内销售量或销售额的对应权数，并计算销售量或销售额加权算术平均数以作为未来期间销售预测值的一种方法。其计算公式为

$$预测期销售额(量)预测值 = \frac{\sum 某期销售量(额) \times 该期权数}{各期权数之和} = \frac{\sum\limits_{i=1}^{n} x_i w_i}{\sum\limits_{i=1}^{n} w_i}$$

其中：x_i——第i期销售量(额)；

n——期数；

w_i——第i期权数。

加权平均法对权数 w_i 的确定方法有以下两种。

第一，自然权数法，即按自然数序列确定各期销售量(额)的权数，譬如：$w_1=1$，$w_2=2$，$w_3=3$，$\cdots$，$w_n=n$。

第二，饱和权数法，即将单调递增的小数或分数作为各期销售量(额)的权数，但必须使权数之和等于1(即 $\sum_{i=1}^{n} w_i = 1$，$w_1 < w_2 < w_3 < \cdots < w_n$)，则上述公式变为

$$预测期销售额(量)预测值 = \sum_{i=1}^{n} x_i w_i$$

【例5-3】沿用【例5-1】的资料，若设自然权数 $w_1=1$，$w_2=2$，$w_3=3$，$w_4=4$，$w_5=5$，$w_6=6$。

要求：采用加权平均法预测升达有限公司20×3年7月份A产品的销售量(计算结果四舍五入取整数)。

解：根据资料计算如下。

$$7月份的销售预测值 = \frac{1\,030 \times 1 + 1\,200 \times 2 + 1\,100 \times 3 + 1\,210 \times 4 + 1\,240 \times 5 + 1\,300 \times 6}{1+2+3+4+5+6}$$
$$\approx 1\,218(件)$$

【例5-4】沿用【例5-1】的资料，若设权数：$w_1=0.08$，$w_2=0.1$，$w_3=0.12$，$w_4=0.2$，$w_5=0.24$，$w_6=0.26$。

要求：采用加权平均法预测升达有限公司20×3年7月份A产品的销售量。

解：根据资料计算如下。

$$7月份的预测销售量 = 1\,030 \times 0.08 + 1\,200 \times 0.1 + 1\,100 \times 0.12 + 1\,210 \times 0.2 + 1\,240$$
$$\times 0.24 + 1\,300 \times 0.26 = 1\,212(件)$$

加权平均法与算术平均法相比，充分考虑了远近期间对未来预测值的不同影响程度，在一定程度上弥补了算术平均法的缺陷，但由于确定权数的主观随意性较大，预测的人不同，确定的权数也就不同，导致预测值也会有差异。

4. 平滑指数法

平滑指数法是一种特殊的加权平均法，是指根据前期销售量(额)实际数和预测数，以平滑指数为权数进行加权平均来预测未来销售量(额)的一种方法。其计算公式为

$$F_t = a \times A_{t-1} + (1-a)F_{t-1}$$

式中：F_t——第 t 期预测销售量(额)；

A_{t-1}——第 $t-1$ 期实际销售量(额)；

F_{t-1}——第 $t-1$ 期预测销售量(额)；

a——平滑指数。

平滑指数 a 是一个经验数据，一般取值范围为0.3～0.7，具体数值根据近期实际销售量(额)对预测销售量(额)的影响程度来确定，近期实际销售量(额)对预测销售量(额)的影响较大时，平滑指数应取得适当大些；近期实际销售量(额)对预测销售量(额)的影响较小时，平滑指数应取得适当小些。即销售量(额)波动较大，采用较大的平滑指数；销售量(额)波动较

小，采用较小的平滑指数。

【例5-5】沿用【例5-1】的资料，升达有限公司20×3年6月实际销售量为1 300件，预测销售量为1 600件，考虑近期实际销售量对预测销售量影响较大，取平滑指数为0.6。

要求：采用平滑指数法预测升达有限公司20×3年7月份的销售量。

解：根据资料计算如下。

$$7月份的预测销售量=a \times A_{t-1}+(1-a) \times F_{t-1}$$
$$=1\,300 \times 0.6+(1-0.6) \times 1\,600$$
$$=1\,420(件)$$

第三节 成本预测分析

一、成本预测的概念

成本预测是指根据企业经营管理目标，考虑经营过程中可能遇到的各影响因素，采用恰当的方法，预测未来成本水平和其变动趋势的一项经营管理活动。通过成本预测掌握未来成本的水平及其变动趋势，将有助于企业编制成本预算，达到控制成本和提高经营效益的目的，同时为企业进行科学决策提供依据。

二、成本预测的基本程序

(1) 提出目标成本草案。目标成本是指一定时期内产品成本应达到的标准，是要经过全体职工的积极努力才能实现的成本。其形式可以是"标准成本""计划成本""定额成本"。企业制定目标成本时要与目标利润保持一致，既不能轻而易举地达到，也不能高不可攀，而是要先进、合理、切实可行，经过努力才能实现。

(2) 预测成本。采用各种特定方法建立相应的数学模型，初步预测本企业在当前实际情况下产品成本可能达到的水平，并找出预测成本与目标成本的差距。

(3) 拟订降低成本的各种可行性方案。动员企业内部一切力量，拟订出降低成本水平的各种可行性方案，并力求缩小预测成本与目标成本的差距。

(4) 选择最优方案并制定正式的目标成本。对降低成本的种种可行性方案进行技术性分析，选出经济效益与社会效益最优的降低成本方案，并据以制定正式的目标成本，为做出最优的成本决策提供依据。

三、成本预测的常用方法

成本的预测对象包括可比产品成本和不可比产品成本，企业应根据不同的预测对象选取不同的预测方法。

(一) 可比产品的成本预测方法

可比产品指的是企业以往年度正常生产过，其过去的成本资料比较健全和稳定的产品。可比产品的成本预测有大量的历史成本相关资料可供参考，因此企业可以根据产品有关的历史资料，采用恰当的方法处理历史数据，建立总成本模型，然后利用销售量的预测值预测出总成本。常用的方法包括高低点法、加权平均法和回归分析法等。

1. 高低点法

高低点法是以总成本模型$y=a+bx$为基础，根据一定时期的历史资料中最高或最低产量和成本的对应关系，计算出单位变动成本b和固定成本a，并根据计划期预计产量来预测计划期产品总成本的成本预测方法。高低点法通常按以下几个步骤进行。

第一，确定产量的最高点$x_{高}$和最低点$x_{低}$。

第二，将最高点$x_{高}$和最低点$x_{低}$对应的实际成本（$y_{高}$和$y_{低}$）代入总成本模型$y=a+bx$，列出一个二元一次方程组。

$$\begin{cases} y_{高} = a + bx_{高} \\ y_{低} = a + bx_{低} \end{cases}$$

第三，解方程组求得a和b。

$$\begin{cases} b = \dfrac{y_{高} - y_{低}}{x_{高} - x_{低}} \\ a = y_{高} - bx_{高} \quad 或 \quad a = y_{低} - bx_{低} \end{cases}$$

【例5-6】升达有限公司20×3上半年的历史成本资料如表5-3所示。预计其7月份的生产量为60件。

表5-3　升达有限公司20×3年上半年历史成本资料

月份	1	2	3	4	5	6
生产量/件	10	40	30	20	50	20
总成本/元	600	1 200	1 350	1 100	2 000	1 100

要求：采用高低点法预测升达有限公司7月份的成本总额。

解：根据资料确定产量最高与最低月份的产量和总成本量：高点生产量为50件，总成本2 000元；低点生产量为10件，总成本600元。

$$\begin{cases} 2\,000 = a + 50b \\ 600 = a + 10b \end{cases}$$

则$$\begin{cases} b = \dfrac{2\,000 - 600}{50 - 10} = 35 \\ a = 2\,000 - 35 \times 50 = 250 \end{cases}$$

7月份成本的预测值=250+35×60=2 350(元)

高低点法是一种简便易行的操作方法，在产品成本变动趋势比较稳定的情况下，采用此法比较适宜，但是如果企业各期成本变动幅度较大，采用高低点法预测成本则会造成较大的误差，并且该方法仅使用个别成本资料，成本的预测结果也不够精确。

2. 加权平均法

加权平均法是指以总成本模型y=a+bx为基础，根据过去若干时期的成本资料，按其距计划期远近分别进行加权平均，以求得固定成本a和变动成本b的一种成本预测方法。距计划期越近，对预测期的影响越大，其权数就应选大些；反之距计划期越远，对计划期的影响越小，其权数就应选小些。其计算公式为

$$y = \frac{\sum wa}{\sum w} + \frac{\sum wb}{\sum w} x$$

其中：w ——为权数，可以是自然数，也可以是小数，若为小数则$\sum w=1$；

　　　a ——固定成本；

　　　b ——单位变动成本；

　　　y ——总成本；

　　　x ——预计产量(销售量)。

【例5-7】升达有限公司近三年的成本资料如表5-4所示。

表5-4　升达有限公司近三年的成本资料

单位：元

年份	固定成本总额(a)	单位变动成本(b)
20×0	100 000	40
20×1	220 000	55
20×2	300 000	50

若设20×0年权数为0.2，20×1年权数为0.3，20×2年权数为0.5。

要求：采用加权平均法预测20×3年升达有限公司生产500 000件产品的成本总额。

解：20×3年预测成本总额

$$= \frac{100\,000 \times 0.2 + 220\,000 \times 0.3 + 300\,000 \times 0.5}{0.2 + 0.3 + 0.5} + \frac{40 \times 0.2 + 55 \times 0.3 + 50 \times 0.5}{0.2 + 0.3 + 0.5} \times 500\,000$$

$$= 24\,986\,000(元)$$

加权平均法适用于历史成本资料中具有详细的固定成本和单位变动成本数据的企业，否则只能采用其他的预测方法进行预测。

3. 回归分析法

回归分析法是运用最小二乘法原理，确定总成本模型y=a+bx中自变量x与因变量y之间具有"误差平方和最小"的一条直线，并以此来预测成本总额的一种方法。根据总成本模型y=a+bx，列出方程

$$\begin{cases} \sum y = na + b\sum x \\ \sum xy = a\sum x + b\sum x^2 \end{cases}$$

求a和b

$$\begin{cases} b = \dfrac{n\sum xy - \sum x \sum y}{n\sum x^2 - \left(\sum x\right)^2} \\ a = \dfrac{\sum y - b\sum x}{n} \end{cases}$$

其中：a——固定成本；

b——单位变动成本。

【例5-8】沿用【例5-6】的资料，根据资料列表编制回归分析表，如表5-5所示。

表5-5 回归分析表

月份	x/件	y/元	xy/元	x^2/件
1	10	600	6 000	100
2	40	1 200	48 000	1 600
3	30	1 350	40 500	900
4	20	1 100	22 000	400
5	50	2 000	100 000	2 500
6	20	1 100	22 000	400
合计	$\sum x = 170$	$\sum y = 7 350$	$\sum xy = 238 500$	$\sum x^2 = 5 900$

要求：采用回归分析法预测升达有限公司7月份的成本总额。

解：根据资料计算如下。

$$b = \frac{6 \times 238\,500 - 170 \times 7\,350}{6 \times 5\,900 - 170^2} \approx 27.92(元)$$

$$a = \frac{7\,350 - 27.92 \times 170}{6} \approx 433.93(元)$$

则总成本性态模型为：$y = 433.93 + 27.92x$

7月份成本的预测值$= 433.93 + 27.92 \times 60 = 2\,109.13(元)$

采用回归分析法进行成本预测，预测的结果比较准确，多适用于历年的产品成本忽高忽低，变动幅度较大的企业。

(二) 不可比产品的成本预测方法

不可比产品是指企业以往年度没有正式生产过的新型产品，因其无任何历史成本资料可供参考，也无法与过去的成本水平进行对比，所以企业就不能采用与可比产品相同的预测方法。不可比产品常用的成本预测方法有技术测定法、产值成本法和目标成本法等。

1. 技术测定法

技术测定法是指以基期实际产品成本为基础，通过分析基期产品设计结构、生产技术和工艺方法，对影响成本的各个因素逐个进行技术测试和分析计算，从而确定产品成本变动趋势的一种方法。该方法比较科学，预测也比较准确，但由于需要逐项测试，所以工作量比较大，一般适用于品种少、技术资料比较齐全的产品成本预测。

2. 产值成本法

产值成本法是指按工业总产值的一定比例确定产品成本的一种方法。该种方法认为产品的生产过程也是生产的消耗过程，产品成本体现生产过程中的资金耗费，而产值则以货币形式反映生产过程中的成果，产品成本与产值之间客观存在一定的比例关系。这样，企业进行预测时，就可以参照同类企业相似产品的实际产值成本率加以分析确定产品成本的变动趋势。其计算公式为

某种产品的预测成本＝某种产品的总产值×预计产值成本率

3. 目标成本法

目标成本法是指企业为实现目标利润所应达到的成本水平或应控制的成本限额。目标成本法是指企业在销售预测和利润预测的基础上，结合本量利分析预测目标成本的一种方法。用这种方法确定的目标成本，能够与企业的目标利润联系起来，有利于目标利润的实现。目标成本是企业切实可行的成本，既不是"舒舒服服"地达到，也不是高不可攀的成本，而应该是在综合考察未来一定期间内有关产品的品种、数量、价格和目标利润等因素的基础上进行确定的。计算方法一般有如下几种。

(1) 根据目标利润制定目标成本，其计算公式为

目标成本＝预计销售收入－目标利润

【例5-9】升达有限公司销售一种产品，预计下一年度的销售量为500 000件，预计销售单价为20元/件，预计目标利润为6 000 000元。

要求：预测该产品下一年度的目标成本。

目标成本=500 000×20-6 000 000=4 000 000(元)

单位产品目标成本=4 000 000÷500 000=8(元/件)

(2) 根据资金利润率制定目标成本，其计算公式为

目标成本＝预计销售收入－预计资金利润率×平均资金占用额

【例5-10】升达有限公司本年度平均资金占用额为400万元。下一年度计划追加资金100万元，预计资金利润率为40%，下一年度预计销售额为300万元。

要求：预测升达有限公司该产品下一年度的目标成本。

目标成本=300-(400+100)×40%=100(万元)

(3) 根据销售利润率制定目标成本，其计算公式为

目标成本＝预计销售收入×(1－销售利润率)

【例5-11】升达有限公司销售一种产品，预计下年度的销售量为500 000件，预计销售单价为20元/件，该公司销售利润率为40%。

要求：预测升达有限公司该产品下一年度的目标成本。

目标成本=500 000×20×(1-40%)=6 000 000(元)

第四节 利润预测分析

一、利润预测的含义

利润是衡量企业生产经营成果和各项工作好坏的重要指标。利润预测对于企业的经营管理具有非常重要的意义，利润预测可以为企业的生产经营管理提供明确的目标，是编制全面预算的基础，同时可以为企业的资金需要量预测提供信息。利润预测是指企业按照既定经营目标的要求，通过对影响利润变化的各种因素进行综合分析，以预计和推测企业在未来一定时期内可能达到的利润水平和利润变动趋势的一项经营管理活动。

二、利润预测的方法

利润预测是在销售预测和成本预测的基础上进行的，主要的预测方法包括本量利分析法、销售额增长比率法、资金利润率法和利润增长比率法。

(一) 本量利分析法

本量利分析法是在成本性态分析和保本分析的基础上，根据有关产品成本、价格、业务量等因素与利润的关系确定预测期目标利润的一种方法。其计算公式为

$$
\begin{aligned}
\text{预测期目标利润} &= \text{预计销售量} \times \text{单价} - \text{预计销售量} \times \text{单位变动成本} - \text{固定成本总额} \\
&= (\text{单价} - \text{单位变动成本}) \times \text{预计销售量} - \text{固定成本总额} \\
&= \text{单位边际贡献} \times \text{预计销售量} - \text{固定成本总额} \\
&= \text{边际贡献} - \text{固定成本总额} \\
&= \text{预计销售额(销售收入)} \times \text{边际贡献率} - \text{固定成本总额} \\
&= \text{预计销售额(销售收入)} \times \text{边际贡献率} - \text{保本点的销售额} \times \text{边际贡献率} \\
&= (\text{预计销售额} - \text{保本点销售额}) \times \text{边际贡献率}
\end{aligned}
$$

或者

$$
\begin{aligned}
\text{预测期目标利润} &= \text{预计销售量} \times \text{单价} - \text{预计销售量} \times \text{单位变动成本} - \text{固定成本总额} \\
&= (\text{单价} - \text{单位变动成本}) \times \text{预计销售量} - \text{固定成本总额} \\
&= \text{单位边际贡献} \times \text{预计销售量} - \text{固定成本总额} \\
&= \text{单位边际贡献} \times \text{预计销售量} - \text{保本点销售量} \times \text{单位边际贡献} \\
&= (\text{预计销售量} - \text{保本点销售量}) \times \text{单位边际贡献}
\end{aligned}
$$

【例5-12】升达有限公司20×3年A产品的预计销售量为2 000件，现已知该产品的销售价格为每台240元，单位变动成本为170元，全年固定成本总额为50 000元。

要求：采用本量利分析法预测升达有限公司20×3年的目标利润。

20×3年目标利润的预测值=2 000×240-2 000×170-50 000=90 000(元)

(二) 销售额增长比率法

销售额增长比率法是在利润与销售额同步增长假设基础之上，以基期实际销售利润与预计销售额增长比率为依据计算目标利润的一种方法。其计算公式为

$$预测期目标利润=基期销售利润\times(1+预计销售额增长比率)$$
$$=基期销售利润\times(1+\frac{预测期销售额-基期销售额}{基期销售额}\times100\%)$$

【例5-13】升达有限公司20×2年实际销售利润为20万元，实际销售收入为200万元。预计20×3年销售额为250万元。

要求：采用销售增长比率法预测升达有限公司20×3年的目标利润。

20×3年的目标利润的预测值=$20\times(1+\frac{250-200}{200}\times100\%)$=25(万元)

(三) 资金利润率法

资金利润率法认为企业的利润与资金的占用量成正比例关系，所以企业根据预计资金利润率水平，结合基期实际资金的占用状况与未来计划投资额来确定目标利润。其计算公式为

$$预测期目标利润=预测期占用资金总量\times预计资金利润率$$
$$=(基期占用资金+预测期计划投资额)\times预计资金利润率$$

【例5-14】升达有限公司20×2年实际固定资产占用额为200万元，全部流动资金占用额为100万元。20×3年度计划扩大生产规模，追加固定资产50万元，流动资金10万元，预计20×3年资金利润率为10%。

要求：采用资金利润率法预测升达有限公司20×3年的目标利润。

20×3年的目标利润的预测值=(200+100+50+10)×10%=36(万元)

(四) 利润增长比率法

利润增长比率法是指企业根据近期若干年(通常为近三年)利润增长比率的变动趋势，以及影响利润的有关因素在未来可能发生的变动情况，确定一个相应的预计利润增长比率，并以基期已经达到的利润水平为基础来确定目标利润的一种方法。其计算公式为

$$预测期目标利润=基期实际销售利润\times(1+预计利润增长比率)$$

【例5-15】升达有限公司20×2年实际利润总额为100万元，根据过去三年盈利情况的分析，确定20×3年的预计利润增长比率为15%。

要求：采用利润增长比率法预测升达有限公司20×3年的目标利润。

20×3年的目标利润的预测值=100×(1+15%)=115(万元)

第五节　资金预测分析

一、资金预测的含义

资金预测是经营预测的重要内容。它是以保证企业经营过程中资金的供应和提高资金利用效率为目的，根据企业预测期生产经营规模的变化趋势，在分析有关历史资料、技术经济条件和发展规划的基础上，运用数学方法对预测期内的资金需要量进行科学预测的一项经营管理活动。

资金预测中的资金指的是企业生产经营活动所需的资金，通常包括固定资金和营运资金两类。其中，固定资金指的是用于固定资产方面的资金；营运资金指的是用于流动资产方面的资金。

二、资金预测的方法

资金预测的主要内容是资金需要量预测，对资金需要量影响最大的就是计划期间的预计销售额。因此，资金需要量的预测是在销售预测的基础上进行的。常用的预测方法包括预计资产负债表法和回归分析法。

(一) 预计资产负债表法

预计资产负债表法是通过编制预计资产负债表来预计预测期资产、负债和所有者权益，从而预测外部资金需要量的一种方法。其基本原理为资产负债表是反映企业某一时点资金占用量和资金来源的一种平衡报表，即资产=负债+所有者权益。企业资产的增加必然通过增加负债和所有者权益来实现。因此通过对预计资产增加的分析，可确定需要从外部筹措的资金数额。由于资产、负债许多项目随着销售收入的增加而增加，呈现一定的比例关系，因此，企业可以利用基期资产负债表中资产、负债项目与销售收入的比例关系预计预测期资产、负债各项目的数额，预计出资产的增加数额，进而确定需要从外部筹措资金的数额。

具体计算步骤如下。

第一步，编制预测期的预计资产负债表。

(1) 分析基期资产负债表各个项目与销售总额之间的依存关系。分析基期资产负债表项目，并将全部项目划分为敏感性项目和非敏感性项目。其中，敏感性项目是指项目金额随销售额的变动而相应发生增减变动的项目，非敏感性项目是指其金额不随销售收入变动而发生增减变动的项目。

敏感性资产项目一般包括货币资金、应收账款和存货等流动资产项目。如果企业的生产能力没有剩余，那么继续增加销售收入就需要增加新的固定资产投资，这种情况下，固定资产也成为敏感性资产。如果固定资产未被充分利用，则可进一步挖掘其利用潜力，增加销售不需要增加固定设备，此时固定资产是非敏感性项目。长期投资和无形资产等项目一般不随销售额的增长而增加，所以是非敏感性项目。敏感性负债项目一般包括应付账款、应交税金、应付票据、其他应付款等。由于长短期借款都是人为可以安排的,不随销售收入变动而变动,所以是非敏感性项目。股东权益项目也不随销售收入增长而增长,也是非敏感性项目。

(2) 计算敏感性项目基期的销售百分比。根据基期资产负债表,按基期销售收入计算敏感项目金额占销售收入的百分比。其计算公式为

$$某项目的销售百分比 = 基期该项目金额 / 基期销售收入 \times 100\%$$

(3) 确定预测期资产负债表各项目金额。其中,根据预测期的预计销售收入和所计算出的销售百分比确定预测期敏感性项目的金额。具体的计算公式为

$$预测期某敏感性项目的金额 = 预测期销售收入 \times 该项目的销售百分比$$
$$预测期某非敏感性项目的金额 = 基期该项目的金额$$

最后,确定企业提取内部留存收益,并编制预测期的预计资产负债表。

企业留存收益是留存到企业的收益,计算公式为

$$预测期留存收益增加额 = 预测期销售收入 \times 基期销售利润率 \times (1 - 股利发放率)$$

企业急需资金时应先考虑自有资金,即留存收益带来的资金,然后进行外部筹资,所以企业在预测外部资金需求量时,应将内部留存收益考虑进去。

第二步,估计企业可利用折旧和零星资金的需要量。

企业在生产经营过程中,往往需要对固定资产提取折旧,这部分折旧属于企业回收的投资资金,这部分资金扣除用于固定资产改造后的余额可用以弥补生产经营中资金的不足,从而加快资金的周转。

在考虑了上述因素后,还要考虑企业零星资金的需要量,因为这部分资金可以保障企业在日常经营活动中的零星支出。该因素若不能准确预测,则很可能造成企业资金供应不足,从而影响企业的正常生产经营活动。

第三步,综合上述指标因素,求出企业需要筹措的资金量。

$$\begin{aligned}预测期需筹措的资金量 = &由于销售增长所增加的资金占用量 - \\ &由于销售增长所增加的负债占用量 - \\ &可利用折旧 - 留存收益 + 零星资金需要量\end{aligned}$$

即

$$预测期需筹措的资金量 = \left(\frac{A_0}{S_0} - \frac{L_0}{S_0}\right)(S_1 - S_0) - D - S_1 R_0 (1 - f) + M_1$$

式中:A_0——基期与销售收入相关的资产项目金额;

L_0——基期与销售收入相关的负债项目金额;

S_0——基期销售收入总额;

S_1——预测期销售收入总额;

D——预测期净折旧额,即预测期期末的折旧提取数额减去预计预测期内固定资产更新改造的资金数额;

R_0——基期销售利润率；

f——股利发放率；

M_1——预测期的新增零星资金需要量。

【例5-16】升达有限公司20×2销售收入为200万元，税后净利润为8万元，发放股利4万元，20×2年厂房设备利用率已达饱和状态，公司20×2年简略资产负债表如表5-6所示。若预计升达有限公司20×3年销售收入总额可达300万元，并仍按20×2年股利发放率支付股利，预计20×3年折旧额为1万元，其中预计60%用于更新改造，又假定零星资金需要量为2万元。

表5-6　升达有限公司20×2年资产负债表(简表)

单位：万元

资产	金额	负债及所有者权益	金额
银行存款	4	应付账款	30
应收账款	34	短期借款	6
存货	40	长期借款	40
固定资产(净值)	60	实收资本	80
无形资产	22	留存收益	4
合计	160	合计	160

要求：预测升达有限公司20×3年需追加的资金量。

解：根据资料计算如下。

第一步，编制预测期的预计资产负债表(见表5-7)。

预测期留存收益＝预测期销售收入×基期销售利润率×(1－股利发放率)

$$= 300 \times \frac{8}{200} \times 100\% \times (1 - \frac{4}{8} \times 100\%)$$

$$= 6(万元)$$

预测期留存收益总额＝4＋6＝10(万元)

表5-7　升达有限公司20×3年资产负债表(简表)

单位：万元

资产	基期金额	销售百分比	预测期金额	负债及所有者权益	基期金额	销售百分比	预测期金额
银行存款	4	2%	6	应付账款	30	15%	45
应收账款	34	17%	51	短期借款	6	不变	6
存货	40	20%	60	长期借款	40	不变	40
固定资产(净值)	60	30%	90	实收资本	80	不变	80
无形资产	22	不变	22	留存收益	4	不适用	10
……				筹资前合计	160		181
……				暂需筹措资金			48
合计	160	69%	229	合计	160	15%	229

第二步，估计企业可利用折旧和零星资金的需要量。

20×3年升达有限公司可利用折旧额=1×60%=0.6(万元)

因升达有限公司20×3年零星资金需要量为2万元，所以企业需额外筹资2万元。

第三步，求出企业需要筹措的资金量。

20×3年需筹措的资金量=48-0.6+2=49.4(万元)

或者直接套用公式

预测期需筹措的资金量 $= \left(\dfrac{A_0}{S_0} + \dfrac{L_0}{S_0} \right)(S_1 - S_0) - D - S_1 R_0 (1 - f) + M_1$

$$= \left(\frac{4 + 34 + 40 + 60}{200} - \frac{30}{200} \right) \times (300 - 200) - 1 \times 60\% - 300 \times \frac{8}{200} \times 100\% (1 - \frac{4}{8} \times 100\%) + 2$$

$$= (69\% - 15\%) \times (300 - 200) - 1 \times 60\% - 300 \times \frac{8}{200} \times 100\% \times (1 - \frac{4}{8} \times 100\%) + 2 = 49.4(万元)$$

(二) 回归分析法

回归分析法是指企业以资金习性($y = a + bx$)为基础，应用最小二乘法原理，对过去若干期间销售额(量)与资金需要量的历史资料进行分析，确定销售额或销售量(x)与资金需要量(y)之间的回归直线，并据以推算预测期资金需要量的一种方法。其计算公式为

$$y = a + bx$$

$$\begin{cases} b = \dfrac{n \sum xy - \sum x \sum y}{n \sum x^2 - \left(\sum x \right)^2} \\ a = \dfrac{\sum y - b \sum x}{n} \end{cases}$$

其中：a——不变资金，该部分资金不会随着销售额或销售量的变动而变动；

b——单位变动资金，该部分资金会随着销售额或销售量的变动而变动；

x——销售额或销售量；

y——资金总额。

【例5-17】升达有限公司近三年销售总额和资金总量的历史资料如表5-8所示。

表5-8 升达有限公司近三年销售总额和资金总量的历史资料

单位：万元

年份	20×0	20×1	20×2
销售总额	60	65	62
资金总量	38	40	39

升达有限公司20×3年销售额为55万元，已有资金30万元。

要求：采用回归分析法预测升达有限公司20×3年需要追加多少资金。

解：利用回归分析法对升达公司20×3年需要追加的资金进行预测，如表5-9所示。

表5-9　回归直线计算表

单位：万元

月份	x	y	xy	x^2
1	60	38	2 280	3 600
2	65	40	2 600	4 225
3	62	39	2 418	3 844
合计	$\sum x = 187$	$\sum y = 117$	$\sum xy = 7\,298$	$\sum x^2 = 11\,669$

$$b = \frac{3 \times 7\,298 - 187 \times 117}{3 \times 11\,669 - 187^2} \approx 0.39$$

$$a = \frac{117 - 0.39 \times 187}{3} = 14.69$$

则$y = 14.69 + 0.39x$

20×3年资金总量=14.69+0.39×55=36.14(万元)

20×3年需要追加的资金量=36.14-30=6.14(万元)

思考练习

一、单选题

1. 预测方法分为两大类，包括定量分析法和(　　)。

　　A. 平均法　　　　　　　　　　B. 定性分析法

　　C. 回归分析法　　　　　　　　D. 指数平滑法

2. 预测分析的内容不包括(　　)。

　　A. 销售预测　　　　　　　　　B. 利润预测

　　C. 资金预测　　　　　　　　　D. 所得税预测

3. 指数平滑法中，平滑指数a的取值越大，则近期实际值对预测结果的影响(　　)。

　　A. 越大　　　　　　　　　　　B. 越小

　　C. 没有影响　　　　　　　　　D. 以上都不对

4. 通过函询的方式，在互不通气的前提下向若干经济专家分别征求意见的方法是(　　)。

　　A. 专家个人意见集合法　　　　B. 专家小组法

　　C. 德尔菲法　　　　　　　　　D. 综合判断法

5. 下列各项中，可用于预测追加资金需求量的方法是(　　)。

　　A. 资金利润率法　　　　　　　B. 回归分析法

　　C. 销售增长比率法　　　　　　D. 本量利分析法

二、多选题

1. 下列属于敏感性负债项目的有(   )。

    A. 应付账款　　　　　　　　B. 应付票据

    C. 应交税金　　　　　　　　D. 长期借款

2. 较大的平滑指数可用于(   )情况的销量预测。

    A. 近期　　　　　　　　　　B. 远期

    C. 波动较大　　　　　　　　D. 波动较小

3. 不可比产品的成本预测方法包括(   )。

    A. 技术测定法　　　　　　　B. 产值成本法

    C. 回归分析法　　　　　　　D. 指数平滑法

4. 下列属于利润预测常用方法的是(   )。

    A. 销售增长比率法　　　　　B. 资金利润率法

    C. 利润增长比率法　　　　　D. 本量利分析法

5. 下列销售预测方法中,属于定性分析法的有(   )。

    A. 德尔菲法　　　　　　　　B. 销售员判断法

    C. 因果预测分析法　　　　　D. 回归分析法

三、判断题

1. 预测分析的起点是销售预测。　　　　　　　　　　　　　　　(　　)

2. 算术平均法的优点是考虑了时间序列的变化趋势。　　　　　　(　　)

3. 定性分析法与定量分析法在实际应用中是相互排斥的。　　　　(　　)

4. 固定资产绝对属于非敏感项目。　　　　　　　　　　　　　　(　　)

5. 利润预测可以为企业的生产经营管理提供明确的目标,是编制全面预算的基础,同时可以为企业的资金需要量预测提供信息。　　　　　　　　　　　　　(　　)

四、业务题

1. 升达有限公司20×3年上半年电视机的实际销售额如表5-10所示。

表5-10　升达有限公司20×3年上半年电视机的实际销售额

月份	1	2	3	4	5	6	合计
销售额/元	12 000	11 800	14 500	12 700	13 000	14 000	78 000
权数	0.08	0.1	0.15	0.17	0.2	0.3	1

要求:

(1) 应用算术平均法预测20×3年7月份的销售额;

(2) 应用加权平均法预测20×3年7月份的销售额;

(3) 假设升达有限公司20×3年6月份预测销售额为15 000元,应用平滑指数法预测20×3年7月份的销售额(设平滑指数为0.4)。

2. 升达有限公司20×2年的生产能力只利用了60%，实际销售收入为1 200 000元，获得税后净利润240 000元，并发放股利120 000元。该公司20×2年年末的简略资产负债表如表5-11所示。

表5-11　升达有限公司资产负债表(简表)

20×2年12月31日　　　　　　　　　　　　　　　　单位：元

资产		负债与所有者权益	
库存现金	30 000	应付账款	150 000
应收账款	180 000	应付费用	36 000
存货	240 000	应付税费	150 000
固定资产净值	320 000	长期借款	150 000
无形资产	100 000	实收资本	364 000
		留存收益	20 000
资产合计	870 000	负债与所有者权益合计	870 000

该公司预计20×3年销售收入将增至1 500 000元，并提取折旧40 000元，其中40%用于更新改造现有设备。预计20×3年销售净利率和股利支付率与上年相同，零星资金需要量为220 000元。

要求：用预计资产负债表法预测20×3年需追加的资金(保留四位小数)。

第六章

经营决策

【学习目标】

- ○ 了解决策分析的概念、种类和基本程序。
- ○ 掌握经营决策常用的成本概念。
- ○ 掌握经营决策常用的分析方法。
- ○ 掌握经营决策的具体决策内容。

第一节 经营决策概述

人们普遍认为，经营管理水平的高低是决定企业成败的关键，而就管理和决策的关系来看，管理的重心在于经营，经营的核心就是决策。企业必须采用科学的决策理论和方法，加强经营决策工作，提高决策的科学水平，从而进一步提高企业生产经营的经济效益。

一、决策的概念

所谓决策，通常是指人们为了实现既定目标，借助科学理论与方法，进行必要的计算、分析和判断，进而从可供选择的各种方案中选取最优方案。例如，如何正确安排产品生产、实现生产的最优组合，某半成品完工后是立即出售还是进一步加工后出售，企业生产的零部件是自制还是外购等，都要求对可能采用的不同方案进行分析、比较、权衡利弊，再从中选择最优方案，而"优"的标准，从经济上看主要是经济效益的大小。

决策分析是指针对企业未来经营活动所面临的问题，由各级管理人员做出有关未来经营战略、方针、目标、措施与方法的决策过程。

二、决策的分类

可以按照多种不同的标准对决策进行分类，了解各类决策的特点，有助于管理者合理地进行决策。

(一) 按决策条件的肯定程度分类

1. 确定型决策

这类决策所涉及的各种备选方案的各项条件都是已知的，且一个方案只有一个确定的结果。这类决策比较容易分析，只要进行比较分析即可。例如，公司决定投资国债，由于国债的利息率固定，公司持有国债到期取得的报酬几乎是肯定的，因此，一般认为这种决策为确定型决策。

2. 风险型决策

这类决策所涉及的各种备选方案的各项条件虽然也是已知的，但会表现出若干种变动趋势，每一个方案的执行都会出现两种或两种以上的不同结果，可以依据有关数据通过预测来确定其客观概率。这类决策由于结果的不唯一性，存在一定的风险。例如，公司投资某股票，该股票在经济繁荣时能获得10%的报酬；在经济状况一般时能获得5%的报酬；在经济萧条时会发生3%的损失。现根据相关资料预测，认为出现经济繁荣的概率为30%，经济状况一般的概率为50%，经济萧条的概率为20%。这种决策属于风险型决策。

3. 不确定型决策

与风险型决策不同，这类决策所涉及的各种备选方案的各项条件只能以决策者的经验判断确定的主观概率为决策依据。做出这类决策的难度较大，需要决策人具有较高的理论知识水平和丰富的实践经验。例如，公司投资煤炭开发，如果能顺利找到煤矿资源，获利100%；如果找不到则血本无归，但找到煤矿资源的可能性有多少，只能依靠主观判断，甚至无法判断。这种决策属于不确定型决策。

(二) 按决策规划时期的长短分类

1. 短期决策

短期决策一般是指在一个经营年度或经营周期内能够实现其目标的决策，主要包括生产决策和定价决策等内容。它的主要特点是：一般不涉及大量资金的投入，且见效快；一般不考虑货币时间价值。因此，短期决策又称短期经营决策或经营决策。

2. 长期决策

一般是指在较长时期内(超过一年)才能实现的决策，主要包括固定资产投资决策、新产品的试制研发决策等内容。它的主要特点是：对若干期的收支产生影响，一般需投入大量资金，且见效慢；必须考虑资金时间价值和风险。因此，长期决策又称长期投资决策或资本性支出决策。

(三) 其他分类

决策除了以上类型，还有其他一些分类标准。例如，按决策的层次可将其分为高层决策、中层决策和基层决策；按决策目标的多少可将其分为单目标决策、多目标决策；根据相同决策出现的重复程度，可将其分为程序性决策和非程序性决策等。

三、决策分析的基本程序

根据决策分析的概念可知，决策分析是一个过程，具体可以概括为以下几个步骤。

(一) 提出决策问题，确定决策目标

首先必须清楚决策分析需要解决什么问题，达到什么目的，进而针对问题确定目标。决策分析的目标是决策分析的出发点和归属点。

(二) 拟订实现目标的各种方案

决策是各种可能行动方案的选择，为了做出最优决策，必须拟订达到目标的各种可能的方案，以便通过比较从中选取最优方案。

(三) 广泛收集与决策相关的信息

这是决策程序的重要步骤，是关系决策成败的关键问题之一。所收集的信息必须符合决策所需的质量要求，这样才能使收集的信息具有决策有用性。

(四) 选定最优方案

选择最优方案是整个决策分析过程中最关键的环节。在这个阶段，必须对各种可能方案的可行性进行充分论证，并做出定性和定量的综合分析，全面权衡有关因素的影响，如企业的资源条件、市场需求等。通过不断比较、筛选，选出最优方案。

(五) 组织与监督方案的实施、反馈

决策方案选定后，就应当将其纳入计划，具体组织实施。在方案实施过程中，应对实施情况进行监督检查，并将实施结果与决策目标进行比较，找出偏离目标的原因，做好信息反馈工作。决策者根据反馈的信息，采取相应措施。必要时，可对原方案的要求进行适当修正，使之尽量符合客观实际。

企业管理当局如果希望在制定经营方案时做出正确的判断和选择，就要对生产经营各方面所做出的各种方案可能取得的效果进行科学的预测，以便为进行最优决策方案的选择提供客观依据。本章主要就短期经营决策进行研究，至于长期投资决策将在下一章进行专门介绍。

第二节 经营决策使用的成本概念

经营决策是指决策结果只会影响或决定企业近期(一年或一个营运周期)的经营方向、方法和策略，侧重于从资金、成本、利润等方面考虑如何充分利用企业现有资源和经营环境，以取得尽可能大的经济利益而实施的决策。

经营决策中，常需要比较不同备选方案经济效益的大小并进行最优化选择，而影响经

济效益大小的一个重要因素就是成本的高低。但是，这些决策过程中使用的成本概念与财务会计相比有很大的不同，这些独特的成本概念主要包括以下几方面。

一、差量成本

差量成本也称差别成本，有广义与狭义之分。

广义的差量成本是指可供选择的不同备选方案之间预计成本的差额。例如，企业生产所需零部件可自制也可外购，如何在这两种方案中进行选择，需要对各个方案的预计成本进行比较，计算差量成本，以此作为决策分析的依据。

狭义的差量成本是指产量(业务量)增减变化而形成的成本差别。在相关范围内，差量成本表现为变动成本，但当生产能力发生变化时，差量成本也可能包括固定成本。

【例6-1】升达有限公司现有的厂房和设备可生产7 000~8 500件产品，单位变动成本为29元，这两种生产能力水平上的差量成本是变动成本，为43 500元，即(8 500-7 000)×29=43 500元。当该公司将产量提高到12 500件时，需要增加厂房和设备成本共计15 000元，单位变动成本29元保持不变。此时在8 500件(原有最大生产能力)基础上追加4 000件的差量成本为131 000元，即追加的变动成本(12 500-8 500)×29+追加的固定成本15 000=131 000元。具体计算如表6-1所示。

表6-1　差量分析表

产品产量/件	7 000.00	8 500.00	12 500.00
变动成本：29元/件	203 000.00	246 500.00	362 500.00
固定成本/元	85 000.00	85 000.00	100 000.00
总成本/元	288 000.00	331 500.00	462 500.00
单位变动成本/元	29.00	29.00	29.00
单位固定成本/元	12.14	10.00	8.00
单位总成本/元	41.14	39.00	37.00
差量成本总额/元		43 500.00	131 000.00
单位差量成本/元		29.00	32.75

二、边际成本

边际成本是指产量(业务量)无限小变化时，成本的变动数额。当然这是从纯经济学角度进行分析，在实际工作中，产量(业务量)无限小的变化，最小只能小到一个单位，产量(业务量)的变化小到一个单位以下时，没有分析比较的意义。所以，边际成本的实际计量，就是产量增加或减少一个单位引起的成本变动。【例6-1】中可见，在相关范围内，产量增加或减少一个单位的差量成本就是单位的变动成本。在这个范围内，边际成本、差量成本和变动成本在数量上取得一致，但超过相关范围，产量增减一个单位的差量成本与单位的变动成本不同。

由此看来，边际成本和变动成本的区别是，变动成本反映在相关范围内，成本总额随产量(业务量)变动而成正比例变动，产量(业务量)的变动不一定是一个单位。而边际成本是反映每增减一个单位的产量(业务量)所增减的成本,既可能是单位变动成本,也可能是单位总成本。所以,只有在相关范围内,增减一个单位产量(业务量)的单位变动成本才能和边际成本在数量上保持一致。

边际成本在经营决策中有如下作用。

(1) 如果某产品的平均成本与边际成本相等,平均成本最低。

掌握了边际成本与平均成本的关系,可进一步计算产量(业务量)达到多少时,平均成本最低,对提高企业经济效益具有重要意义。

【例6-2】设总成本为Y元,产量为X件,总成本与产量的关系为$Y=200+12X+0.02X^2$,求产量为多少时,平均成本最低。

边际成本:$Y'=12+0.04X$是总成本公式求一阶导数

平均成本:设平均成本为$C=Y/X$

$$=200/X+12+0.02X$$

当边际成本=平均成本时,$12+0.04X=200/X+12+0.02X$

$$X=100(件)$$

平均成本$=200\div100+12+0.02\times100=16(元)$

由以上计算可得,当产量为100件时,平均成本16元为最低。

(2) 如果某产品的边际收入与边际成本相同,企业能实现最大利润。

【例6-3】设总收入为S,销售量为X,销售利润为P,单位售价为18元,假设产销平衡。

总收入:$S=18X$

边际收入:$S'=18$

总成本:$Y=200+12X+0.02X^2$

边际成本:$Y'=12+0.04X$

当边际收入=边际成本时,利润最大。

$18=12+0.04X$

$X=150(件)$

当销售量(产量)为150件时,边际收入与边际成本相等,利润可实现最大。

$P=150\times18-(200+12\times150+0.02\times150^2)=2\,700-2\,450=250(元)$

三、机会成本

企业进行经营决策时,从多个备选方案中选取某个最优方案而放弃其他方案,被放弃的次优方案可能获得的潜在利益即为已选中的最优方案的机会成本。机会成本不是一般意义上的"成本",既不构成企业的实际支出,也不计入会计账簿,可它却是在经营决策中必须认真考虑的因素,否则可能导致决策失误。

【例6-4】升达有限公司现有一台机器设备,既可以加工生产A产品,也可以将其出租。加工生产A产品每年可以获得净利润30万元,出租每年可获得租金净收入32万元。应如何决策?

如果升达有限公司选择加工生产A产品,则因选择加工生产A产品而放弃出租设备所放弃的潜在租金净收入为32万元，机会成本是32万元，会形成亏损2万元，选择加工生产A产品不可取；如果选择出租设备，因选择出租设备而放弃加工生产A产品，所放弃的潜在净利润为30万元，则机会成本为30万元，可获得利润2(32-30)万元。可见选择对外出租设备比加工生产A产品多获得利润2万元。

由【例6-4】可见，企业所拥有的资源，可以分别用于几个不同的方面，但不可能在几个方面同时发生作用，因此，该资源用于某一方面可能取得的利益，是以放弃它用于其他方面可能取得的利益为代价的。后者应视为前者的机会成本。但是，如果某项资源只有一种用途，别无选择，那么这种资源的机会成本为0元。例如，企业购入一次还本付息的债券，约定只能在未来到期时获得票面利息和本金，因此不会产生机会成本。

四、沉没成本

沉没成本也称沉落成本，是指由过去决策引起的、已经发生的实际支出，无法由现在或将来的任何决策所能改变的成本。换句话说，沉没成本是现在或将来的任何决策都无法影响的成本。例如，升达有限公司两年前以30 000元购入车床一台。由于30 000元的买价已经支付，属于沉没成本，即便现在发现原来购买这台车床是不明智的决策，也不可能改变购买款已经支付的事实。

【例6-5】升达有限公司5年前购置一台车床，原价28 000元，已提折旧22 000元，账面价值为6 000元，拟报废清理或修理后作价出售。假定报废清理可得残值1 600元；进行修理则需花费修理费4 000元，修理后可作价8 000元，该如何决策？

在进行车床清理决策时，由于车床的账面价值6 000元是过去的实际支出，无论是报废清理还是修理都无法改变其支出数额，属于沉没成本，因此决策时不予考虑。只需将这两个方案的净收入大小进行比较，即经过修理后作价出售可得净收入4 000元，而报废清理可得净收入1 600元，因此修理后作价出售比直接报废清理多得2 400元，所以应该修理后再出售。

沉没成本是企业以前经营活动中已经支付的现金，而非现在或将来经营期内摊入成本费用的支出，因此，固定资产、无形资产、长期待摊费用等均属于企业的沉没成本。正因为沉没成本是一种一经发生就无法改变的成本，与现在或将来所进行的决策无关，所以在分析、评价未来经济活动并做出决策时，无须考虑。

五、付现成本

付现成本是指因选定和实施某项决策方案而必须立即或在近期以现金支付的成本，也称现金支出成本。付现成本是做决策时必须考虑的重要因素。在经营决策中，特别是企业资金处于紧张状态，支付能力受限的情况下，往往会选择付现成本最小的方案来替代总成本最低的方案。

【例6-6】升达有限公司接收一批特别订货，需要购置一台专用设备，但近期企业资金紧张，预计短期无应收账款收回，且银行贷款利率高达16%，有如下两种方案可供选择。

方案一：A公司可提供该专用设备，总价为150 000元，必须于购买时支付全款。

方案二：B公司可提供该专用设备，总价为159 000元，可以先付100 000元，余款分12个月付清。

要求：应选择哪个方案？

根据上述资料，升达有限公司的决策者认为方案二可行，虽然该方案比方案一所支付的总成本多9 000元，但近期的付现成本较低，是企业现有支付能力可以承受的，且专用设备购入并投入使用所带来的收益，可以弥补总成本较高而形成的损失。

上述分析表明，当企业资金紧张、筹措困难时，决策者对付现成本的考虑比总成本更为重视。

六、专属成本和联合成本

(一) 专属成本

专属成本是指可以明确归属于企业生产的某种产品，或企业设置的某个部门的成本，也称特定成本。如果没有这些产品或部门，就不会发生这些成本，所以专属成本是与特定的产品或部门相联系的特定成本。例如，专门生产某种产品的专用设备的折旧费、保险费、租赁费等都属于专属成本。由于变动成本基本上属于专属成本，没有必要进行特定的分类，因此，这里所说的专属成本主要是指专属的固定成本。

(二) 联合成本

联合成本是指由几种、几类产品或若干个部门共同承担的成本，也称共同成本，是与专属成本相对应的一个成本概念。变动成本基本上属于专属成本，这里所说的联合成本主要是指共同负担的固定成本。例如，企业管理人员的工资、福利费，管理部门固定资产的折旧费、修理费、租赁费等均属于联合成本。

在进行方案选择时，专属成本是与决策有关的成本，必须予以考虑，而联合成本则是与决策无关的成本，不予考虑。

七、可避免成本与不可避免成本

(一) 可避免成本

可避免成本是指与特定备选方案相关联的成本，其发生与否，取决于与其相关的备选方案能否被选定，即某个备选方案如果被选定，与其相关的某项成本就会发生，否则该项成本就不会发生，则该成本为可避免成本。例如，升达有限公司现有一定剩余生产能力，拟接受一批特别订货，需要购买专用设备价值30 000元。这30 000元的专用设备款是否发生，取决于是否接受特别订货，如果拒绝接受这批特别订货，专用设备款就不会发生，所以该专用设备款属于可避免成本。

(二) 不可避免成本

不可避免成本是指与可避免成本相对应的成本概念。它是指在企业经营过程中必然发生的，其数额与决策无关的成本。其发生与否，并不取决于有关方案的取舍。例如，升达有限公司在正常生产能力范围内接收了某项特别订货，如果厂房、设备等固定资产折旧费为48 000元，该折旧费用与是否接受特别订货无关，其支出数额不会随着特别订货接受与否而发生变化，是不可避免成本。

由于可避免成本与特定备选方案相关，而不可避免成本与特定备选方案无关，在进行方案选择时，可避免成本必须予以考虑，不可避免成本则不予考虑。

八、可延缓成本与不可延缓成本

(一) 可延缓成本

如果某一决策方案已经决定要被采用，但如推迟执行，对企业全局影响不大，则与这一方案相关的成本就称为可延缓成本。例如，升达有限公司决定为办公楼购买、安装空调，但因目前资金比较紧张，决定推迟购买时间，则同这一决定相关联的空调购置费即为可延缓成本。这是因为这一方案即使不立即执行，也不会对企业目前生产经营活动的正常进行造成重大影响。

(二) 不可延缓成本

如果已选定某一决策方案必须立即执行，否则将会给企业生产经营活动的正常开展造成重大的不良影响，那么与这一方案相关的成本就称为不可延缓成本。例如，升达有限公司的一台重要机床出现故障，如果不立即修复投入生产，则无法按期完成合同规定的交货任务，将使企业蒙受重大经济损失，则与这一方案相关联的成本就属于不可延缓成本。

如果多种决策方案已经决定实施，但受企业现有资金的限制不可能同时全部付诸实施，则需区分轻重缓急，确定哪些是可延缓的，哪些是不可延缓的，依次付诸实施，才有利于最经济有效地利用现有资源，取得最大经济效益。

九、相关成本与无关成本

(一) 相关成本

相关成本是指对决策有影响的未来成本，如差量成本、机会成本、边际成本、付现成本、专属成本、可避免成本、可延缓成本等。

(二) 无关成本

无关成本是指过去已经发生，与某一特定决策方案没有直接联系的成本，如沉没成本、联合成本、不可避免成本等。

第三节　经营决策的一般方法

在经营决策中，需要采用不同的决策分析方法对各备选方案进行评价、比较和判断，以确定最优方案。在实际工作中，常用的决策方法有差量分析法、边际贡献分析法、成本无差别点法和概率分析法等。

一、差量分析法

差量分析法是指在研究两个备选方案的预期收入与预期成本之间差量的基础上，从中选优的方法。一般是通过计算、对比两个备选方案的差量收入、差量成本计算的差量损益进行最优方案的选择。该方法一般适用于确定型决策。

在运用差量分析法时，需要明晰以下几个概念。

差量，是指两个备选方案同类指标之间的数量差异。

差量收入，是指两个备选方案预期收入之间的数量差异。

差量成本，是指两个备选方案预期成本之间的数量差异。

差量损益，是指差量收入与差量成本之间的数量差异。

【例6-7】升达有限公司现加工生产A产品，设计生产能力为10 000小时，实际利用80%，尚有剩余生产能力未利用。为充分利用剩余生产能力，拟开发新产品，目前有两种方案可供选择：方案一，开发生产B产品，但A产品需减产150件；方案二，开发生产C产品，但A产品需减产250件。

A、B、C三种产品有关资料如表6-2所示。

表6-2　产品基本情况分析表

项目	A产品	B产品	C产品
产量/件	1 000	800	400
售价/元	80	38	75
单位变动成本/(元/件)	44	22	40
固定成本总额/元		24 000	

要求：根据以上资料做出生产哪种产品对企业有利的决策。

解：决策步骤如下。

(1) 计算开发B产品与开发C产品的差量成本(B-C)。

加工生产B产品的成本：

变动成本=22×800=17 600(元)

机会成本=36×150=5 400(元)

总成本=17 600+5 400=23 000(元)

加工生产C产品的成本：

变动成本=40×400=16 000(元)

机会成本=36×250=9 000(元)

总成本=16 000+9 000=25 000(元)

差量成本=23 000-25 000=-2 000(元)

由于固定成本属于联合成本，与决策无关，所以不需要考虑。

(2) 计算开发B产品与开发C产品的差量收入(B-C)。

加工生产B产品的收入=38×800=30 400(元)

加工生产C产品的收入=75×400=30 000(元)

差量收入=30 400-30 000=400(元)

(3) 计算差量利润。

选择生产B产品而非C产品的差量利润为

差量收入-差量成本=400-(-2 000)=2 400(元)

以上计算结果表明，选择生产B产品比生产C产品多获益2 400元，所以生产B产品对企业更有益。当然，如果差量分析的顺序采用(C-B)，则差量利润为负数，出现差量损失，则决策结果相同，还是选择加工生产B产品。

以上差量分析过程，也可以通过编制差量分析表来反映，如表6-3所示。

表6-3　差量分析表

单位：元

项目	C产品	B产品	差量(C-B)
销售收入	75×400=30 000	38×800=30 400	400
相关成本			
变动成本	40×400=16 000	22×800=17 600	
机会成本	36×250=9 000	36×150=5 400	
合计	25 000	23 000	-2 000
销售利润	5 000	7 400	-2 400

以上计算结果表明，选择生产C产品比生产B产品多产生损失2 400元，所以选择加工生产B产品比较有利。

所以，差量分析法的决策过程，如表6-4所示。

表6-4　差量分析法的决策过程

A方案	B方案	差量
预期收入	预期收入	差量收入
预期成本	预期成本	差量成本
预期损益	预期损益	差量损益

当差量损益>0时，即出现差量收益，选择A方案。

当差量损益<0时，即出现差量损失，选择B方案。

可见，差量分析法并不严格要求哪个方案是比较方案，哪个方案是被比较方案，只要遵循以上处理原则，就可以得出正确结论。

应注意的是，差量分析法仅适用于两个方案之间的比较，如果需要对两个以上的方案进行分析、选择，在采用差量分析法时，只能两两方案之间分别比较，逐步筛选，最终选择最优方案。差量分析法可以应用于企业的各项经营决策，例如，出售半成品还是出售完工产品，亏损的产品是否继续生产等。

二、边际贡献分析法

边际贡献分析法是在成本性态分类的基础上，通过比较各备选方案边际贡献总额的多少确定最优方案的分析方法。

通过对本书第四章本量利分析的学习，我们知道收入大于变动成本，就会形成边际贡献。由于固定成本总额在相关范围内不随业务量(产销量)的变动而变动，因此，收入总额减变动成本总额后的差额(即边际贡献)越大，减去不变的固定成本后的余额(即利润)也就越大。边际贡献的大小，反映了备选方案对企业实现利润目标所做贡献的大小。

在运用边际贡献分析法对备选方案进行选择时，需要注意以下几点。

(1) 在不存在专属成本的情况下，通过比较不同备选方案的边际贡献总额，能够正确地进行择优选择。

(2) 在存在专属成本的情况下，首先计算备选方案的剩余边际贡献(边际贡献总额减专属成本后的余额)，而后通过比较不同备选方案的剩余边际贡献进行择优选择。

(3) 如果受到资源限制，如人工工时、机器工时等，则通过计算、比较不同备选方案的单位边际贡献，进行择优选择。

(4) 由于某备选方案提供的边际贡献总额的大小，取决于该方案提供单位边际贡献的大小，也取决于该方案提供的产销量，故应选择边际贡献总额最大的方案。这是因为，单位边际贡献最大未必边际贡献总额最大，决策中不能只根据单位边际贡献的大小来择优。

【例6-8】沿用【例6-7】，由于固定成本属于联合成本，决策时不需要考虑，属于无关成本，因此首先需要比较分析各备选方案所提供的边际贡献，再考虑开发新产品带来的损失。

根据已知数据编制分析表，如表6-5所示。

表6-5　边际贡献分析表

单位：元

项目	A产品	B产品	C产品
销售收入	80 000	30 400	30 000
变动成本总额	44 000	17 600	16 000
边际贡献总额	36 000	12 800	14 000

计算由于开发新产品导致原有产品减少，带来损失后的边际贡献，如表6-6所示。

表6-6　计算损失后的边际贡献

单位：元

项目	B产品	C产品
边际贡献总额	12 800	14 000
减：A产品减产损失	5 400	9 000
实际边际贡献	7 400	5 000

由表6-6可知，选择生产B产品比生产C产品多提供2 400元的边际贡献，所以选择加工生产B产品比较有利。

三、成本无差别点法

前面所讲的差量分析法和边际贡献法都适用于收入成本型(即收益型)方案的选择。在企业生产经营决策中，面临各个备选方案的收入相同，或者根本不涉及收入的情况，则利润最大问题转换为成本最低问题，如零部件自制还是外购的决策、采用不同工艺进行加工的决策等，这时可以考虑采用成本无差别点分析法进行方案的择优选择。

在本书的第二章成本性态分析中讲到，任何方案的总成本都可以用$y=a+bx$表述。成本无差别点，是指在一定业务量水平上，两个不同方案的总成本相等，但当高于或低于该业务量水平时，不同方案就有了不同业务量优势区域。利用不同方案的不同业务量优势区域进行最优方案选择的方法，称为成本无差别点分析法。

设：x——成本无差别点业务量；

a_1，a_2——方案A、方案B的固定成本总额；

b_1，b_2——方案A、方案B的变动成本总额；

y_1，y_2——方案A、方案B的总成本。

由总成本公式可得

$$y_1 = a_1 + b_1 x$$
$$y_2 = a_2 + b_2 x$$

根据在成本无差别点上两个方案总成本相等的原理，令$y_1=y_2$，则

$$a_1 + b_1 x = a_2 + b_2 x$$

$$x = (a_1 - a_2) / (b_2 - b_1)$$

这时，整个业务量分割为两个区域：$0 \sim x$与$x \sim \infty$，其中x为成本无差别点，如图6-1所示。

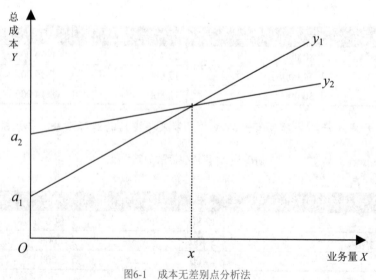

图6-1　成本无差别点分析法

由图6-1可知，方案A和方案B的总成本相等，即两个方案都可取，成本无差别点业务量是指能使两个方案总成本相等的业务量，记作x；当业务量大于成本分界点x时，则固定

成本较高的A方案优于B方案；当业务量小于成本分界点x时，则固定成本较低的B方案优于A方案。

【例6-9】升达有限公司需要某种零部件，如果选择外购，购买价格为每件20元；如果选择自制，则单位变动成本为每件10元，并需为此追加固定成本20 000元/每年。

要求：分析该零部件的年需要量达到多少时适合自制。

解：根据资料进行如下计算。

外购的总成本公式：

$$y_1 = 20x$$

自制的总成本公式：

$$y_2 = 20\,000 + 10x$$

令 $y_1 = y_2$

则 $20x = 10x + 20\,000$

$x = 2\,000$(件)

即成本无差别点的年需要量为2 000件。

(1) 零部件的年需要量等于无差别点需要量时，自制与外购的总成本相同。

外购：$y_1 = 20 \times 2\,000 = 40\,000$(元)

自制：$y_2 = 20\,000 + 10 \times 2\,000 = 40\,000$(元)

两方案均可取。

(2) 零部件的年需要量大于2 000件时，假定为2 100件，自制总成本小于外购总成本。

外购：$y_1 = 20 \times 2\,100 = 42\,000$(元)

自制：$y_2 = 20\,000 + 10 \times 2\,100 = 41\,000$(元)

选择自制方案。

(3) 零部件的年需要量小于2 000件时，假定为1 900件，自制总成本大于外购总成本。

外购：$y_1 = 20 \times 1\,900 = 38\,000$(元)

自制：$y_2 = 20\,000 + 10 \times 1\,900 = 39\,000$(元)

选择外购方案。

从以上分析可以看出，当零部件的年需要量超过2 000件时，固定成本较高的自制总成本小于无固定成本的外购总成本，选择自制方案；当零部件的年需要量在2 000件以内时，固定成本较高的自制总成本大于无固定成本的外购总成本，选择外购方案。

四、概率分析法

以上三种决策分析方法，都是在各个备选方案的收入、成本等基本情况确定的条件下采用的，但如果企业决策者对未来情况不甚明了，各个备选方案估计出来的收入、成本不能精确到具体的数字，则无法采用上述三种分析方法，而应采用概率分析法进行决策。

概率分析法是对生产经营中的诸多因素(如产品销量、变动成本、固定成本等)，在一定范围内的变动程度做出估计，从而将影响决策的各种现象都考虑进去，使决策更接近实际情况。

【例6-10】升达有限公司为开拓市场拟推出一种新产品，现有A、B两种产品可供选择，两种产品的预计售价和预计成本水平在计划期内不会发生变化，但预计市场销量不确定。两种产品预计资料如表6-7所示。

表6-7　两种产品预计资料分析表

产品	销售单价/(元/件)	单位变动成本/(元/件)	固定成本总额/元	预计销售水平的概率分布			
				10 000件	11 000件	12 000件	13 000件
A	100	80	100 000	10%	20%	40%	30%
B	120	90	100 000	20%	30%	30%	20%

要求：怎样选择新产品？

解：由于A、B两种产品的预计销售单价与预计单位变动成本是确定的，即单位边际贡献是确定的，分别为20元/件和30元/件，但预计销售水平不确定，应根据不同销量的概率分布计算其销量的期望值。

A产品销量的期望值=10 000×10%+11 000×20%+12 000×40%+13 000×30%=11 900(件)

B产品销量的期望值=10 000×20%+11 000×30%+12 000×30%+13 000×20%=11 500(件)

A产品的边际贡献总额=20×11 900=238 000(元)

B产品的边际贡献总额=30×11 500=345 000(元)

由于生产B产品的预期边际贡献总额比生产A产品的预期边际贡献总额少107 000元，所以选择生产B产品。

第四节　经营决策的主要内容

对于企业而言，经营决策的内容相当丰富，决策内容不同，所采用的决策方法也不同。这些内容主要包括生产何种产品决策；亏损产品是否停产或转产决策；零部件自制或外购决策；特殊订货是否接受决策；半成品(或联产品)是否进一步加工决策等。以上决策需要采用第三节所讲述的各种不同方法，以下具体举例予以分析。

一、生产品种决策分析

企业生产经营中，经常需要根据市场的需要和现有资源对生产何种产品做出决策分析。例如，企业利用现有设备，既可以生产A产品，也可以生产B产品，但是由于企业资源有限，不能同时生产两种产品，这就要求企业在两种产品中做出选择，既可以使企业现有生产能力得到充分应用，又可以使企业获得尽可能多的经济效益。

【例6-11】升达有限公司现有生产能力为40 000机器工时/每年，可用于生产A产品，也可用于生产B产品，产品有关资料如表6-8所示。

表6-8 产品有关资料

单位：元

项目	A产品	B产品
销售量	100 000	40 000
单位售价	30	40
单位变动生产成本	20	30
固定制造费用	40 000	40 000
单位变动销售和管理费用	3	2
固定销售和管理费用	10 000	10 000

要求：如何选择产品生产。

解：根据以上资料，采用差量分析法，通过比较两种产品的差量收入、差量成本和差量利润，选择最优方案。由于固定制造费用、固定销售和管理费用属于无关成本，所以在决策时不需要考虑。具体计算如表6-9所示。

表6-9 采用差量分析法选择最优方案

单位：元

项目	A产品	B产品	差量(A-B)
销售收入	3 000 000	1 600 000	1 400 000
减：变动成本	2 000 000	1 200 000	800 000
变动销售和管理费用	300 000	80 000	220 000
边际贡献	700 000	320 000	380 000

由表6-9得出，该公司选择生产A产品或B产品的差量收入大于差量成本，差量利润大于零，选择生产A产品，即生产A产品比生产B产品多获得边际贡献380 000元。

如果生产两种产品产生不同的专属固定成本，则决策时应将产品的剩余边际贡献作为判断方案优劣的标准。剩余边际贡献等于边际贡献减去专属固定成本。剩余边际贡献越大，该产品越可取。

【例6-12】沿用【例6-11】，如果生产A产品需要另外投入特殊设备，该设备年折旧费用为250 000元，加工生产B产品则不需要专属设备的投入，有关分析如表6-10所示。

表6-10 分析两种产品的投入

单位：元

项目	A产品	B产品	差量(A-B)
销售收入	3 000 000	1 600 000	1 400 000
减：变动成本	2 000 000	1 200 000	800 000
变动销售和管理费用	300 000	80 000	220 000
边际贡献	700 000	320 000	380 000
专属固定成本	250 000	0	250 000
剩余边际贡献	450 000	320 000	130 000

在这种情况下，生产A产品的剩余边际贡献比生产B产品多130 000元，因此选择生产A产品。

以上分析针对的是两种产品进行选择，若有多种产品需要选择，原理相同，即通过分析各种产品的盈利能力，并两两对比差量分析结果，选择能使企业生产能力得到充分利用且盈利能力最大的产品。

二、亏损产品是否停产决策分析

企业生产经营中，某个部门或某种产品发生亏损是经常遇到的问题。通常认为，关闭亏损的部门及停产亏损的产品，可以使企业整体利润水平得以提高。这种简单的处理是错误的，必须综合考虑企业各种产品的经营状况、生产能力的利用及有关因素的影响，采用变动成本法进行分析后，再做出停产、继续生产、转产或出租的决策。

【例6-13】升达有限公司原生产A、B、C三种产品，有关资料如表6-11所示。

表6-11　销售利润表

单位：元

项目	A产品	B产品	C产品	合计
销售收入	100 000	400 000	500 000	1 000 000
销售成本	80 000	280 000	340 000	700 000
毛利	20 000	120 000	160 000	300 000
销售及管理费用	31 000	80 000	120 000	231 000
销售利润	−11 000	40 000	40 000	69 000

如果仅就表6-11列示的资料来看，停止生产A产品是有利的(利润将上升至80 000元)，但是否真的有利，还应参考其他资料才能确定。假定按变动成本法分解成本如表6-12所示。

表6-12　成本分解表

单位：元

项目	A产品	B产品	C产品
变动生产成本	60 000	200 000	220 000
固定生产成本	20 000	80 000	120 000
合计	80 000	280 000	340 000
变动销售及管理费用	25 000	60 000	95 000
固定销售及管理费用	6 000	20 000	25 000
合计	31 000	80 000	120 000

由表6-12得出，A产品按变动成本法计算的变动成本总额为85 000元(变动生产成本+变动销售及管理费用)，因此A产品在可以提供边际贡献15 000(100 000−85 000)元的情况下，停止生产A产品不仅不能增加11 000元的利润，反而会减少15 000元的利润(利润降至54 000元)。具体采用差量分析法对比分析继续生产A产品及停止生产A产品的影响。差量分析如表6-13所示。

表6-13 差量分析表

单位：元

项目	继续生产A产品	停止生产A产品	差量
销售收入	1 000 000	900 000	100 000
变动生产成本	480 000	420 000	60 000
固定生产成本	220 000	220 000	0
变动销售及管理费用	180 000	155 000	25 000
固定销售及管理费用	51 000	51 000	0
销售利润	69 000	54 000	15 000

由表6-13进一步得出，A产品虽然最终发生11 000元的亏损，但它可以为企业提供15 000元的销售利润。固定成本是由整个企业的生产经营产生的，与产品是否生产和销售无直接联系，因此无论是否生产A产品，企业的固定成本总额都不变。当停止生产A产品时，原来由A产品负担的固定成本转嫁给剩余的两种产品，从而使得企业的利润在原有基础上减少15 000元。所以，从经济角度看，企业仍应继续生产A产品。

亏损产品是否停产的决策是一个复杂的多因素综合考虑的过程，一般应注意以下几点。

(1) 如果亏损产品能够提供边际贡献，弥补部分固定成本，一般不应停产。在剩余生产能力无法转移的情况下，如果亏损产品能够提供边际贡献，除非存在更加有利可图的机会，否则一般不应停产，但如果亏损产品不能提供边际贡献，通常应考虑停产。

(2) 亏损产品能够提供边际贡献，并不意味着该亏损产品一定要继续生产。如果亏损产品停产后，利用其原有生产能力转产边际贡献更高的产品，或者将其腾出的固定资产出租获得更高收益，则该亏损产品应该停产。

(3) 在生产、销售条件允许的情况下，增加亏损产品的产销量也会扭亏为盈。这是因为，增加亏损产品的产销量，在其单位边际贡献不变的情况下，可以增加该产品所提供的边际贡献总额，当边际贡献总额大于该产品负担的固定成本时，该亏损产品扭亏为盈，企业利润增加。

三、零部件自制或外购决策分析

对于有机械加工能力的企业而言，其经常面临所需零部件是自制还是外购的决策问题。由于所需零部件的数量对于自制方案或外购方案都是一样的，因此这类决策分析通常只需要比较自制方案和外购方案单位成本的高低，在相同质量并保证及时供货的情况下，就低不就高。

(一) 外购不减少固定成本

【例6-14】升达有限公司每年需要生产A零件30 000件，其单位产品生产成本25元，包括直接材料6元/件，直接人工5元/件，变动制造费用7元/件，固定制造费用7元/件。固定制造费用主要产生于生产A零件的场地及设备的年折旧，且该场地与设备没有其他用途。如果现在有一供应商可以以20元/件提供该零件，则A零件应自制还是外购？

对于这一问题，初看似乎是外购成本更低。但进一步分析可以发现，固定制造费用是整个加工生产车间共同发生的，无论A零件自制与否，都将继续发生，与决策无关，属于无关成本，因此只需考虑自制的单位变动成本即可。

由于自制单位变动成本为6+5+7=18(元/件)，外购单位价格为20(元/件)，外购成本较高，所以该情况下应该选择自制。

在零部件由自制转为外购且固定成本并不因为停产外购而减少(即剩余生产能力不能转移)的情况下，正确的分析方法是：将外购的单位增量成本，即购买零部件的价格，与自制时的单位增量成本相对比，单位增量成本低的即为最优方案。

(二) 外购有租金收入

【例6-15】沿用【例6-14】，假定用于生产A零件的场地及设备可以用于出租或移作生产其他新产品，无论是出租还是生产新产品，都可以为升达有限公司每年提供100 000元的边际贡献，在此情况下，如何决策？

采用差量分析法比较两种方案的差量成本，如表6-14所示。

表6-14 采用差量分析法比较两种方案

单位：元

项目	自制成本	外购成本
外购成本		30 000×20=600 000
自制变动成本	30 000×18=540 000	
外购时的租金收入(机会成本)	100 000	
合计	640 000	
自制成本大于外购成本	640 000-600 000=40 000	

由于自制成本较高，因此该情况下选择外购。

在零部件外购且剩余生产能力可以转移的情况下，由于出租剩余生产能力能获得租金收入，或转产其他产品能提供边际贡献，因此将自制与外购两个方案对比时，就必须把租金收入或转产产品的边际贡献作为自制方案的机会成本，并形成自制方案的相关成本。所以，将自制方案的变动成本与租金收入或转产产品的边际贡献之和与外购成本进行对比，选择成本最低的方案。

四、特殊订货是否接受决策分析

特殊订货是指在特定条件下，利用企业暂时闲置的生产能力而接受临时订货。一般来讲，产品售价应高于其正常生产成本才有可能使企业获得利润。但当企业现有生产能力还有剩余时，如客户提出某种出价低于企业正常成本的特殊订货，则企业应否予以接受？关于这一问题，需要做具体分析。

(一) 只利用闲置生产能力而不减少正常销售

【例6-16】升达有限公司以现有生产能力每年生产A产品200 000件，根据过去的销售和未来的趋势，预计明年可生产销售140 000件，每件售价100元。其年固定制造费用为3 000 000元，单位变动生产成本为每件40元，年固定销售及管理费用为2 000 000元，单位变动销售及管理费用为每件12元。现有一客户要求订货30 000件，但每件只愿出价70元，升达有限公司是否接受该特殊订货？

首先，计算A产品的单位总成本：

变动生产成本	40.00元
变动销售及管理费用	12.00元
单位固定制造费用(3 000 000/140 000)	21.43元
单位固定销售及管理费用(2 000 000/140 000)	14.29元
合计	87.72元

根据计算，由于客户出价不足以弥补企业的产品总成本，故该企业不应该接受这项特殊订货。但无论是否接受该订货，企业的固定成本总额都不会发生任何变动，属于无关成本，决策时不应该考虑，所以，只要特殊订货所出价格高于单位变动成本即可。

单位变动成本=40+12=52(元/件)

特殊订货所提供单位边际贡献=70-52=18(元/件)

接受该特殊订货将增加企业利润=18×30 000=540 000(元)

(二) 利用闲置生产能力但需增加专属固定成本

【例6-17】沿用【例6-16】，如果客户对产品工艺有特别要求，满足该要求需要在原有固定制造费用的基础上追加接受特殊订货140 000元的专属固定成本，则企业是否接受该特殊订货？

由于接受特殊订货会增加专属固定成本，属于相关成本，故决策时必须予以考虑。而原有固定制造费用实质上是联合成本，属于无关成本，则依然不需要考虑。所以，只要特殊订货所出价格高于单位变动成本和单位专属固定成本之和即可。

特殊订货的单位相关成本=40+12+140 000/30 000=56.67(元/件)

特殊订货所提供单位边际贡献=70-56.67=13.33(元/件)

接受该特殊订货将增加企业利润=13.33×30 000=399 900(元)

(三) 利用闲置生产能力但减少部分正常销售

【例6-18】沿用【例6-16】，如果该客户要求订货70 000件，即接受该特殊订货将使企业减少正常销售量10 000件，则升达有限公司是否接受该特殊订货？

接受特殊订货冲击了正常销售，减少了正常销售的边际贡献，即产生机会成本，前面学习过机会成本属于相关成本。如果希望特殊订货为升达有限公司增加利润，就必须要使特殊订货所出价格高于单位变动成本和单位机会成本之和。

特殊订货的单位相关成本=40+12+(100-52)×10 000/70 000=58.86(元/件)

特殊订货所提供单位边际贡献=70-58.86=11.14(元/件)

接受该特殊订货将增加企业边际贡献=11.14×70 000=779 800(元)

可以将两种方案的结果通过编制表格进行对比分析,如表6-15所示。

表6-15　两种方案的选择结果分析

单位:元

项目	不接受特殊订货			接受特殊订货		
	正常销售	特殊订货	合计	正常销售	特殊订货	合计
销售收入	14 000 000	0	14 000 000	13 000 000	4 900 000	17 900 000
变动成本	7 280 000	0	7 280 000	6 760 000	3 640 000	10 400 000
边际贡献	6 720 000	0	6 720 000	6 240 000	1 260 000	7 500 000

通过编表比较可以看出,如果接受订货,将会使升达有限公司增加边际贡献780 000(7 500 000-6 720 000)元,与计算结果相符(数据相差200元的原因是保留两位小数所致)。因为企业固定成本没有发生变动,所以企业的利润总额也将增加780 000元。

五、半成品(或联产品)是否进一步加工决策分析

许多企业生产的产品在完成一定加工阶段后,可以作为半成品出售,也可继续加工后出售。继续加工后再出售其售价较高,但需要追加一定成本,于是对于半成品应直接出售还是进一步加工后出售,是企业经常面临的问题。另外,利用同一种原料,在同一生产过程中生产出两种或两种以上不同的产品,则这些产品称为联产品。对于半成品(或联产品)是否进一步加工这类问题,决策时只需要考虑进一步加工后增加的收入是否超过增加的成本,如果前者大于后者,则应进一步加工后出售;反之,则应作为半成品(或联产品)出售。需要注意的是,进一步加工前的收入和成本都与决策无关,不必予以考虑,以下分别举例说明。

(一) 半成品是否进一步加工

【例6-19】升达有限公司每年生产、销售A产品20 000件,每件变动成本为24元,每件固定成本为3元,售价为40元。如果将A产品进一步加工成B产品,售价可提高到48元,但单位变动成本需增至30元,另外尚需发生专属固定成本32 000元。

要求:升达有限公司如何决策?

解:由于升达有限公司对A产品继续加工不会引起原有固定成本的变动,即这部分固定成本加工前、后均存在,故原有的固定成本为无关成本。采用差量分析法进行分析的计算过程如表6-16所示。

表6-16　差量分析表1

单位:元

项目	生产A产品	生产B产品	差量(B-A)
销售收入	800 000	960 000	160 000
变动成本	480 000	600 000	120 000
专属固定生产成本	无关成本	32 000	32 000
边际贡献	320 000	328 000	8 000

通过编表比较可以看出，将A产品继续加工后再出售多得收入160 000元，扣除继续加工的追加成本152 000元，可以增加利润8 000元，因而进一步加工为B产品后出售对企业有利。

(二) 联产品是否进一步加工

有些联产品可在分离后直接出售，有的则可以在分离后继续加工再出售。分离前的成本属于联合成本，需要在全部联产品中进行分摊。常用的分摊标准有按单位售价或有关的技术系数比例进行分摊。联产品分离后继续加工追加的变动成本和专属固定成本，属于可分成本。

【例6-20】升达有限公司生产A、B两种联产品，它们都可以在联产过程结束后直接出售，也可以加工后再出售。有关资料如表6-17所示。

表6-17 联产品资料

单位：元

项目	金额
A产品(10 000件)	
分离后直接出售单价	15
继续加工后出售单价	28
继续加工追加单位成本	10
B产品(6 000件)	
分离后直接出售单价	30
继续加工后出售单价	40
继续加工追加单位成本	10

要求：根据上述资料分析A、B两种产品应在分离后直接出售，还是继续加工后出售？

解：由于A、B两种产品在分离前的联合成本在分离前已经发生，无论分离后如何决策都不会发生任何变化，故属于沉没成本即无关成本。采用差量分析法进行分析的计算过程见表6-18。

表6-18 差量分析表2

单位：元

项目	A产品			B产品		
	直接出售	加工后出售	差量	直接出售	加工后出售	差量
销售收入	150 000	280 000	130 000	180 000	240 000	60 000
追加成本		100 000	100 000		36 000	36 000
利润	150 000	180 000	30 000	180 000	204 000	24 000

通过编表比较可以看出，A产品进一步加工后，预期收入增加130 000元，加工成本增加100 000元，则利润增加30 000元，显然加工后出售有利。B产品进一步加工后，预期收入增加60 000元，加工成本增加36 000元，则利润增加24 000元，因此，进一步加工后出售对公司更有利。

思考练习

一、单选题

1. 为改变或扩大企业的生产能力时进行的决策，称为(   )。

    A. 短期决策   B. 长期决策

    C. 非确定型决策   D. 基层决策

2. 升达有限公司现有5 000件积压的在产品，其制造成本为50 000元。如果再支出20 000元再加工后出售，则这个方案中的沉没成本是(   )。

    A. 8 000元   B. 15 000元

    C. 20 000元   D. 50 000元

3. 有关亏损产品是否停产或转产的决策分析，一般可采用的方法是(   )。

    A. 差别盈利分析法   B. 边际贡献分析法

    C. 安全边际法   D. 线性规划法

4. 当企业剩余生产能力无法转移时，企业不应该接受追加订货的情形是(   )。

    A. 订货价格低于单位产品的完全成本

    B. 订货对原有生产能力造成冲击

    C. 追加订货的边际贡献高于减少的正常收入，但余额少于追加的专属成本

    D. 订货价格略高于产品的单位变动成本

5. 升达有限公司经过一定工序加工后的半成品可立即出售，也可继续加工后再出售。若立即出售可获利5 000元，继续加工后再出售可获利6 510元，则继续加工方案的机会成本为(   )。

    A. 1 510元   B. 5 000元

    C. 6 510元   D. 11 510元

二、多选题

1. 下列存在差别成本的决策包括(   )。

    A. 生产能力利用程度变动的决策   B. 零部件外购或自制的决策

    C. 特定订货是否接受的选择   D. 某种产品的生产是否停产的决策

    E. 半成品是否进一步加工的决策

2. 决策按照决策者所掌握的信息特点不同分为(   )。

    A. 确定型决策   B. 风险型决策

    C. 长期决策   D. 短期决策

    E. 非确定型决策

3. 决策的基本程序是(   )。

    A. 提出决策目标   B. 拟订达到目标的各种可能的行动方案

    C. 收集资料   D. 选定最优方案

    E. 决策方案的实施和跟踪反馈

4. 下列选项中与决策有关的成本是( )。

    A. 机会成本   B. 历史成本

    C. 专属成本   D. 增量成本

    E. 可分成本

5. 下列选项中与决策无关的成本是( )。

    A. 沉没成本   B. 历史成本

    C. 不可避免成本   D. 共同成本

    E. 联合成本

三、判断题

1. 升达有限公司使用同一套设备生产甲、乙两种产品，其中生产甲产品每件需10机器小时，乙产品每件需8机器小时，甲、乙产品的单位边际贡献均为20元，则生产乙产品有利。 ( )

2. 有关亏损产品是否停产或转产的决策分析，一般可采用差别盈利分析法进行分析。 ( )

3. 当企业现有生产能力尚有剩余时，以获利为目的确定追加订货价格的最低要求是单位产品售价大于单位产品完全成本。 ( )

4. 零部件自制或外购决策中，当零部件需要量不确定时，应采用边际贡献分析法。 ( )

5. 亏损产品应停产的条件是亏损产品边际贡献为正数但小于固定成本。 ( )

四、业务题

1. 升达有限公司生产甲乙两种产品的有关资料汇总如表6-19所示。

表6-19 产品有关资料汇总表

项目	销售单价/元	单位变动成本/元	单位机器工时/小时
甲产品	50	30	1.0
乙产品	70	43	1.5

假如升达有限公司全年固定成本总额为80 000元，且该生产线全年最大生产能力为8 100机器小时。

要求：

(1) 用差量分析法做出是否用乙产品来代替甲产品的决策；

(2) 用边际贡献法做出是否用乙产品来代替甲产品的决策。

2. 升达有限公司利用E设备既可以生产甲产品，也可以生产乙产品，但根据现有生产能力，只能生产其中一种产品。甲、乙两种产品的预计销售量分别为570件和430件，预计销售价格分别为66元和93元，单位变动成本分别为45元和78元。

要求：分析生产哪一种产品更有利。

3. 升达有限公司由于生产需要拟增加一台设备，现有如下两个备选方案。

方案一：向A公司购买，为此需要支付购置安装成本325 000元，预计使用11年，每年需要支付维护费用6 400元，使用该设备每日运营成本为50元。

方案二：向B公司租赁，每日需要支付租金150元，每日运营成本同上。

要求：根据以上资料，进行设备购置或租用的决策。

第七章

全面预算

【学习目标】
○ 了解全面预算的意义与作用。
○ 理解增量预算和零基预算、固定预算和弹性预算、定期预算和滚动预算的区别。
○ 掌握全面预算的内容与编制方法。

第一节 预算管理概述

一、预算的特征与作用

(一) 预算的特征

"凡事预则立，不预则废"。预算是企业在预测、决策的基础上，以数量和金额的形式反映企业未来一定时期内经营、投资、财务等活动的具体计划，是为实现企业目标而对各种资源和企业活动的详细安排。

预算具有两个特征：第一，编制预算的目的是促进企业以最经济有效的方式实现预定目标，因此，预算必须与企业的战略或目标保持一致；第二，预算作为一种数量化的详细计划，它是对未来活动的细致、周密安排，是未来经营活动的依据，数量化和可执行性是预算最主要的特征。因此，预算是一种可据以执行和控制经济活动的、最为具体的计划，是对目标的具体化，是将企业活动导向预定目标的工具。

(二) 预算的作用

预算的作用主要表现在以下几方面。

1. 使企业经营达到预期目标

通过预算指标可以控制实际活动过程，随时发现问题，采取必要的措施，纠正不良偏差，避免经营活动的漫无目的、随心所欲，通过有效的方式实现预期目标。因此，预算具有规划、控制、引导企业经济活动有序进行，以最经济有效的方式实现预定目标的功能。

2. 实现企业内部各个部门之间的协调

从系统论的观点来看，局部计划的最优化对全局来说不一定是最合理的。为了使各个职能部门向着共同的战略目标前进，它们的经济活动必须密切配合，相互协调，统筹兼顾，全面安排，综合平衡。

企业通过各部门预算的综合平衡，能促使各部门管理人员清楚地了解本部门在全局中的地位和作用，尽可能地做好部门之间的协调工作。各级各部门因其职责不同，往往会出现相互冲突的现象。各部门之间必须协调一致，才能最大限度地实现企业整体目标。例如，企业的销售、生产、财务等各部门可以分别编制出对自己来说最好的计划，但该计划在其他部门不一定能行得通。如销售部门根据市场预测提出了一个庞大的销售计划，生产部门可能没有那么大的生产能力；生产部门可能编制出一个充分利用现有生产能力的计划，但销售部门可能无力将这些产品销售出去；销售部门和生产部门都认为应该扩大生产能力，财务部门却认为无法筹到必要的资金。全面预算经过综合平衡后可以提供解决各级各部门冲突的最佳办法，可以使各级各部门的工作在此基础上协调进行。

3. 作为业绩考核的标准

预算作为企业财务活动的行为标准，使各项活动的实际执行有章可循。预算标准可以作为各部门责任考核的依据。经过分解落实的预算规划目标能与部门、责任人的业绩考评结合起来，成为奖勤罚懒、评估优劣的标准。

二、预算的分类与预算体系

(一) 预算的分类

企业预算可以按不同标准进行多种分类。

1. 业务预算、专门决策预算和财务预算

根据内容不同，预算可以分为业务预算、专门决策预算和财务预算。

(1) 业务预算是指与企业日常经营活动直接相关的经营业务的各种预算。它主要包括销售预算、生产预算、材料采购预算、直接材料消耗预算、直接人工预算、制造费用预算、产品生产成本预算、销售和管理费用预算等。专门决策预算是指企业不经常发生的、一次性的重要决策预算。

(2) 专门决策预算直接反映相关决策的结果，是实际中选方案的进一步规划。如资本支出预算，其编制依据可以追溯到决策之前搜集到的有关资料，只不过其比决策估算更细致、更准确。例如，企业对一切固定资产购置都必须在事先做好可行性分析的基础上来编制预算，具体反映投资额需要多少，何时进行投资，资金从何筹得，投资期限多长，何时可以投产，以及未来每年的现金流量是多少。

(3) 财务预算是指企业在计划期内反映有关预计现金收支、财务状况和经营成果的预算。财务预算作为全面预算体系的最后环节，它是从价值方面总括地反映企业业务预算与

专门决策预算的结果，也就是说，业务预算和专门决策预算中的资料都可以用货币金额反映在财务预算内，这样一来，财务预算就成为各项业务预算和专门决策预算的整体计划，故亦称为总预算，其他预算则相应称为辅助预算或分预算。显然，财务预算在全面预算中占有举足轻重的地位。

2. 长期预算和短期预算

从预算指标覆盖的时间长短划分，企业预算可分为长期预算和短期预算。

通常将预算期在1年以内(含1年)的预算称为短期预算，预算期在1年以上的预算则称为长期预算。预算的编制时间可以视预算的内容和实际需要而定，可以是1周、1月、1季、1年或若干年等。在预算编制过程中，往往应结合各项预算的特点，将长期预算和短期预算结合使用。一般情况下，企业的业务预算和财务预算多为1年期的短期预算，年内再按季或月细分，而且预算期间往往与会计期间保持一致。

(二) 预算体系

各种预算是一个有机联系的整体。一般将由业务预算、专门决策预算和财务预算组成的预算体系，称为全面预算体系，其结构如图7-1所示。

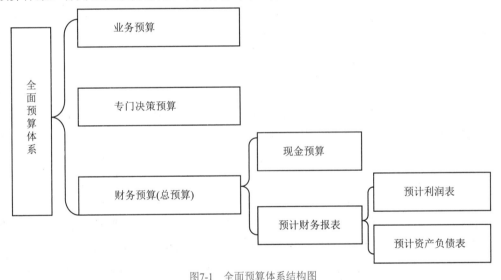

图7-1 全面预算体系结构图

三、负责预算工作的组织

负责预算工作的组织包括决策层、管理层、执行层和考核层等，具体如下。

(1) 企业董事会或类似机构应当对企业预算的管理工作负总责。企业董事会或者经理办公会可以根据情况设立预算委员会或指定财务管理部门负责预算管理事宜，并对企业法人代表负责。

(2) 预算委员会或财务管理部门主要拟订预算的目标、政策，制定预算管理的具体措施和办法，审议、平衡预算方案，组织下达预算，协调解决预算编制和执行中的问题，组织审计、考核预算的执行情况，督促企业完成预算目标。

(3) 企业财务管理部门具体负责企业预算的跟踪管理，监督预算的执行情况，分析预算与实际执行的差异及原因，提出改进管理的意见与建议。

(4) 企业内部生产、投资、物资、人力资源、市场营销等职能部门具体负责本部门业务涉及的预算编制、执行、分析等工作，并配合预算委员会或财务管理部门做好企业总预算的综合平衡、协调、分析、控制与考核等工作。其主要负责人参与企业预算委员会的工作，并对本部门预算执行结果承担责任。

(5) 企业所属基层单位是编制企业预算的基本单位，在企业财务管理部门的指导下，负责本单位现金流量、经营成果和各项成本费用预算的编制、控制和分析工作，接受企业的检查、考核。其主要负责人对本单位财务预算的执行结果承担责任。

第二节　预算的编制方法与程序

一、预算的编制方法

企业可以根据不同的预算项目，分别采用固定预算、弹性预算、增量预算、零基预算、定期预算和滚动预算等方法编制各种预算。

(一) 固定预算与弹性预算编制方法

1. 固定预算编制方法

固定预算又称静态预算，是以预算期内正常的、可实现的某一既定业务量水平为基础来编制的预算。一般适用于固定费用或者数额比较稳定的预算项目。

固定预算的缺点主要如下。一是过于呆板。因为编制预算的业务量基础是实现假定的某个业务量。在这种方法下，不论预算期内业务量水平实际可能发生哪些变动，都只将事先确定的某一个业务量水平作为编制预算的基础。二是可比性差。当实际的业务量与编制预算所依据的业务量有较大差异时，有关预算指标的实际数与预算数就会因业务量基础不同而失去可比性。例如，升达有限公司预计业务量为销售100 000件产品，按此业务量给销售部门的预算费用为5 000元。如果该销售部门实际销售量达到120 000件，超出了预计业务量，固定预算下的预算费用却仍为5 000元，这显然是不合理的。

2. 弹性预算编制方法

弹性预算是在按照成本习性分类的基础上，根据量本利之间的依存关系，考虑计划期间业务量可能发生的变动，编制出的一套适应多种业务量的费用预算，以便分别反映在不同业务量的情况下所应支出的成本费用水平。该方法是为了弥补固定预算的缺陷而产生的。编制弹性预算所依据的业务量可能是生产量、销售量、机器工时、材料消耗量和直接人工工时等。

弹性预算的优点表现在：一是预算范围宽；二是可比性强。弹性预算一般适用于与预算执行单位业务量有关的成本(费用)、利润等预算项目。

弹性预算的编制可以采用公式法，也可以采用列表法。

1) 公式法

公式法假设成本和业务量之间存在线性关系，成本总额、固定成本总额、业务量和单位变动成本之间的变动关系可以表示为

$$Y = a + bx$$

其中，Y是成本总额，a表示不随业务量变动而变动的那部分固定成本，b是单位变动成本，x是业务量，某项目成本总额Y是该项目固定成本总额和变动成本总额之和。这种方法要求按上述成本与业务量之间的线性假定，将企业各项目成本总额分解为变动成本和固定成本两部分。

【例7-1】升达有限公司的制造费用项目单位变动费用和固定费用资料如表7-1所示。

表7-1 升达有限公司的制造费用项目单位变动费用和固定费用资料

费用明细项目	b单位变动费用/(元/工时)	费用明细项目	a固定费用/元
变动费用：		固定费用：	
间接人工	0.5	维护费用	12 000
间接材料	0.6	折旧费用	30 000
维护费用	0.4	管理费用	20 000
水电费用	0.3	保险费用	10 000
机物料	0.2	财产税	5 000
小计	2.0	小计	77 000

假设升达有限公司预算期可能的预算工时变动范围为49 000～51 000工时，制造费用弹性预算如表7-2所示。

表7-2 升达有限公司制造费用弹性预算表(公式法)

工时变动范围：49 000～51 000工时　　　　　　　　　　　　单位：元

项目	a固定费用/元	b单位变动费用/(元/工时)
固定部分：		
维护费用	12 000	
折旧费用	30 000	
管理费用	20 000	
保险费用	10 000	
财产税	5 000	
小计	77 000	—
变动部分：		
间接人工		0.5
间接材料		0.6
维护费用		0.4
水电费用		0.3
机物料		0.2
小计	—	2.0
总计	77 000	2.0

公式法的优点是在一定范围内预算可以随业务量变动而变动，可比性和适应性强，编制预算的工作量相对较小；缺点是按公式进行成本分解比较麻烦，对每个费用子项目甚至

细目逐一进行成本分解，工作量很大。

2) 列表法

列表法是指通过列表的方式，将与各种业务量对应的预算数列示出来的一种弹性预算编制方法。

【例7-2】假定有关资料同表7-1。预算期升达有限公司可能的直接人工工时分别为49 000工时、49 500工时、50 000工时、50 500工时和51 000工时。用列表法编制制造费用弹性预算如表7-3所示。

表7-3   升达有限公司制造费用弹性预算表(列表法)

单位：元

费用明细项目	单位变动费用	业务量				
		49 000	49 500	50 000	50 500	51 000
变动费用：						
间接人工	0.5	24 500	24 750	25 000	25 250	25 500
间接材料	0.6	29 400	29 700	30 000	30 300	30 600
维护费用	0.4	19 600	19 800	20 000	20 200	20 400
水电费用	0.3	14 700	14 850	15 000	15 150	15 300
机物料	0.2	9 800	9 900	10 000	10 100	10 200
小计	2.0	98 000	99 000	100 000	101 000	102 000
固定费用：						
维护费用		12 000	12 000	12 000	12 000	12 000
折旧费用		30 000	30 000	30 000	30 000	30 000
管理费用		20 000	20 000	20 000	20 000	20 000
保险费用		10 000	10 000	10 000	10 000	10 000
财产税		5 000	5 000	5 000	5 000	5 000
小计		77 000	77 000	77 000	77 000	77 000
制造费用合计		175 000	176 000	177 000	178 000	179 000

列表法的主要优点是可以直接从表中查得各种业务量下的成本费用预算，不用再另行计算，因此直接、简便；缺点是编制工作量较大，而且由于预算数不能随业务量变动而任意变动，弹性仍然不足。

(二) 增量预算与零基预算编制方法

1. 增量预算编制方法

增量预算是指以基期成本费用水平为基础，结合预算期业务量水平及有关降低成本的措施，通过调整有关费用项目而编制预算的方法。增量预算以过去的费用发生水平为基础，主张不需在预算内容上做较大的调整，它的编制遵循如下假定：

第一，企业现有业务活动是合理的，不需要进行调整；

第二，企业现有各项业务的开支水平是合理的，在预算期予以保持；

第三，以现有业务活动和各项活动的开支水平，确定预算期各项活动的预算数。

【例7-3】升达有限公司上年的制造费用为50 000元，由于本年生产任务增大10%，故按增量预算编制计划年度的制造费用。

计划年度制造费用预算=50 000×(1+10%)=55 000(元)

增量预算编制方法的缺陷是可能导致无效费用开支项目无法得到有效控制，因为不加以分析地保留或接受原有的成本费用项目，可能使原来不合理的费用继续开支而得不到控制，形成不必要开支合理化，造成预算上的浪费。

2. 零基预算编制方法

零基预算的全称为"以零为基础的编制计划和预算方法"，它是在编制费用预算时，不考虑以往会计期间所发生的费用项目或费用数额，而是一切以零为出发点，从实际需要逐项审议预算期内各项费用的内容及开支标准是否合理，在综合平衡的基础上编制费用预算的方法。

1) 零基预算的程序

(1) 企业内部各级部门的员工，根据企业的生产经营目标，详细讨论计划期内应该发生的费用项目，并对每一费用项目编写一套方案，提出费用开支的目的及需要开支的费用数额。

(2) 划分不可避免费用项目和可避免费用项目。在编制预算时，对不可避免费用项目必须保证资金供应；对可避免费用项目，则需要逐项进行成本与效益分析，尽量控制不可避免费用项目纳入预算当中。

(3) 划分不可延缓费用项目和可延缓费用项目。在编制预算时，应根据预算期内可供支配的资金数额在各费用之间进行分配，应优先安排不可延缓费用项目的支出，然后根据需要，按照费用项目的轻重缓急确定可延缓项目的开支。

2) 零基预算的优点

(1) 不受现有费用项目的限制。

(2) 不受现行预算的束缚。

(3) 能够调动各方面节约费用的积极性。

(4) 有利于促使各基层单位精打细算，合理使用资金。

(三) 定期预算与滚动预算编制方法

1. 定期预算编制方法

定期预算是指在编制预算时，以不变的会计期间(如日历年度)作为预算期的一种编制预算的方法。这种方法的优点是能够使预算期与会计期间相对应，便于将实际数与预算数进行对比，也有利于对预算执行情况进行分析和评价。但这种方法固定以1年为预算期，在执行一段时期之后，往往使管理人员只考虑剩下来的几个月的业务量，缺乏长远打算，导致一些短期行为的出现。

2. 滚动预算编制方法

滚动预算又称连续预算，是指在编制预算时，将预算期与会计期间脱离开，随着预算的执行不断地补充预算，逐期向后滚动，使预算期始终保持为一个固定长度(一般为12个月)的一种预算方法。

滚动预算的基本做法是使预算期始终保持12个月，每过1个月或1个季度立即在期末增列1个月或1个季度的预算，逐期往后滚动，因而在任何一个时期都使预算保持为12个月的时间长度，故又叫连续预算或永续预算。这种预算能使企业各级管理人员对未来始终保持整整12个月时间的考虑和规划，从而保证企业的经营管理工作能够稳定而有序地进行。

按月滚动的滚动预算编制方式如图7-2所示。按季滚动的滚动预算编制方法和按月滚动类似，只是每过一个季度往后进行滚动。滚动预算的编制还可以采用长期计划、短期安排的方法进行，即在基期编制预算时，先按年度分季，并将其中第一季度按月划分，建立各月的明细预算数字，以便监督预算的执行；其他三个季度的预算可以粗略一些，只列各季总数。到第一季度结束后，再将第二季度的预算按月细分，第三、四季度以及增列的下一年度第一季度的预算只列出各季度的总数……如此类推。这种方法称之为混合滚动预算。采用这种方法编制的预算有利于管理人员对预算资料做经常性的分析研究，并根据当时预算的执行情况及时加以调整。

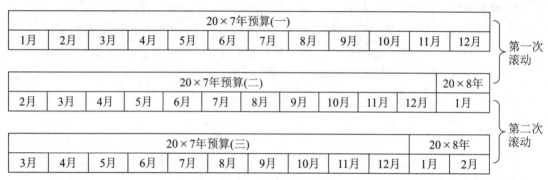

图7-2　滚动预算示意图

二、预算的编制程序

企业编制预算，一般应按照"上下结合、分级编制、逐级汇总"的程序进行。

(一) 下达目标

企业董事会或经理办公会根据企业发展战略和预算期经济形势的初步预测，在决策的基础上提出下一年度企业预算目标，包括销售或营业目标、成本费用目标、利润目标和现金流量目标，并确定预算编制的政策，由预算委员会下达各预算执行单位。

(二) 编制上报

各预算执行单位按照企业预算委员会下达的预算目标和政策，结合自身特点及预测的执行条件，提出详细的本单位预算方案，上报企业财务管理部门。

(三) 审查平衡

企业财务管理部门对各预算执行单位上报的财务预算方案进行审查、汇总，提出综合平衡的建议。在审查、平衡过程中，预算委员会应当进行充分协调，对发现的问题提出初步调整意见，并反馈给有关预算执行单位予以修正。

(四) 审议批准

企业财务管理部门在有关预算执行单位修正调整的基础上，编制出企业预算方案，报财务预算委员会讨论。对于不符合企业发展战略或者预算目标的事项，企业预算委员会应当责成有关预算执行单位进一步修订、调整。在讨论、调整的基础上，企业财务管理部门正式编制企业年度预算方案，提交董事会或经理办公会审议批准。

(五) 下达执行

企业财务管理部门对董事会或经理办公会审议批准的年度总预算，一般在次年三月底以前分解成一系列的指标体系，由预算委员会逐级下达各预算执行单位执行。

第三节 全面预算的编制

一、业务预算的编制

(一) 销售预算

销售预算是在销售预测的基础上，根据企业年度目标利润确定的预计销售量、销售单价和销售收入等参数编制的，用于规划预算期销售活动的一种业务预算。在编制过程中，应根据年度内各季度市场预测的销售量和单价，确定预计销售收入，并根据各季现销售收入与收回的前期应收账款反映现金收入额，以便为编制现金收支预算提供资料。根据销售预测确定销售量，根据销售单价确定各期销售收入，并根据各期销售收入和企业信用政策，确定每期的销售现金流量，是销售预算的核心问题。

由于企业其他预算的编制都必须以销售预算为基础，因此，销售预算是编制全面预算的起点。

【例7-4】升达有限公司20×7年(计划年度)只生产和销售一种产品，每季的产品销售货款有60%于当期收到现金，有40%属赊销，于下一个季度收到现金。上一年(基期)年末的应收账款为6 200元。该公司计划年度的销售预算如表7-4所示(为方便计算，均不考虑增值税)。

表7-4 升达有限公司销售预算表

20×7年度

金额单位：元

季度	一	二	三	四	全年
预计销售量/件	100	150	200	180	630
预计单价	200	200	200	200	200
销售收入	20 000	30 000	40 000	36 000	126 000
预计现金收入					
上年应收账款	6 200				6 200
第一季度	12 000	8 000			20 000
第二季度		18 000	12 000		30 000
第三季度			24 000	16 000	40 000
第四季度				21 600	21 600
现金收入合计	18 200	26 000	36 000	37 600	117 800

(二) 生产预算

生产预算是规划预算期生产数量而编制的一种业务预算，它是在销售预算的基础上编制的，并可以作为编制材料采购预算和生产成本预算的依据。编制生产预算的主要依据是预算期各种产品的预计销售量及存货期初期末资料，具体计算公式为

$$预计生产量=预计销售量+预计期末结存量-预计期初结存量$$

生产预算的要点是确定预算期的产品生产量和期末结存产品数量，前者为编制材料预算、人工预算、制造费用预算等提供基础，后者是编制期末存货预算和预计资产负债表的基础。

【例7-5】假设升达有限公司20×7年年初结存产成品10件，本年各季末结存产成品按下期销售量的一定百分比确定，本例按10%安排期末产成品存货。预计销售量见表7-4。升达有限公司生产预算如表7-5所示。

表7-5　升达有限公司生产预算表

20×7年度　　　　　　　　　　　　　　　　　　　　　单位：件

季度	一	二	三	四	全年
预计销售量	100	150	200	180	630
加：预计期末产成品存货	15	20	18	20	20
合计	115	170	218	200	650
减：预计期初产成品存货	10	15	20	18	10
预计生产量	105	155	198	182	640

(三) 材料采购预算

材料采购预算是为了规划预算期材料消耗情况及采购活动而编制的，用于反映预算期各种材料消耗量、采购量、材料消耗成本和材料采购成本等计划信息的一种业务预算。依据预计产品生产量和材料单位耗用量，确定生产需要耗用量，再根据材料的期初期末结存情况，确定材料采购量，最后根据采购材料的付款情况，确定现金支出情况。

$$某种材料耗用量=产品预计生产量×单位产品定额耗用量$$
$$某种材料采购量=某种材料耗用量+该种材料期末结存量-该种材料期初结存量$$

材料采购预算的要点是反映预算期材料消耗量、采购量和期末结存数量，并确定各预算期材料采购现金支出。材料期末结存量的确定可以为编制期末存货预算提供依据，现金支出的确定可以为编制现金预算提供依据。

【例7-6】年初和年末的材料存货量是根据当前情况和长期销售预测的，每个季度"期末材料存量"根据下一季度生产需用量的一定百分比确定，本例按20%计算。假定期初材料为300千克，期末材料为400千克，假设升达有限公司每季度的购料款于当季支付50%，剩余50%于下一季度支付，应付账款年初余额为120 000元。其他资料如表7-4和表7-5所示。升达有限公司计划年度材料采购预算如表7-6所示。

表7-6 升达有限公司材料采购预算表

20×7年度 金额单位：元

季度	一	二	三	四	全年
预计生产量/件	105	155	198	182	640
单位产品材料用量/(千克/件)	10	10	10	10	10
生产需用量/千克	1 050	1 550	1 980	1 820	6 400
加：预计期末存量/千克	310	396	364	400	400
减：预计期初存量/千克	300	310	396	364	300
预计材料采购量/千克	1 060	1 636	1 948	1 856	6 500
单价	5	5	5	5	5
预计采购金额	5 300	8 180	9 740	9 280	32 500
预计现金支出					
上年应付账款	2 350				2 350
第一季度	2 650	2 650			5 300
第二季度		4 090	4 090		8 180
第三季度			4 870	4 870	9 740
第四季度				4 640	4 640
合计	5 000	6 740	8 960	9 510	30 210

(四) 直接人工预算

直接人工预算是一种既反映预算期内人工工时消耗水平，又规划人工成本开支的业务预算。这项预算是根据生产预算中的预计生产量，以及单位产品所需的直接人工小时和单位小时工资率进行编制的。在通常情况下，企业往往要雇用不同工种的人工，必须按工种类别分别计算不同工种的直接人工小时总数；然后将算得的直接人工小时总数分别乘以各该工种的工资率，再予以合计，即可求得预计直接人工成本的总数。

有关数据具体计算公式如下。

1. 预计产品生产直接人工工时总数

某种产品直接人工总工时 = 单位产品定额工时 × 该产品预计生产量

单位产品定额工时是由产品生产工艺和技术水平决定的，由产品技术和生产部门提供定额标准，产品预计生产量来自生产预算。

2. 预计直接人工总成本

某种产品直接人工总成本 = 单位工时工资率 × 该种产品直接人工工时总量

单位工时工资率来自企业人事部门工资标准和工资总额。

编制直接人工预算时，一般认为各预算期直接人工都是直接以现金发放的，因此不再特别列示直接人工的现金支出。另外，按照我国现行制度规定，在直接工资以外，还需要计提应付福利费，此时应在直接人工预算中根据直接工资总额进一步确定预算期的预计应付福利费，并估计应付福利费的现金支出。为简便，本处假定应付福利费包括在直接人工总额中并全部以现金支付。

直接人工预算的要点是确定直接人工总成本。

【例7-7】假设升达有限公司单位产品耗用工时为10小时，单位工时的工资率为2元，升达有限公司计划年度人工工资预算如表7-7所示。

表7-7　升达有限公司直接人工预算表

20×7年度

季度	一	二	三	四	全年
预计产量/件	105	155	198	182	640
单位产品工时/(小时/件)	10	10	10	10	10
人工总工时/小时	1 050	1 550	1 980	1 820	6 400
每小时人工成本/(元/小时)	2	2	2	2	2
人工总成本/元	2 100	3 100	3 960	3 640	12 800

由于工资一般都要全部支付现金，因此，直接人工预算表中的人工总成本就是现金预算表中的直接人工工资支付额。

(五) 制造费用预算

制造费用预算通常分为变动制造费用预算和固定制造费用预算两部分。变动制造费用预算以生产预算为基础来编制。如果有完善的标准成本资料，用单位产品的标准成本与产量相乘，即可得到相应的预算金额。如果没有标准成本资料，就需要逐项预计计划产量需要的各项制造费用。固定制造费用需要逐项进行预计，通常与本期产量无关，按每季度实际需要的支付额预计，然后求出全年数。

【例7-8】根据前面所编各预算表的资料，编制升达有限公司制造费用预算表，如表7-8所示。

为了便于以后编制产品成本预算，需要计算小时费用率。

变动制造费用小时费用率 = 3 200 ÷ 6 400 = 0.5(元/小时)

固定制造费用小时费用率 = 9 600 ÷ 6 400 = 1.5(元/小时)

表7-8　升达有限公司制造费用预算表

20×7年度　　　　　　　　　　　　　　　　　　　　　　　金额单位：元

季度	一	二	三	四	全年
变动制造费用：					
间接人工 (1元/件)	105	155	198	182	640
间接材料(1元/件)	105	155	198	182	640
修理费(2元/件)	210	310	396	364	1 280
水电费(1元/件)	105	155	198	182	640
小计	525	775	990	910	3 200
固定制造费用：					
修理费	1 000	1 140	900	900	3 940
折旧	1 000	1 000	1 000	1 000	4 000
管理人员工资	200	200	200	200	800
保险费	75	85	110	190	460

（续表）

季度	一	二	三	四	全年
财产税	100	100	100	100	400
小计	2 375	2 525	2 310	2 390	9 600
合计	2 900	3 300	3 300	3 300	12 800
减：折旧	1 000	1 000	1 000	1000	4 000
现金支出的费用	1 900	2 300	2 300	2 300	8 800

为了便于以后编制现金预算，需要预计现金支出。制造费用中，除了折旧费都需支付现金，因此，根据每个季度制造费用数额扣除折旧费后，即可得出现金支出的费用。

(六) 单位产品生产成本预算

单位产品生产成本预算是反映预算期内各种产品生产成本水平的一种业务预算，是在生产预算、直接材料消耗及采购预算、直接人工预算和制造费用预算的基础上编制的，通常应反映各产品单位生产成本。

$$单位产品预计生产成本＝单位产品直接材料成本＋单位产品直接人工成本$$
$$＋单位产品制造费用$$

上述资料分别来自直接材料采购预算、直接人工预算和制造费用预算。

以单位产品生产成本预算为基础，还可以确定期末结存产品成本，计算公式为

$$期末结存产品成本＝期初结存产品成本＋本期产品生产成本－本期销售产品成本$$

公式中的期初结存产品成本和本期销售成本，应该根据具体的存货计价方法确定。确定期末结存产品成本后，可以与预计直接材料期末结存成本一起，一并在期末存货预算中予以反映。本章中期末存货预算略去不做介绍，期末结存产品的预计成本合并在单位产品生产成本中列示。

单位产品生产成本预算的要点，是确定单位产品预计生产成本和期末结存产品预计成本。

【例7-9】假设升达有限公司采用制造成本法计算成本，生产成本包括变动生产成本和固定生产成本。根据前面已编制的各种业务预算表的资料，编制升达有限公司单位产品生产成本预算表，如表7-9所示。

表7-9　升达有限公司单位产品生产成本预算表

20×7年度　　　　　　　　　　　　　　　　　　　　　金额单位：元

项目	单位成本			生产成本	期末存货	销货成本
	每千克或每小时	投入量	成本/元			
直接材料	5.0	10千克	50	32 000	1 000	31 500
直接人工	2.0	10小时	20	12 800	400	12 600
变动制造费用	0.5	10小时	5	3 200	100	3 150
固定制造费用	1.5	10小时	15	9 600	300	9 450
合计			90	57 600	1 800	56 700

（七）销售及管理费用预算

销售及管理费用预算是以价值形式反映整个预算期内为销售产品和维持一般行政管理工作而发生的各项目费用支出预算。该预算与制造费用预算一样，需要划分固定费用和变动费用列示，其编制方法也与制造费用预算相同。在该预算表下也应附列计划期间预计销售费用和管理费用的现金支出计算表，以便编制现金预算。

销售及管理费用预算的要点是确定各个变动及固定费用项目的预算数，并确定预计的现金支出。

【例7-10】假设升达有限公司销售和行政管理部门根据计划期间的具体情况，合并编制销售与管理费用预算表，如表7-10所示。

表7-10　升达有限公司销售与管理费用预算表

20×7年度　　　　　　　　　　　　　　　　　　　　　　金额单位：元

项目	金额
销售费用：	
销售人员工资	2 000
广告费	5 500
包装、运输费	3 000
保管费	2 700
折旧	1 000
管理费用：	
管理人员薪金	4 000
福利费	800
保险费	600
办公费	1 400
折旧	1 500
合计	22 500
减：折旧	2 500
每季度支付现金	5 000

二、专门决策预算的编制

专门决策预算主要是长期投资预算，又称资本支出预算，通常是指与项目投资决策相关的专门预算，它往往涉及长期建设项目的资金投放与筹集，并经常跨越多个年度。编制专门决策预算的依据，是项目财务可行性分析资料及企业筹资决策资料。

专门决策预算的要点是准确反映项目资金投资支出与筹资计划，它同时是编制现金预算和预计资产负债表的依据。

【例7-11】假设升达有限公司决定于20×7年上马一条新的生产线，年内安装完毕，并于年末投入使用，有关投资与筹资预算如表7-11所示。

表7-11 升达有限公司专门决策预算表

20×7年度 金额单位：元

项目	一季度	二季度	三季度	四季度	全年
投资支出预算	50 000	—	—	80 000	130 000
借入长期借款	30 000	—	—	60 000	90 000

三、财务预算的编制

(一) 现金预算

现金预算是以业务预算和专门决策预算为依据编制的、专门反映预算期内预计现金收入与现金支出，以及为满足理想现金余额而进行现金投融资的预算。

现金预算由期初现金余额、现金收入、现金支出、现金余缺、现金投放与筹措五部分组成。

$$期初现金余额 + 现金收入 - 现金支出 = 现金余缺$$

财务管理部门应根据现金余缺与期末现金余额的比较，来确定预算期现金投放或筹措。当现金余缺大于期末现金余额时，应将超过期末余额以上的多余现金进行投资；当现金余缺小于现金余额时，应筹措现金，直到现金总额达到要求的期末现金余额。

$$现金余缺 + 现金筹措(现金不足时) = 期末现金余额$$
$$现金余缺 - 现金投放(现金多余时) = 期末现金余额$$

【例7-12】根据前面编制的各业务预算表和决策预算表的资料，编制现金预算。升达有限公司现金预算如表7-12所示。

表7-12 升达有限公司现金预算表

20×7年度 金额单位：元

项目	一季度	二季度	三季度	四季度	全年
期初现金余额	8 000	3 200	3 060	3 040	8 000
加：现金收入	18 200	26 000	36 000	37 600	117 800
可供使用现金	26 200	29 200	39 060	40 640	125 800
减：现金支出					
直接材料	5 000	6 740	8 960	9 510	30 210
直接人工	2 100	3 100	3 960	3 640	12 800
制造费用	1 900	2 300	2 300	2 300	8 800
销售及管理费用	5 000	5 000	5 000	5 000	20 000
所得税费用	4 000	4 000	4 000	4 000	16 000
购买设备	50 000			80 000	130 000
股利				8 000	8 000
现金支出合计	68 000	21 140	24 220	112 450	225 810
现金余缺	(41 800)	8 060	14 840	(71 810)	(100 010)

项目	一季度	二季度	三季度	四季度	全年
现金筹措与运用					
借入长期借款	30 000			60 000	90 000
取得短期借款	20 000			22 000	42 000
归还短期借款			6 800		6 800
短期借款利息(年利10%)	500	500	500	880	2 380
长期借款利息(年利12%)	4 500	4 500	4 500	6 300	19 800
期末现金余额	3 200	3 060	3 040	3 010	3 010

　　其中，"期初现金余额"是在编制预算时预估的，下一季度的期初现金余额等于上一季度的期末现金余额，全年的期初现金余额指的是年初的现金余额，所以等于第一季度的期初现金余额；"现金收入"的主要来源是销货取得的现金收入，销货取得的现金收入数据来自销售预算。"现金支出"部分包括预算期的各项现金支出。"直接材料""直接人工""制造费用""销售及管理费用""购买设备"的数据分别来自前述有关预算。此外，还包括所得税费用、股利分配等现金支出，有关的数据分别来自另行编制的专门预算。

　　财务管理部门应根据现金余缺与理想期末现金余额的比较，并结合固定的利息支出数额及其他因素，来确定预算期现金运用或筹措的数额。本例中理想的现金余额是3 000元，如果资金不足，可以取得短期借款，银行的要求是，借款额必须是1 000元的整数倍。本例中借款利息按季支付，编制现金预算时假设新增借款发生在季度的期初，归还借款发生在季度的期末(如果需要归还借款，先归还短期借款，归还的数额为100元的整数倍)。本例中，升达有限公司上年末的长期借款余额为120 000元，所以第一季度、第二季度、第三季度的长期借款利息均为(120 000 +30 000)×12%÷4=4 500元，第四季度的长期借款利息为(120 000+30 000+60 000) ×12 %÷4=6 300元。

　　由于第一季度的长期借款利息支出为4 500元，理想的现金余额是3 000元，所以，"现金余缺+借入长期借款30 000"的结果只要小于7 500元，就必须取得短期借款，而第一季度的现金余缺是-41 800元，所以需要取得短期借款。本例中升达有限公司上年末不存在短期借款，假设第一季度需要取得的短期借款为W元，则根据理想的期末现金余额要求可知：-41 800+30 000+W-W×10 %÷4-4 500=3 000，解得：W=19 794.88元。由于按照要求必须是1 000元的整数倍，故第一季度需要取得20 000元的短期借款，支付20 000×10%÷4=500元短期借款利息，期末现金余额=-41 800+30 000+20 000-500-4 500=3 200元。

　　第二季度的现金余缺是8 060元，如果既不增加短期借款也不归还短期借款，则需要支付500元的短期借款利息和4 500元的长期借款利息，期末现金余额=8 060-500-4 500=3 060元，刚好符合要求。如果归还借款，由于必须是100元的整数倍，所以必然导致期末现金余额小于3 000元，因此，不能归还借款。期末现金余额为3 060元。

　　第三季度的现金余缺是14 840元，固定的利息支出为500+4 500=5 000元，所以按照理想的现金余额3 000元的要求，最多可以归还14 840-5 000-3 000=6 840元短期借款，由于必须是100元的整数倍，故可以归还的短期借款为6 800元，期末现金余额=14 840-5 000-6 800=3 040元。

第四季度的现金余缺是-71 810元，固定的利息支出=(20 000-6 800)×10%÷4+6 300=6 630元，第四季度的现金余缺+借入的长期借款=-71 810 +60 000=-11 810元，小于"固定的利息支出6 630+理想的现金余额3 000"，所以需要取得短期借款。假设需要取得的短期借款为W元，则根据理想的期末现金余额要求可知：-11 810+W-W×10%÷4-6 630=3 000，解得W=21 989.74元，由于必须是1 000元的整数倍，故第四季度应该取得短期借款22 000元，支付短期借款利息(20 000-6 800+22 000)×10%÷4=880元，期末现金余额=-71 810+60 000+22 000-880-6 300=3 010元。全年的期末现金余额指的是年末的现金余额，即第四季度末的现金余额，所以应该是3 010元。

(二) 预计利润表

预计利润表用来综合反映企业在计划期的预计经营成果，是企业最主要的财务预算表之一。编制预计利润表的依据是各业务预算、专门决策预算和现金预算。

【例7-13】以前面所编制的各种预算为资料来源，编制升达有限公司预计利润表，如表7-13所示。

表7-13　升达有限公司预计利润表

20×7年度　　　　　　　　　　　　　　　　　　　金额单位：元

项目	金额
销售收入	126 000
销售成本	56 700
毛利	69 300
销售及管理费用	22 500
利息	22 180
利润总额	24 620
所得税费用(估计)	16 000
净利润	8 620

其中，"销售收入"项目的数据来自销售收入预算；"销售成本"项目的数据来自产品成本预算；"毛利"项目的数据是前两项的差额；"销售及管理费用"项目的数据来自销售及管理费用预算；"利息"项目的数据来自现金预算。

另外，"所得税费用"项目是在做利润规划时估计的，并已列入现金预算。它通常不是根据"利润总额"和所得税税率计算出来的，因为有诸多纳税调整的事项存在。此外，从预算编制程序上看，如果根据"利润总额"和税率重新计算所得税，就需要修改"现金预算"，引起信贷计划修订，进而改变"利息"，最终又要修改"利润总额"，从而陷入数据的循环修改。

(三) 预计资产负债表

预计资产负债表用来反映企业在计划期末预计的财务状况。它的编制需以计划期开始日的资产负债表为基础，结合计划期间各项业务预算、专门决策预算、现金预算和预计利润表进行编制。它是编制全面预算的终点。

【例7-14】根据升达有限公司期初资产负债表及计划期各项预算中的有关资料进行调整，编制出20×7年年末的预计资产负债表，如表7-14所示。

表7-14 升达有限公司预计资产负债表

20×7年12月31日 金额单位：元

资产	年初余额	年末余额	负债和股东权益	年初余额	年末余额
流动资产：			流动负债：		
货币资金	8 000	3 010	短期借款	0	35 200
应收账款	6 200	14 400	应付账款	2 350	4 640
存货	2 400	3 800	流动负债合计	2 350	39 840
流动资产合计	16 600	21 210	非流动负债：		
非流动资产：			长期借款	120 000	210 000
固定资产	43 750	37 250	非流动负债合计	120 000	210 000
在建工程	100 000	230 000	负债合计	122 350	249 840
非流动资产合计	143 750	267 250	股东权益		
			股本	20 000	20 000
			资本公积	5 000	5 000
			盈余公积	10 000	10 000
			未分配利润	3 000	3 620
			股东权益合计	38 000	38 620
资产总计	160 350	288 460	负债和股东权益合计	160 350	288 460

第四节 预算的执行与考核

一、预算的执行

企业预算一经批复下达，各预算执行单位就必须认真组织实施，将预算指标层层分解，从横向到纵向落实到内部各部门、各单位、各环节和各岗位，形成全方位的预算执行体系。

企业应当将预算作为预算期内组织、协调各项经营活动的基本依据，将年度预算细分为月份和季度预算，通过分期预算控制，确保年度预算目标的实现。

企业应当强化现金流量的预算管理，按时组织预算资金的收入，严格控制预算资金的支付，调节资金收支平衡，控制支付风险。

对于预算内的资金拨付，则按照授权审批程序执行。对于预算外的项目支出，应当按预算管理制度规范支付程序。对于无合同、无凭证、无手续的项目支出，不予支付。

企业应当严格执行销售、生产和成本费用预算，努力完成利润指标。在日常控制中，企业应当健全凭证记录，完善各项管理规章制度，严格执行生产经营月度计划和成本费用的定额、定率标准，加强实时监控。对预算执行中出现的异常情况，企业有关部门应及时查明原因，提出解决办法。

企业应当建立预算报告制度，要求各预算执行单位定期报告预算的执行情况。对于预算执行中发现的新情况、新问题及出现偏差较大的重大项目，企业财务管理部门及预算委员会应当责成有关预算执行单位查找原因，提出改进经营管理的措施和建议。

企业财务管理部门应当利用财务报表监控预算的执行情况，及时向预算执行单位、企业预算委员会，以及董事会或经理办公会提供财务预算的执行进度、执行差异及其对企业预算目标的影响等财务信息，促进企业完成预算目标。

二、预算的调整

企业正式下达执行的预算，一般不予调整。预算执行单位在执行中由于市场环境、经营条件、政策法规等发生重大变化，致使预算的编制基础不成立，或者将导致预算执行结果产生重大偏差的，可以调整预算。

企业应当建立内部弹性预算机制，对于不影响预算目标的业务预算、资本预算、筹资预算之间的调整，企业可以按照内部授权审批制度执行，鼓励预算执行单位及时采取有效的经营管理对策，保证预算目标的实现。

企业调整预算，应当由预算执行单位逐级向企业预算委员会提出书面报告，阐述预算执行的具体情况、客观因素变化情况及其对预算执行造成的影响程度，提出预算指标的调整幅度。

企业财务管理部门应当对预算执行单位的预算调整报告进行审核分析，集中编制企业年度预算调整方案，提交预算委员会以及企业董事会或经理办公会审议批准，然后下达执行。

对于预算执行单位提出的预算调整事项，企业进行决策时，一般应当遵循以下要求：

(1) 预算调整事项不能偏离企业发展战略；

(2) 预算调整方案应当在经济上能够实现最优化；

(3) 预算调整重点应当放在预算执行中出现的重要的、非正常的、不符合常规的关键性差异方面。

三、预算的分析与考核

企业应当建立预算分析制度，由预算委员会定期召开预算执行分析会议，全面掌握预算的执行情况，研究、解决预算执行中存在的问题，纠正预算的执行偏差。

开展预算执行分析，企业管理部门及各预算执行单位应当充分收集有关财务、业务、市场、技术、政策、法律等方面的信息资料，根据不同情况分别采用比率分析、比较分析、因素分析、平衡分析等方法，从定量与定性两个层面充分反映预算执行单位的现状、发展趋势及其存在的潜力。

针对预算的执行偏差，企业财务管理部门及各预算执行单位应当充分、客观地分析偏差产生的原因，提出相应的解决措施或建议，提交董事会或经理办公会研究决定。

企业预算委员会应当定期组织预算审计，纠正预算执行中存在的问题，充分发挥内部审计的监督作用，维护预算管理的严肃性。

预算审计可以采用全面审计或者抽样审计。在特殊情况下，企业也可组织不定期的专项审计。审计工作结束后，企业内部审计机构应当形成审计报告，直接提交预算委员会以及董事会或经理办公会，作为预算调整、改进内部经营管理和财务考核的一项重要参考。

预算年度终了，预算委员会应当向董事会或者经理办公会报告预算执行情况，并依据预算完成情况和预算审计情况对预算执行单位进行考核。

企业内部预算执行单位上报的预算执行报告，应经本部门、本单位负责人按照内部议事规范审议通过，作为企业进行财务考核的基本依据。企业预算按调整后的预算执行，预算完成情况以企业年度财务会计报告为准。

企业预算执行考核是企业绩效评价的主要内容，应当结合年度内部经济责任制进行考核，与预算执行单位负责人的奖惩挂钩，并作为企业内部人力资源管理的参考。

思考练习

一、单选题

1. 对制造费用的控制一般采用编制( )。
    A. 固定预算   B. 零基预算
    C. 滚动预算   D. 弹性预算

2. 全面预算的编制从( )开始。
    A. 销售预算   B. 生产预算
    C. 现金预算   D. 财务预算

3. 下列项目中，不属于全面预算体系具体构成内容的是( )。
    A. 销售预算   B. 财务预算
    C. 专门决策预算   D. 弹性预算

4. 按照管理会计的全面预算理论，能克服增量预算缺点的预算方法是( )。
    A. 弹性预算   B. 零基预算
    C. 滚动预算   D. 固定预算

5. 下列各项预算中，构成全面预算体系终结点的是( )。
    A. 预计财务报表   B. 销售预算
    C. 专门决策预算   D. 期末存货预算

二、多选题

1. 全面预算的内容包括( )。
    A. 业务预算   B. 标准预算
    C. 财务预算   D. 专门决策预算

2. 属于现金预算组成部分的有( )。
    A. 现金收入   B. 现金支出
    C. 现金结余   D. 资金融通

3. 包括预期的现金支出计算的预算有( )。
    A. 销售预算   B. 制造费用预算
    C. 销售与管理费用预算   D. 直接人工预算

4. 下列哪些预算是以生产预算为基础编制的( )。

    A. 销售预算　　　　　　　　　　B. 直接材料预算

    C. 直接人工预算　　　　　　　　D. 现金预算

5. 编制产品成本预算，是为( )的编制做准备。

    A. 现金预算　　　　　　　　　　B. 期末存货预算

    C. 销售预算　　　　　　　　　　D. 预计资产负债表

三、判断题

1. 因为生产会制约销售，所以全面预算应以生产预算为编制起点。　　( )

2. 弹性预算必须以成本按性态分类为基础。　　( )

3. 在编制零基预算时，应以企业现有的费用水平为基础。　　( )

4. 零基预算一般要对各项预算方案进行成本—效益分析。　　( )

5. 滚动预算的预算期始终保持一定期限，并连续不断，因此也称静态预算。　　( )

四、计算分析题

升达有限公司计划年度产销A产品，有关材料如下。

(1) 本年末的简明资产负债表如表7-15所示。

表7-15　简明资产负债表

金额单位：元

项目	金额	项目	金额
现金	10 274	短期借款	50 000
应收账款	150 000	应付账款	80 000
原材料	95 600	应付税金	26 900
产成品	82 026	实收资本	528 000
固定资产	639 000	未分配利润	67 000
累计折旧	(225 000)		
资产合计	751 900	权益合计	751 900

(2) 计划年度销售及存货结余如表7-16所示。

表7-16　计划年度销售及存货结余

项目	甲产成品/件	甲材料/千克	乙材料/千克
计划期初存量	930	9 000	4 520
预计一季度销售量	3 000		
预计二季度销售量	3 500		
预计三季度销售量	3 600		
预计四季度销售量	3 200		
预计一季度末存量	950	9 800	4 000
预计二季度末存量	960	10 000	4 500
预计三季度末存量	1 000	9 000	4 200
预计四季度末存量	900	8 500	3 800

甲产品每件售价130元，每季的商品销售在当季收到货款的占70%，其余部分在下季收讫；甲材料每千克采购价5.6元，乙材料每千克采购价10元，每季的购料款当季支付60%，其余在下一季度支付。

(3) 材料和人工耗用情况如表7-17所示。

表7-17 材料和人工耗用情况

项目	甲产品单耗
甲材料	6.0千克
乙材料	4.2千克
人工小时	2.0小时

另外：①直接人工每小时工资率5元；②全年预计折旧费120 000元，管理、保险、维护等其他固定制造费用11 670元，变动制造费用分配率为1.3元/小时；③全年预计发生固定期间费用84 700元，单位变动期间费用为1元/件。

(4) 公司其他现金收支情况如下。

①一季度末支付上年应付所得税26 900元，计划年度各季度末均预付当季所得税25 000元；②年末资产负债表上的银行借款为50 000元，期限为6个月，于计划年度的第一季度末到期，利率为5%，本息一次性偿还。

(5) 公司要求的现金最低存量为10 000元，不足可向银行借款，借款利率按5%计算，在还款时付息(假定所有借款都发生在每季度初，而还款均发生在每季度末)。

要求：根据上述资料，编制该公司计划年度的全面预算(见表7-18～表7-30)。

表7-18 销售预算

金额单位：元

项目		一季度	二季度	三季度	四季度	全年
预计销售量/件						
销售单价/(元/件)						
预计销售额/元						
预计现金收入	期初应收账款余额					
	一季度销售收入					
	二季度销售收入					
	三季度销售收入					
	四季度销售收入					
	合计					
	期末应收账款余额					

表7-19 生产预算

单位：件

项目	一季度	二季度	三季度	四季度	全年
预计销售量					
加：期末存货					
减：期初存货					
预计生产量					

表7-20　甲材料采购预算

项目	一季度	二季度	三季度	四季度	全年
甲产品产量/件					
甲产品单耗/(千克/件)					
甲产品材料耗用量/千克					
加：期末存货/千克					
减：期初存货/千克					
预计购料量/千克					
计划单价/(元/千克)					
预计采购金额/元					

表7-21　乙材料采购预算

项目	一季度	二季度	三季度	四季度	全年
乙产品产量/件					
乙产品单耗/(千克/件)					
乙产品材料耗用量/千克					
加：期末存货/千克					
减：期初存货/千克					
预计购料量/千克					
计划单价/(元/千克)					
预计采购金额/元					
甲乙采购金额合计/元					

表7-22　应付账款预算

金额单位：元

项目	金额及发生额	一季度	二季度	三季度	四季度
应付账款期初余额					
第一季度采购额					
第二季度采购额					
第三季度采购额					
第四季度采购额					
应付账款期末余额					
合计					

表7-23　直接人工预算

摘要	甲产品合计	一季度	二季度	三季度	四季度
预计生产量/件					
标准工时/(小时/件)					
预计工时/小时					
标准工资率/(元/小时)					
直接人工成本总额/元					

表7-24　制造费用预算

金额单位：元

项目		一季度	二季度	三季度	四季度	全年
变动费用	预计工时/小时					
	标准分配率/(元/小时)					
	小计					
固定费用						
合计						
减：折旧费						
付现费用						
制造费用预计						
每季现金支出总额						

表7-25　甲产品成本预算及期末存货预算

成本项目		单耗	单价/元	单位成本/元	生产成本/元
直接材料	甲材料				
	乙材料				
直接人工					
变动制造费用					
合计					
期末存货预算	摘要			甲产品	
	期末存货数量/件				
	标准成本/(元/件)				
	期末存货金额/元				

表7-26　销售及管理费用预算

摘要	一季度	二季度	三季度	四季度	全年
预计销售量/件					
单位变动费用/元					
预计变动费用/元					
预计固定费用/元					
合计/元					
预计每季现金支出总额/元					

表7-27　专门决策预算

金额单位：元

项目	一季度	二季度	三季度	四季度	全年
支付所得税					
偿还借款					
支付利息					

表7-28 年度现金预算

金额单位：元

项目	一季度	二季度	三季度	四季度	全年
期初现金余额					
加：现金收入					
可动用现金合计					
减：现金支出					
采购材料					
支付工资					
制造费用					
销售及管理费用					
支付所得税					
现金支出合计					
收支相抵					
融通资金：					
向银行借款					
归还借款					
支付利息					
融通资金合计					
期末现金余额					

表7-29 年度预计利润表

金额单位：元

项目	金额
销售收入	
减：变动成本	
变动生产成本	
变动销售及管理费用	
贡献边际总额	
减：固定成本	
固定制造成本	
固定销售及管理费用	
息税前利润	
减：利息费用	
税前利润	
减：所得税	
税后利润	

表7-30　年度预计资产负债表

金额单位：元

资产项目	金额	权益项目	金额
现金		短期借款	
应收账款		应付账款	
原材料		应付税金	
产成品		实收资本	
固定资产		未分配利润	
累计折旧			
资产合计		权益合计	

第八章

标准成本法

【学习目标】
- 了解标准成本的概念、标准成本的作用与分类，以及成本差异的账务处理方法。
- 掌握标准成本的制定方法。
- 掌握成本差异的计算与分析方法。

第一节　标准成本概述

一、标准成本的概念

所谓标准成本，是指按照事先制定的成本项目，在已经达到的生产技术水平和有效经营管理条件下应当达到的单位产品成本目标。它与预算成本都属于未来成本，不过标准成本属于单位成本的范畴，预算成本属于总成本的范畴。在标准成本控制系统中，按标准成本编制的预算成本就是标准成本总额，等于一定业务量与标准成本的乘积。

二、标准成本的作用

标准成本的作用主要有以下几点。

(1) 便于企业编制预算和进行预算控制。事实上，标准成本本身就是单位成本预算。例如，在编制直接人工成本预算时，首先要确定每生产一个产品所需耗费的工时数以及每小时的工资率，然后用它乘以预算的产品产量，就可以确定总人工成本预算数。

(2) 可以有效地控制成本支出。在领料、用料、安排工时和人力时，均以标准成本作为事前和事中控制的依据。

(3) 可以为企业的例外管理提供数据。以标准成本为基础与实际成本进行比较产生的差异，是企业进行例外管理的必要信息。

(4) 可以帮助企业进行产品的价格决策和预测。例如，在给新产品定价时，通常可以在标准成本的基础上加一定的利润来确定其价格。

(5) 可以简化存货的计价以及成本核算的账务处理工作。标准成本法下，原材料、在产品和产成品均以标准成本计价，所产生的差异均可由发生期负担，这样一来，在成本计算方面可以大大减少核算的工作量。

三、标准成本的分类

从理论上看，在制定标准成本时，根据所要求达到的效率的不同，可以把标准成本分为理想标准成本、正常标准成本和现实标准成本三种类型。

(一) 理想标准成本

理想标准成本是指以现有技术设备处于最佳状态，经营管理没有任何差错为前提所确定的标准成本。由于这种标准成本是在假定没有材料浪费、设备不发生事故、产品无废品、工时全有效的基础上制定的，故而在实际工作中很难达到，高不可攀，所以它不适合被选为现行标准成本，否则，将挫伤经营者的积极性。

(二) 正常标准成本

正常标准成本是指企业在过去一段时期内实际成本平均值的基础上，剔除其中生产经营活动中的不正常因素，并考虑未来的变动趋势而制定的标准成本。这种标准成本实质上是企业在生产经营能力得到正常发挥的条件下就可以实现的成本目标。由于它的水平偏低，故不宜作为企业未来成本控制的奋斗目标。

(三) 现实标准成本

现实标准成本又称期望可达到的标准成本。它是指根据企业近期最可能发生的生产要素消耗数量、生产要素价格和生产经营能力利用程度而制定的，并通过有效的经营管理活动应达到的标准成本。这种成本从企业实际出发，考虑企业一时还不能完全避免的成本或损失，具有一定的可操作性，同时又能对改进成本管理水平提出合理要求。它是一种既先进又合理，最切实可行又接近实际的，经过努力可以实现的成本目标。因此，它是目前主要西方国家在制定标准成本时首选的标准成本。

第二节　标准成本的制定过程

一、标准成本的一般公式

产品的标准成本是由产品的直接材料标准成本、直接人工标准成本及制造费用标准成本组成的。任何成本项目的标准成本都需要制定数量标准和价格标准，然后二者相乘得出该成本项目的标准成本。其计算公式如下。

某一成本项目标准成本=该成本项目的数量标准×该成本项目的价格标准
单位产品标准成本=直接材料标准成本+直接人工标准成本+制造费用标准成本

二、标准成本的制定

(一) 直接材料标准成本

直接材料标准成本的计算公式为

直接材料标准成本=直接材料数量标准×直接材料价格标准

1. 直接材料的数量标准

直接材料的数量标准是指在现有生产技术条件下，生产单位产品所需要的材料数量，通常也称为材料消耗定额，其中应当包括废品损失的消耗数量。材料消耗数量标准一般由生产技术部门制定，定额制度健全的企业也可以根据材料消耗定额来制定。

2. 直接材料的价格标准

直接材料的价格标准是指预计购买材料应当支付的价格，即标准单价，一般包括买价、运杂费、保险费和检验费等成本费用，通常由财务部门和采购部门协商制定。

【例8-1】20×7年升达有限公司有关甲产品直接材料的资料如表8-1所示。

表8-1 甲产品直接材料的有关资料

项目	材料	
	材料A	材料B
单位产品耗用量标准/千克		
主要材料耗用量	9.0	12.0
辅助材料耗用量	2.0	1.6
必要损耗量	1.0	0.4
价格标准/元		
预计发票价格	6.0	8.0
运载检验费	0.8	0.4
正常损耗	0.2	0.6

要求：确定甲产品直接材料的标准成本。

解：根据资料计算如下。

单位产品A材料标准耗用量=9+2+1=12(千克)

单位产品B材料标准耗用量=12+1.6+0.4=14(千克)

A材料标准单价=6+0.8+0.2=7(元/千克)

B材料标准单价=8+0.4+0.6=9(元/千克)

单位产品A材料标准成本=12×7=84(元/件)

单位产品B材料标准成本=14×9=126(元/件)

单位甲产品直接材料的标准成本=84+126=210(元/件)

(二) 直接人工标准成本

直接人工标准成本的计算公式为

直接人工标准成本=人工工时消耗数量标准×直接人工价格标准

1. 人工工时消耗数量标准

人工工时消耗数量标准是指直接生产工人生产单位产品所需要的标准工时,也称工时消耗定额,它不仅包括正常生产条件下生产单位产品需要的生产时间,还包括必要的间歇和停工工时,以及不可避免的废品耗用工时,通常由劳动工资部门和生产技术部门根据技术测定和统计调查资料确定。

2. 直接人工价格标准

直接人工价格标准是指标准工资率。如果采用计件工资制,工资率标准就是生产单位产品所支付的生产工人工资,即计件工资单价。如果采用计时工资制,工资率标准就是生产工人每一工作小时所应分配的工资及应付福利费之和,即小时工资率。其计算公式为

直接人工价格标准=预计支付直接人工工资总额÷标准总工时

【例8-2】20×7年升达有限公司有关甲产品直接人工的资料如表8-2所示。

表8-2 甲产品直接人工的有关资料

项目	工序	
	第一道工序	第二道工序
单位产品工时标准/小时		
直接加工工时	2.5	1.6
工间休息时间	0.4	0.2
设备调整时间	0.1	0.2
小时工资率标准/(元/小时)		
月工资总额	18 000	26 784
生产工人人数	20	30
每人月工时数(24天×8小时)	192	192
月出勤率	93.75%	96.88%

要求:确定甲产品直接人工的标准成本。

解:每道工序的标准成本计算如下。

第一道工序单位产品标准工时=2.5+0.4+0.1=3(小时/件)

第二道工序单位产品标准工时=1.6+0.2+0.2=2(小时/件)

第一道工序可用工时总量=192×93.75%×20=3 600(小时)

第二道工序可用工时总量=192×96.88%×30=5 580(小时)

第一道工序标准小时工资率=18 000/3 600=5(元/小时)

第二道工序标准小时工资率=26 784/5 580=4.8(元/小时)

第一道工序人工标准成本=3×5=15(元/件)

第二道工序人工标准成本=2×4.8=9.6(元/件)

单位甲产品直接人工的标准成本=15+9.6=24.6(元/件)

(三) 制造费用标准成本

制造费用的标准成本是按部门分别编制,然后将同一产品涉及的各部门单位制造费用标准加以汇总,得出整个产品制造费用标准成本。因为制造费用分为变动性制造费用和固

定性制造费用，所以各部门的制造费用标准成本也可以分为变动性制造费用标准成本和固定性制造费用标准成本。

1. 变动性制造费用标准成本

(1) 变动性制造费用的数量标准。变动性制造费用的数量标准通常采用单位产品直接人工工时标准，它在直接人工标准成本制定时已经确定。有的企业采用机器工时，不管是采用人工工时标准还是机器工时标准，都应尽可能与变动性制造费用保持较好的线性关系。

(2) 变动性制造费用的价格标准。变动性制造费用的价格标准是每一工时变动性制造费用的标准分配率。相关计算公式为

变动性制造费用标准分配率＝变动性制造费用预算总额÷直接人工标准总工时

变动性制造费用标准成本＝变动性制造费用的数量标准×变动性制造费用的价格标准

＝单位产品直接人工的标准工时×变动性制造费用标准分配率

计算出产品在各车间的变动性制造费用标准成本以后，将其汇总得出单位产品的变动性制造费用标准成本。

【例8-3】20×7年升达有限公司有关甲产品变动性制造费用的资料如表8-3所示。

表8-3　甲产品变动性制造费用的有关资料

金额单位：元

车间项目	第一车间	第二车间
单位产品工时标准/(小时/件)	2	1
生产量标准(人工工时)	5 000	8 000
变动性制造费用预算：		
运输	1 000	2 100
电力	400	2 400
消耗材料	4 000	1 800
间接人工	2 000	3 900
燃料	400	1 400
其他	200	400
合计	8 000	12 000

要求：确定甲产品变动性制造费用的标准成本。

解：甲产品变动性制造费用的分析如表8-4所示。

表8-4　甲产品变动性制造费用分析计算表

金额单位：元

项目	车间	
	第一车间	第二车间
单位产品工时标准/(小时/件)	2	1
生产量标准(人工工时)	5 000	8 000
变动性制造费用预算：		
运输	1 000	2 100
电力	400	2 400

（续表）

项目	车间	
	第一车间	第二车间
消耗材料	4 000	1 800
间接人工	2 000	3 900
燃料	400	1 400
其他	200	400
合计	8 000	12 000
变动性制造费用标准分配率	8 000/5 000=1.6	12 000/8 000=1.5
变动性制造费用标准成本/元	2×1.6=3.2	1×1.5=1.5
单位产品标准变动性制造费用/元	3.2+1.5=4.7	

2. 固定性制造费用标准成本

(1) 固定性制造费用的数量标准。固定性制造费用的数量标准与变动性制造费用的数量标准相同，包括直接人工工时和机器工时，两者要保持一致，以便进行差异分析。这个数量标准在制定直接人工数量标准时已经确定。

(2) 固定性制造费用的价格标准。固定性制造费用的价格标准是每一工时固定性制造费用的标准分配率。相关计算公式为

固定性制造费用标准分配率=固定性制造费用预算总额÷直接人工标准总工时

固定性制造费用标准成本=固定性制造费用的数量标准×固定性制造费用的价格标准

=单位产品直接人工的标准工时×固定性制造费用标准分配率

应该注意的是：如果企业采用变动成本计算，固定性制造费用不计入产品成本，因此单位产品的标准成本中不包括固定性制造费用的标准成本。在此种情况下，不需要制定固定性制造费用的标准成本，固定性制造费用的控制则通过预算管理来进行。如果采用完全成本法计算，固定性制造费用要计入产品成本，还需要确定其标准成本。

计算出产品在各车间的固定性制造费用标准成本以后，将其汇总得出单位产品的固定性制造费用标准成本。

【例8-4】20×7年升达有限公司有关甲产品固定性制造费用的资料如表8-5所示。

表8-5　甲产品固定性制造费用有关资料

金额单位：元

项目	车间	
	第一车间	第二车间
固定性制造费用：		
折旧费	400	2 000
管理人员工资	1 500	2 300
间接人工	500	700
保险费	300	600
其他	300	400
合计	3 000	6 000
生产量标准(人工工时)	5 000	10 000
直接人工用量标准(人工工时)	2	1

要求：确定甲产品固定性制造费用的标准成本。

解：甲产品固定性制造费用的分析如表8-6所示。

表8-6 甲产品固定性制造费用分析计算表

金额单位：元

项目	车间	
	第一车间	第二车间
固定性制造费用：		
折旧费	400	2 000
管理人员工资	1 500	2 300
间接人工	500	700
保险费	300	600
其他	300	400
合计	3 000	6 000
生产量标准(人工工时)	5 000	10 000
直接人工用量标准(人工工时)	2	1
固定性制造费用标准分配率	0.6	0.6
固定性制造费用标准成本	1.2	0.6
单位产品标准固定性制造费用	1.2+0.6=1.8	

第三节 成本差异概述

一、成本差异的种类

成本差异是指在标准成本制度下，企业在一定时期生产一定数量的产品所发生的实际成本与相关的标准成本之间的差额。

成本差异可以按照不同标准分为多种类型。

(一) 按成本差异构成内容不同进行分类

按成本差异构成内容不同，可将成本差异分为总差异、直接材料成本差异、直接人工成本差异和制造费用成本差异。

1. 总差异

总差异即生产某种产品的实际总成本与总的标准成本之间的差异。总差异可以概括反映企业成本管理工作的总体情况。

2. 直接材料成本差异

直接材料成本差异即生产一定数量的某种产品实际耗用的直接材料成本与相关的标准成本之间的差异。

3. 直接人工成本差异

直接人工成本差异即生产一定数量的某种产品实际耗用的直接人工成本与相关的标准成本之间的差异。

4. 制造费用成本差异

制造费用成本差异即生产一定数量的某种产品实际发生的制造费用支出与标准制造费用之间的差异。

这种成本差异的划分方法只是静态地指明了差异的最终结果及主要构成因素，不能表明各种差异形成的具体原因。

(二) 按成本差异形成过程不同进行分类

按成本差异形成过程不同，可将成本差异分为价格差异与数量差异。

1. 价格差异

价格差异是指由于直接材料、直接人工和变动性制造费用等要素的实际价格与标准价格不一致而产生的成本差异。其计算公式为

$$价格差异 = 实际产量下的实际数量 \times (实际价格 - 标准价格)$$
$$= 实际产量下的实际数量 \times 价差$$

2. 数量差异

数量差异是指由于直接材料、直接人工和变动性制造费用等各要素实际数量消耗与标准数量消耗不一致而产生的成本差异。其计算公式为

$$数量差异 = 标准价格 \times (实际产量下的实际数量 - 实际产量下的标准数量)$$
$$= 标准价格 \times 实际产量下的实际数量差$$

(三) 按成本差异与其他因素的关系不同进行分类

按成本差异与其他因素的关系不同，可将成本差异分为纯差异和混合差异。

1. 纯差异

纯差异是指假定其他因素在某一标准基础上不变，由于某个因素变动所形成的成本差异，如纯数量差异就是标准价格与实际产量下的数量差之积；纯价格差异则是价格差与标准数量之积。

2. 混合差异

混合差异是指将总差异扣除所有纯差异后的剩余差异，它等于价格差与数量差之积。对混合差异的处理方法通常有三种。

(1) 将其分离出来，单独列示，由企业管理部门承担责任。因为这种差异的数额一般较小，产生的原因又较复杂，所以不是控制的重点所在。

(2) 将混合差异按项平均或按比重在各种差异之间进行分配。其根据是混合差异的产生是由价格和数量两个因素共同变动的结果，应当由它们共同承担。

(3) 为简化计算，不单独计算混合差异，而是将其直接归并于某项差异。

在标准成本制度下，对混合差异采取了第三种方法，因为首先企业的数量差异大多是可控差异，为抓住主要矛盾，需要把它算得细一些，而引起价格变动的原因比较复杂，不易控制，可算得粗一些，将混合差异与纯价格差异合并。其次，从最初的责任看，混合差异也应当计入价格差异。因为任何一项成本的发生，其价格差都先于数量差，如材料是先采购后耗用，因此，某期生产耗用数量的变化只是把早已形成的价格差异归属于特定期间的特定产品。

(四) 按成本差异是否可以控制进行分类

按成本差异是否可以控制，可将成本差异分为可控差异和不可控差异。

1. 可控差异

可控差异是指与主观努力程度相联系而形成的差异，又称为主观差异，它是成本差异控制的重点所在。

2. 不可控差异

不可控差异是指与主观努力程度关系不大，主要受客观原因影响而形成的差异，又称为客观差异。这种成本差异的划分方法有利于调动有关方面进行成本控制的积极性，有利于对成本指标的考核与评价。

(五) 按成本差异性质的不同进行分类

按成本差异性质的不同，可将成本差异分为有利差异和不利差异。

1. 有利差异

有利差异是指实际成本低于标准成本而形成的节约差，通常用"F"表示。

2. 不利差异

不利差异是指实际成本高于标准成本而形成的超支差，通常用"U"表示。

在这里，有利与不利是相对的，并不是有利差异越大越好，在进行成本差异分析时，应处理好质量与成本的关系。

二、成本差异的计算与分析

实际成本与标准成本之间的差额称为标准成本的差异，简称成本差异。它可以反映出实际成本脱离标准成本的程度，用来评价企业经营业绩。企业在日常经营过程中应定期进行成本差异分析，找出导致成本差异的原因，并采取有效措施，保证将企业各项成本控制在目标范围之内。

直接材料、直接人工和变动性制造费用都属于变动成本，其成本差异分析的基本方法相同。由于这三者的实际成本高低取决于实际用量和实际价格，标准成本的高低取决于标准用量和标准价格，所以其成本差异可以归结为实际用量脱离标准造成的数量差异和实际价格脱离标准造成的价格差异两类。固定性制造费用的成本差异具有一定的特殊性，需单独处理。

$$成本差异 = 实际成本 - 标准成本$$
$$= 实际数量 \times 实际价格 - 标准数量 \times 标准价格$$
$$= 实际数量 \times (实际价格 - 标准价格) + 标准价格 \times (实际数量 - 标准数量)$$
$$= 价格差异 + 数量差异$$

(一) 直接材料成本差异计算及分析

1. 差异计算

直接材料的成本差异是指直接材料的实际成本与标准成本之间的差额。该差异分为价格差异和数量差异。

$$直接材料价格差异 = 实际数量 \times (实际价格 - 标准价格)$$
$$直接材料数量差异 = 标准价格 \times (实际数量 - 标准数量)$$
$$直接材料的成本差异 = 直接材料价格差异 + 直接材料数量差异$$

2. 差异分析

1) 直接材料价格差异分析

材料价格差异是在采购过程中形成的，不应由耗用材料的生产部门来负责，而应由采购部门对其做出说明。采购部门未能按照标准价格进货的原因有很多，这就需要做进一步的分析。

通常，造成材料价格差异的原因主要有以下几方面。

(1) 材料市场价格变动。

(2) 材料采购计划编制有偏差，未能满足生产经营所需而采取临时紧急进货措施，使买价和运输费上升。

(3) 进料数量未按经济订货量办理。

(4) 远途采购增加材料运费和途中损耗。

(5) 运输安排不妥，不必要地使用快速运输(如空运)增加了运输费。

(6) 折扣期内延期付款，丧失优惠。

(7) 向有优惠条件以外的供货人购货，未获优待。

(8) 购进不能充分保证质量或不十分适用的低价材料。

(9) 在保证质量和适用性的前提下，购入低价材料。

材料价格差异的责任，在一般情况下应由采购部门承担。因为对于影响材料价格的各种因素(如采购批量、交货方式、运输工具、材料质量、购货折扣等)，如果采购部门能够按照制定标准时的预期水准加以控制，一般不会出现价格差异。当然也有一些因素是采购部门难以控制的，如国家对原材料价格的调整，或者市场供求变化引起的价格变动，就超出了采购部门的控制范围；又如由于生产上的临时需要，致使采购部门不得不由原来的水路运输改为公路运输，甚至改为空运等，显然由此而发生的材料价格差异是不应由采购部门负责的。

2) 直接材料用量差异的分析

材料的用量差异是在材料耗用过程中形成的，反映生产部门的成本控制业绩。材料数量差异形成的具体原因有很多，如工人材料用量不节省、机器不适宜等。因此，要进行具体的调查研究才能明确责任归属。

通常，造成材料用量差异的原因主要有以下几方面。

(1) 材料质量差，不符合标准，废料过多。

(2) 产品设计变更，用料标准未能及时调整。

(3) 生产工艺变更，用料标准未能及时调整。

(4) 生产工人操作疏忽或生产技能低，产生废料或用料超过标准量。

(5) 新产品投产，生产工人技术不熟练。

(6) 生产工人情绪低落，用料不认真，造成废品废料。

(7) 机器设备效率增进或减退，使用材料数量减少或增加。

(8) 生产工人技术提高或责任心加强而使材料用量减少。

材料用量差异的责任，在一般情况下应由生产部门承担，但有时则要由其他部门承担。例如，因材料质量低劣而增加了废品，或因材料规格不符合要求而大材小用等原因引起的过量用料，则应由采购部门负责。

【例8-5】升达有限公司20×7年只生产一种产品，需用甲、乙两种材料，标准价格分别为5元/公斤和10元/公斤，标准耗用量分别为1 400公斤和800公斤，实际耗用量分别为1 500公斤和750公斤。甲材料的实际价格为5.2元/公斤，乙材料的实际价格为9.6元/公斤。

要求：计算甲、乙两种材料的成本差异。

解：甲、乙两种材料的成本差异计算如下。

甲材料的数量差异=(1 500-1 400)×5=500(元)

甲材料的价格差异=1 500×(5.2-5)=300(元)

甲材料的成本差异=500+300=800(元)

甲材料的数量差异、价格差异和成本总差异都是不利差异。

乙材料的数量差异=(750-800)×10=-500(元)

乙材料的价格差异=750×(9.6-10)=-300(元)

乙材料的成本差异=-5 00+(-300)=-800(元)

乙材料的数量差异、价格差异和成本总差异都是有利差异。

计算出直接材料的各种成本差异之后，还必须结合升达有限公司实际情况逐项分析形成这些差异的具体原因。

影响直接材料价格差异的因素包括：市场环境、价格变动状况、材料采购方式、运输批量和运输方式、可利用的数量折扣、紧急交货、材料供应者的选择等。影响直接材料用量差异的因素大致包括：工人的技术熟练程度和责任感、加工设备的完好程度、产品质量控制制度、材料的质量和规格、材料的安全保管工作等。

(二) 直接人工成本差异计算及分析

1. 差异计算

直接人工的成本差异是指直接人工的实际成本与标准成本之间的差额。该差异分为价格差异即工资率差异，以及数量差异即人工效率差异。

相关计算公式为

$$工资率差异 = 实际工时 \times (实际工资率 - 标准工资率)$$
$$人工效率差异 = 标准工资率 \times (实际工时 - 标准工时)$$
$$直接人工的成本差异 = 工资率差异 + 人工效率差异$$

2. 差异分析

1) 直接人工工资率差异的分析

直接人工工资率差异形成的具体原因有很多，包括直接生产工人的使用、工资率的调整等，原因复杂而且难以控制。一般说来，应该归属于企业人事劳动部门管理，差异的具体原因会涉及生产部门或其他部门。

通常，造成工资率差异产生的原因主要有以下几方面。

(1) 工人调度不当，由高工资工人做低工资工人的工作或者相反。

(2) 工资变动，原标准未及时修订。

(3) 工资计算方法变更，如计时制改为计件制，计时工资增加或减少，调整加班工资等。

(4) 季节性或紧急生产增发工资。

(5) 国家统一调整工资。

(6) 出勤率发生变化。

工资率差异的责任一般应由安排工人工作的主管人员承担。在西方国家，许多企业的工资大都是按照劳工合同规定的工资率支付的，因而除修订劳工合同之外，一般不会出现工资率的差异。但实际上在具体安排工作的时候，往往会出现用人不当的现象。例如，在不需要技术高的工作岗位上安排了技术高的工人，对于未经过培训的工人及技术不熟练的工人，实行计件工资等，都会造成工资率的差异。由此而产生的责任，应由安排工人工作的劳动人事部门或者生产部门承担。

2) 直接人工效率差异的分析

直接人工效率差异的形成原因，包括工作环境不良、工人经验不足等。它主要是生产部门的责任，但这也不是绝对的。例如，材料质量不好也会影响生产的效率。通常，造成效率差异的原因主要有以下几方面。

(1) 工人生产技术不熟练，未能完成工时标准。

(2) 工人调动频繁，难以适应和熟悉工作，工时消耗过度。

(3) 材料供应不及时，造成停工待料，浪费工时。

(4) 燃料、动力供应中断，停工待产，浪费工时。

(5) 设备发生故障，停产待修，浪费工时。

(6) 生产工艺变更，未能及时修订标准。

(7) 生产计划安排不当造成"窝工"。

(8) 材料质量低劣，延长加工时间。

(9) 产品批量少、批次多，工作准备时间长。

(10) 工作安排得当，工人生产技术提高或生产积极性提高，提前完成预定任务，减少工时。

综上所述，直接人工效率差异的责任，一般应该由生产部门承担。例如，因工人技术不熟练、工人不熟悉工作环境、生产计划安排不当，以及工作准备时间过长等因素造成的差异，都应由生产部门负责。但对因材料、动力供应不及时，或由于生产工艺过程的改变需要延长加工时间等因素造成的差异，则应由采购部门、动力部门及相应的有关部门负责。

【例8-6】升达有限公司20×7年加工某产品需要甲、乙两个工种，标准工资率分别为1元/小时、3元/小时，标准工时分别为510工时、920工时，实际工时分别为620工时、850工时。甲种实际工资率为1.8元/工时，乙工种实际工资率为3.3元/工时。

要求：计算甲、乙工种的人工成本差异。

解：甲乙工种的人工成本差异计算如下：

甲工种人工效率差异=(620-510)×1=110(元)

甲工种工资率差异=(1.8-1)×620=496(元)

甲工种人工成本差异=110+496=606(元)

则甲工种的效率差异和工资率差异均为不利差异。

乙工种人工效率差异=(850-920)×3=-210(元)

乙工种人工工资率差异=(3.3-3)×850=255(元)

乙工种人工成本差异=-210+255=45(元)

则乙工种的效率差异为有利差异，工资率差异为不利差异，总成本差异为不利差异。

计算出直接工资的各种成本差异之后，还必须结合升达有限公司的实际，逐项分析形成这些差异的具体原因。

影响工资率差异的主要因素有：总体工资水平；由于不同工资等级的存在而形成的工资结构。影响效率差异的因素主要有：工人的劳动生产率；加工设备的完好程度；动力供应情况；材料、半成品供应保证程度、材质、规格等。

(三) 变动性制造费用差异计算及分析

1. 差异计算

变动性制造费用差异是指实际变动性制造费用与标准变动性制造费用之间的差额，分为价格差异和数量差异。变动性制造费用的价格差异又称为变动性制造费用分配率差异。变动性制造费用的数量差异又称为变动性制造费用效率差异。相关计算公式为

变动性制造费用分配率差异

=实际工时×(变动性制造费用实际分配率-变动性制造费用标准分配率)

=实际工时×(变动性制造费用实际发生额/实际工时-变动性制造费用标准分配率)

变动性制造费用效率差异=变动性制造费用标准分配率×(实际工时-标准工时)

变动性制造费用差异=变动性制造费用分配率差异+变动性制造费用效率差异

2. 差异分析

1) 变动性制造费用分配率差异的分析

变动性制造费用的分配率差异，是实际支出与按实际工时和标准费用分配率计算的预算数之间的差额。由于后者是在承认实际工时是必要的前提下计算出来的弹性预算数，因

此,该项差异反映的耗费水平的高低,即每小时业务量支出的变动费用脱离了标准。分配率差异是部门经理的责任,他们有责任将变动费用控制在弹性预算限额之内。

通常,造成变动性制造费用分配率差异的原因主要有以下几方面。

(1) 预算估计错误,实际发生的费用数额超过或者低于预算数额。

(2) 间接材料价格变化。

(3) 间接人工工资调整。

(4) 间接材料质量低劣,耗用量加大,费用增多。

(5) 间接人工过多。

(6) 其他各项费用控制不当。

变动性制造费用分配率差异的责任,应视不同的情况确定其责任的归属对象。例如,因预算额估算错误、间接材料质量低劣而耗费大、间接人工费用高、其他费用控制不力等因素造成的差异,其责任应分别由财务部门、采购部门、生产部门等部门来承担;对于一些不可控因素所造成的差异,如间接材料价格变化、间接人工工资的国家统一性调整等,其责任则不应由哪一个部门承担。

2) 变动性制造费用的效率差异分析

变动性制造费用的效率差异,是由于实际工时脱离了标准工时,多用工时或者少用工时所导致的变动性制造费用的增加(或者减少)数额。造成变动性制造费用效率差异产生的原因,与直接人工效率差异产生的原因相同,其责任的归属,与直接人工效率差异相同,所以在这里不再赘述。

计算变动性制造费用成本差异既可以按费用总额计算,也可以按具体费用项目计算。按总额计算可以简化成本差异的计算工作;按具体费用项目计算可以逐项反映有关费用的具体差异,但比较麻烦。在实务中,通常可以将二者结合起来运用,即在分析变动性制造费用耗费差异时按具体的费用项目计算;在分析变动性制造费用效率差异时按其总额计算。

【例8-7】升达有限责任公司20×7年只生产一种产品,全年变动性制造费用的预算和实际执行情况如表8-7所示。

表8-7 升达有限公司变动性制造费用有关资料

	项目	每工时标准	标准工时总数(12 500小时)
预算数	间接材料/元	0.7	7 500
	间接人工/元	0.1	5 000
	小计	0.8	12 500
实际数	实际产量/件	5 000	
	实际工时/小时	13 000	
	间接材料耗费/元	6 500	
	间接人工耗费/元	7 800	

由表8-7资料,可以计算变动性制造费用的差异额:

变动性制造费用实际分配率(即每工时标准)=(6 500+7 800)/13 000=1.1

故变动性制造费用效率差异=(13 000-12 500)×0.8=400(元)

变动性制造费用耗费差异=13 000×(1.1-0.8)=3 900(元)

变动性制造费用成本总差异=400+3 900= 4 300(元)

由上面的计算可以看出，该公司的效率差异、耗费差异和成本的总差异都是不利差异。

计算出变动性制造费用的各种成本差异之后，还必须结合升达有限公司的实际，逐项分析形成这些差异的具体原因。

影响变动性制造费用耗费差异的因素包括：预算或标准估计有误，实际发生的变动性制造费用与预计数发生偏差；间接材料价格变化；间接人工工资调整；间接材料质量低劣；间接人员过多；其他各项变动性制造费用控制不当等。影响变动性制造费用效率差异的主要因素与影响人工效率差异的因素是一致的。

(四) 固定性制造费用差异计算及分析

1. 差异计算

固定性制造费用不同于变动性制造费用，它具有在相关范围内其总额固定不变的特性，但在实际工作中，由于生产效率高低不同、生产能力利用程度不同等仍会出现固定性制造费用差异。固定性制造费用差异是指在实际产量下，固定性制造费用实际发生总额与其标准总额之间的差额。其计算公式为

固定性制造费用成本差异

=实际产量下实际固定性制造费用−实际产量下标准固定性制造费用

=实际产量下实际固定性制造费用−固定性制造费用标准分配率×实际产量标准工时

固定性制造费用的差异分析通常采用"二因素分析法"和"三因素分析法"。

1) 二因素分析法

二因素分析法是将固定性制造费用差异分为耗费差异和能量差异。耗费差异是指固定性制造费用的实际发生额与固定性制造费用预算总额之间的差额。能量差异是指固定性制造费用预算总额与固定性制造费用标准成本的差额。相关计算公式为

固定性制造费用耗费差异=固定性制造费用实际数−固定性制造费用预算数

固定性制造费用能量差异

=固定性制造费用预算数−固定性制造费用标准成本

=固定性制造费用标准分配率×生产能量−固定性制造费用标准分配率×实际产量标准工时

=固定性制造费用标准分配率×(生产能量−实际产量标准工时)

固定性制造费用成本差异=固定性制造费用耗费差异+固定性制造费用能量差异

2) 三因素分析法

三因素分析法是将固定性制造费用成本差异分为耗费差异、效率差异和生产能力利用差异三部分。耗费差异的计算与二因素分析法相同，不同的是将二因素分析法中的"能量差异"进一步分为两部分：一部分是实际工时脱离标准工时而形成的效率差异；另一部分是实际工时未能达到标准工时而形成的生产能力利用差异。相关计算公式为

固定性制造费用效率差异

=固定性制造费用标准分配率×(实际产量实际工时－实际产量标准工时)

固定性制造费用生产能力利用差异

=固定性制造费用标准分配率×(预算产量标准工时－实际产量实际工时)

2. 差异分析

在计算出全部固定性制造费用成本差异的基础上应结合实际进行具体分析，以查明费用超支或节约的原因并明确责任。

1) 固定性制造费用耗费差异的分析

通常，造成固定性制造费用耗费差异的原因有很多，主要如下。

(1) 管理人员的增加或减少。

(2) 管理人员工资调整并带来职工福利费的同时调整。

(3) 税率的变动。

(4) 折旧方法的改变，如采用加速折旧法。

(5) 修理费用开支加大。

(6) 职工培训费的增加或减少。

(7) 租赁费、保险费的调整。

(8) 各项公用价格上涨。

固定性制造费用耗费差异的责任，应根据不同的情况确定其责任的归属对象。例如，由于折旧方法的改变而造成的差异，应由财务部门负责；由于修理费用开支而造成的差异，应由设备管理部门负责；由于扩大租赁、保险范围而造成的差异，应由设备管理部门和财务部门负责。另外，还有一些不可控因素造成的差异，如税率的变动、管理人员工资的统一调整，租赁费、保险费价格上涨，各项公用价格上涨等，其责任不应由哪一个部门来承担。

2) 固定性制造费用能量差异的分析

通常，造成固定性制造费用能量差异的原因主要有以下几方面。

(1) 市场萎缩，订货减少。

(2) 产品定价过高，影响产销量。

(3) 原设计生产能量过剩，市场容纳不下。

(4) 供应不足，停工待料。

(5) 机械发生故障，停工修理。

(6) 原料能源短缺，开工不足。

(7) 产品调整，小批量试产。

(8) 人员技术水平有限，不能充分发挥设备能力。

固定性制造费用能量差异是由于现有生产能力没有充分发挥出来而造成的差异，其责任主要应由高层经理人员承担。严格来说，计划部门、生产部门、采购部门、销售部门和职工教育部门等都可能负有一定的责任，这是一个涉及面很广的问题，需要从全企业的角度考虑，综合加以解决。

【例8-8】升达有限公司生产甲产品，该企业20×7年1月有关资料如下：该产品固定性制造费用标准分配率为0.75元/小时，当期固定性制造费用的实际发生额为9 000元，实际产量下的标准工时为12 000小时，预算产量下的标准工时为10 000小时，预算产量下的标准固定性制造费用为8 500元。该企业当月实际生产甲产品300件，实际耗用工时为11 500小时。

要求：计算甲产品的固定性制造费用。

解：甲产品的固定性制造费用计算如下。

按二因素分析法：

固定性制造费用耗费差异=9 000-8 500=500(元)

固定性制造费用能量差异=0.75×(10 000-12 000)=-1 500(元)

固定性制造费用总成本差异=500-1 500=-1 000(元)

按三因素分析法：

固定性制造费用耗费差异=9 000-8 500=500(元)

固定性制造费用生产能力利用差异=0.75×(10 000-11 500)=-1 125(元)

固定性制造费用效率差异=0.75×(11 500-12 000)=-375(元)

固定性制造费用总成本差异=500-1 125-375=-1 000(元)

从上述分析可见，生产能力利用差异和效率差异之和等于二因素分析法中的能量差异。

计算出固定性制造费用的各种成本差异之后，还必须结合升达有限公司的实际，逐项分析形成这些差异的具体原因。

影响固定性制造费用预算差异的因素包括：管理人员工资的调整及相应的职工福利费调整；折旧方法的改变；修理费用开支的变化；租赁费、保险费的调整；各项办公用品价格上涨等。影响固定性制造费用能量差异(生产能力利用差异和效率差异)的因素包括：市场销路的变化；材料供应方面存在问题；设备能力利用不善，机械发生故障，停工待修；燃料能源短缺，开工不足；生产批量变化；人员技术水平有限，不能充分发挥设备能力等。

三、成本差异的账务处理

成本差异的处理是标准成本制度的内容之一。日常计算出来的各类成本差异除了可据以编报有关的差异分析报告单，还应分别归集登记有关成本差异明细分类账或登记表，使差异能在账户系统中得以记录，以便期末汇总每类差异的合计数并统一进行处理。

对超支差应借记有关的差异账户，节约差则贷记相应账户，相应的生产费用账户则按标准成本予以登记。记录差异的会计分录通常在实际成本发生并且计算出差异的同时予以登记。

会计期末对本期发生的各类成本差异可按以下方法进行处理。

(一) 直接处理法

成本差异的直接处理法，是将本期发生的各种差异视同于销货成本，全部记入当期利润表，由本期收入补偿的一种差异处理方法。这种方法的根据是：本期差异应体现本期成本控制的业绩，要在本期利润上予以反映。此法比较简单，能使当期经营成果与成本控制的业绩直接挂钩，但当成本标准过于陈旧或实际成本水平波动幅度过大时，会因差异额过高而使当期净收益水平及存货成本水平失真。西方应用标准成本制度的企业多数采用直接处理法。

(二) 递延法

成本差异的递延法亦称分配法，是把本期的各类成本差异按标准成本的比例在期末存货和本期销货之间进行分配，从而将存货成本调整为实际成本的一种差异处理方法。这种方法的依据是：既然成本差异的产生与存货和销货都有关系，当然就不能只由本期销货负担，应该有一部分差异随期末存货递延到下一会计期间。虽然应用此法可以确定产品的实际成本，但成本差异的分配工作过于烦琐。

(三) 稳健法

稳健法亦称折中法，是将成本差异按主客观原因分别处理的方法。它是在实务中对以上两种方法的变通，即对客观差异(一般指价格差异)按递延法处理，对主观差异(一般指用量差异)按直接处理法处理。这种方法既能在一定程度上通过利润来反映成本控制的业绩，又可以将非主观努力可控制的差异合理地分配给有关对象。这种方法的缺点是不符合一致性原则。

(四) 年末一次处理法

年末一次处理法即各月末只汇总各类差异，到年末才一次性处理。这样不仅可简化各月处理差异的手续，而且在正常情况下，各月差异正负相抵后，年末一次处理额并不大，可避免各月利润因直接负担差异而波动。但是如果年内某种差异只有一种变动趋势，则在年末一次处理时，会因累计差异过大而歪曲企业的财务状况和经营成果。通常来说，在后一种情况下不宜采用此法。

思考练习

一、单选题

1. 在标准成本系统中，广泛使用的是(　　)。
  A. 历史的标准成本　　　　　　　　B. 正常的标准成本
  C. 理想的标准成本　　　　　　　　D. 基本的标准成本

2. 直接材料耗用量标准一般由(　　)制定提供。
  A. 会计部门　　　　　　　　　　　B. 采购部门
  C. 生产技术部门　　　　　　　　　D. 人力资源部门

3. 在采用计时工资制的企业，直接人工标准成本由人工工时耗用量标准乘以(　　)得出。
  A. 计件工资单价　　　　　　　　　B. 标准工资率
  C. 小时工资率　　　　　　　　　　D. 工时耗用定额

4. 变动性制造费用的数量差异是指(   )。

    A. 效率差异   B. 能力差异

    C. 预算差异   D. 人工差异

5. 在二因素分析法下，固定性制造费用的能量差异是指(   )。

    A. 固定性制造费用实际数－固定性制造费用预算数

    B. 固定性制造费用标准分配率×(预算产量标准工时－实际产量实际工时)

    C. 固定性制造费用标准分配率×(实际产量实际工时－实际产量标准工时)

    D. 固定性制造费用预算数－固定性制造费用标准成本

二、多选题

1. 下列各项中，能够造成变动性制造费用差异的是(   )。

    A. 直接材料质量低劣   B. 直接人工工资调整

    C. 间接材料价格变化   D. 间接人工工资调整

    E. 间接人工人数增加

2. 在进行标准成本分析时，形成直接材料数量差异的原因是(   )。

    A. 操作不当导致废品增加   B. 机器与工具不适用

    C. 紧急订货增加的采购成本   D. 价格上升导致用量减少

    E. 工艺改进节省材料

3. 按成本差异形成过程不同进行分类，可将成本差异分为(   )。

    A. 价格差异   B. 用量差异

    C. 纯差异   D. 混合差异

    E. 可控差异

4. 下列各项中，能够导致出现材料价格差异的有(   )。

    A. 材料质量差，废料过多

    B. 材料采购计划编制不准确

    C. 材料调拨价格或市场价格的变动

    D. 因临时紧急进货，使买价和运输费上升

    E. 机器设备效率增减，使材料耗用量发生变化

5. 按三因素分析法，可将固定性制造费用成本差异分解为(   )。

    A. 开支差异   B. 生产能力差异

    C. 效率差异   D. 预算差异

    E. 能量差异

三、判断题

1. 混合差异是指将总差异扣除所有纯差异后的剩余差异，它等于价格差与用量差之积。   (   )

2. 理想标准成本是以现有生产经营条件处于最佳状态为基础确定的最低水平的成本，在实际工作中被广泛采用。   (   )

3. 在标准成本控制系统中，计算价格差异的用量基础是实际产量下的标准耗用量。

（　　）

4. 单位产品任何一项成本的标准成本都应等于该项目的价格标准与标准用量的乘积。

（　　）

5. 由于实际工时脱离标准工时而形成的成本差异是固定性制造费用耗费差异。（　　）

四、业务题

1. 已知：升达有限公司生产A产品，有关资料如下。

(1) 生产A产品，耗用甲、乙两种材料。其中，甲材料标准价格为每千克20元，乙材料标准价格为每千克32元。单位产品耗用甲材料标准为每件5千克，乙材料为每件9千克。

(2) 甲产品单位标准工时为13小时，直接人工标准工资率为7.5元。

(3) 固定性制造费用预算数为61 000元，变动性制造费用预算数为38 000元。标准总工时数为10 000小时。

要求：确定A产品的标准成本。

2. 已知：升达有限公司生产甲产品，其标准成本的相关资料如下：单件产品耗用A材料10千克，每千克的标准单价为3元；耗用B材料8千克，每千克标准单价为5元；单位产品的标准工时为3小时，标准工资率为12元/小时；标准变动性制造费用率为8元/小时；标准固定性制造费用率为12元/小时。

假定本期实际产量1 300件，发生实际工时4 100小时，直接人工总差异为3 220元，属于超支差异。

要求：

(1) 计算甲产品的单位标准成本；

(2) 计算实际发生的直接人工；

(3) 计算直接人工的效率差异和工资率差异。

3. 已知：升达有限公司生产甲产品，其标准成本资料如表8-8所示。

表8-8　甲产品标准成本资料

项目	价格标准	数量标准	金额/(元/件)
直接材料	9元/千克	50千克/件	450
直接人工	4元/小时	45小时/件	180
变动性制造费用	3元/小时	45小时/件	135
固定性制造费用	2元/小时	45小时/件	90
合计			855

甲产品正常生产工时为1 000小时。本月实际生产量为20件，实际耗用材料900千克，实际人工工时950小时，实际成本分别为：直接材料9 000元；直接人工3 325元；变动性制造费用2 375元；固定性制造费用2 850元；总计为17 550元。

要求：分别计算各成本项目的成本差异，其中固定性制造费用采用三因素法。

第九章

作业成本法

【学习目标】

○ 了解作业成本法的相关概念。

○ 了解作业成本法的产生与发展。

○ 理解作业成本法的基本原理和核算基本程序。

○ 掌握作业成本法的一般核算、作业成本法与传统成本法的区别。

第一节　作业成本法概述

一、作业成本法的相关概念

(一) 作业成本法的含义

作业成本法又称为ABC成本法，是按照资源动因将各项资源耗费追溯或分配至各项作业，计算出作业成本，然后根据作业动因将作业成本追溯或分配至各成本对象，最终完成成本计算的成本管理方法。

(二) 作业

作业是作业成本法下的最基本概念，是进行作业成本计算的核心和基础。一般认为作业是指企业为达到特定目标而重复执行的任务或活动。一项作业既可以是一项非常具体的任务或活动，也可以泛指一类任务或活动。在企业的日常经营过程中，常见的作业类型包括以下四种。

1. 单位作业

单位作业是指使单位产品受益的作业，即生产单位产品所从事的作业。此类作业具有重复性，每生产一单位产品即需要作业一次。作业的数量与产品产量成正比例变动。譬如，加工零件、对每件产品进行的检验等属于单位作业。

2. 批别作业

批别作业是指使一批产品受益的作业，即生产每批产品而从事的作业。此类作业的数量与产品批次成正比例变动。譬如，对每批产品的检验、机器准备、订单处理、原材料处理等都属于批别作业。

3. 产品作业

产品作业是指使某种产品的每个单位都受益的作业，即为支持各种产品的生产而从事的作业。此类作业的目的是服务于各种产品的生产或销售，因此作业的数量与产品的批次和数量无关，但与生产产品的品种成正比例变动。譬如，对一种产品编制材料清单、产品研发等都属于产品作业。

4. 维持性作业

维持性作业是指使某个机构或某个部门受益的作业，即为维持工厂生产而从事的作业。此类作业的成本为全部生产产品的共同成本。譬如，整个工厂的管理、供暖、照明等都属于维持性作业。

(三) 资源

资源是企业生产耗费的原始形态，是成本产生的源泉。它是指企业在一定期间内为了生产产品或提供劳务而发生的各类成本费用项目，或者是在作业执行过程中所需要花费的代价。譬如，生产过程中发生的直接人工、直接材料、折旧费用等都是企业的资源。企业可以将资源划分为货币资源、材料资源、对象资源、人力资源、动力资源及厂房设备资源等。

(四) 作业中心和成本库

作业中心是指由一系列相互联系、能够实现某种特定功能的作业组合而成的作业集合。企业在组合作业中心时要遵循重要性原则和相关性原则。其中，重要性原则指的是企业应将重要的作业组合而成一个作业中心进行核算。作业的重要程度取决于耗费资源的多少或其在生产中的地位，其耗费资源越多，在生产过程中越重要，则就是重要的作业。相关性原则是指组成作业中心的作业必须是相关的，作业的相关性表现在其具有相同的成本动因和相同的成本分配率。譬如，企业的材料采购、材料检验、材料入库、材料仓储保管等都是相互联系的，可以将其划分为材料处理作业中心。

成本库是作业中心的货币表现形式，是指根据相同的成本动因将一系列相关的作业消耗的资源费用归集到作业中心，就构成了该作业中心的作业成本库。在作业成本法下，通过设置各种各样的成本库，并按多样化的成本动因对间接费用进行分配，可以使成本计算的过程大大明细化，同时使成本计算的正确性和成本的有效性大大提高。

(五) 成本动因

成本动因是指引起成本发生的原因，也称为成本驱动因素，是分配成本的标准，也是连接成本标的、作业和资源的中介因素。譬如，采购订单将采购的成本标的产品与采购作业联系在一起。所以采购订单是采购作业的成本动因。在作业成本法下，根据成本动因在资源流动中所处的位置和作用不同，可将成本动因区分为资源成本动因和作业成本动因。

1. 资源成本动因

资源成本动因是指资源被各种作业消耗的驱动因素，可以反映资源消耗量与作业量之间的因果关系。按照作业成本法计算的规则，资源耗用量的高低与最终产品没有直接关系，资源的耗用量是由作业决定的。譬如，燃料是运送材料的资源消耗，燃料消耗的多少又与搬运的工作时间、搬运次数或搬运量直接相关，那么搬运的工作时间、搬运次数或搬运量就是运送材料作业的资源成本动因。企业通过分析资源成本动因，可以促使企业合理配置资源，寻求降低作业成本的途径。

2. 作业成本动因

作业成本动因是指产品成本增加的驱动因素，它是将作业成本库中的作业成本分配到成本标的中的依据，体现了作业成本与企业产品产量之间的因果关系。譬如，机器调整作业的成本与其产品所需的机器调整次数有关，企业可按机器调整次数向产品分配这项作业的成本，因此，机器调整次数就是企业的作业成本动因。企业通过分析作业成本动因，可以帮助其发现和减少不增值的作业，寻求降低整体成本的途径。

3. 资源成本动因与作业成本动因的关系

资源成本动因将企业的全部资源分配到作业中，是连接资源和作业的媒介；而作业成本动因又将每项作业的成本分配到产品中去，是连接作业和产品的媒介。如图9-1所示，"电费"是一项资源，把用电费用分配到"加工、供暖、搬运、包装"等作业的依据是每项作业的用电度数，所以"度数"就是资源成本动因；然后企业又按产量的多少把"加工、供暖、搬运、包装"等作业的全部成本分配到"A产品"和"B产品"中去，则"产量"就是作业成本动因。

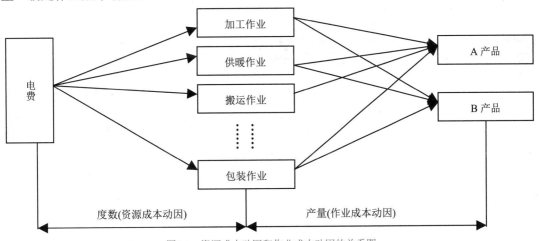

图9-1 资源成本动因和作业成本动因的关系图

二、作业成本法的产生和发展

20世纪30年代，作业成本法起源于美国。自工业革命以来，机器大生产中大量的劳动力投入和原料消耗一直是成本的主体，因此，传统的成本费用分配方法假设直接成本占总成本的比重很高，成本费用的分配都是按照机器工时或生产工时进行分配的。而20世纪杰出的会计大师艾利克·L.科勒(Kohler L. Eric)教授在水力发电生产过程中发现，直接人工和直接材料(水源)成本都很低廉，而间接费用所占的比重相对很高，这就从根本上推翻了传统的成本计算方法(制造成本法)的理论假设。1952年，科勒教授在其编著的《会计师词典》中首次提出了作业、作业账户及作业会计等概念，形成了作业成本法的基本构想。在会计史上，科勒的作业会计思想第一次把作业的观念引入会计和管理之中，被认为是作业成本法的萌芽。

1971年乔治·斯托布斯(G. T. Staubus)教授在《作业成本计算和投入产出会计》等著作中提出了一系列的作业成本观念，对作业、成本、作业会计、作业投入产出系统等概念做了全面、系统的讨论，但当时作业成本法未能在理论界和实业界引起足够的重视。

20世纪70年代以后，以计算机技术为代表的高科技广泛应用于企业，直接人工费用普遍减少，间接成本相对增加，明显打破了制造成本法中"直接成本比例较大"的假定。制造成本法中按照人工工时、工作量等分配间接成本的思路，严重扭曲了成本。另外，传统管理会计的分析是建立在传统成本核算基础上的，由此得到的信息，对实践的反映和指导意义并不大，也大大减弱了相关性。在这种背景下，哈佛大学的罗宾·库珀(R. Cooper)和罗伯特·S.卡普兰(R. S. Kaplan)两位教授开始积极推动作业成本法。卡普兰在其著作《管理会计相关性消失》一书中提出，传统管理会计的相关性和可行性下降，应有一个全新的思路来研究成本，即作业成本法。由于卡普兰教授等专家对于作业成本法的研究更加深入、具体、完善，使作业成本法上升为系统化的成本管理理论并广泛宣传，使其在实践中真正得以应用，因此，卡普兰教授被认为是作业成本法的集大成者。

作业成本法自提出以来，在西方国家得到了广泛应用，并开发出了相应的软件。相关调查显示，越来越多的企业开始采用作业成本法。

三、作业成本法的基本原理

作业成本法的基本原理就是产品消耗作业，作业消耗资源并导致成本的发生。其理论核心是成本动因理论。如图9-2所示，采用作业成本法核算成本时先以作业为分配对象，以资源成本动因为分配依据，将成本分配到各个作业中去，然后把作业归集的全部成本按作业成本动因分配到产品中去。

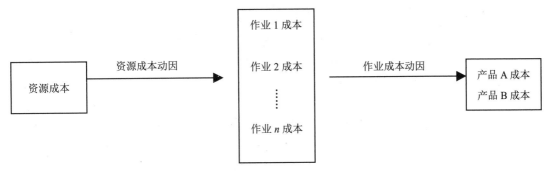

图9-2 作业成本法的基本原理图

第二节 作业成本法的计算

一、作业成本法的计算程序

作业成本法以作业为核算对象，首先根据作业对资源的消耗情况将资源分配到作业中去，其次依据作业成本动因追踪到产品成本的形成和积累过程，由此得出最终产品的成本。具体计算步骤如下。

(一) 建立资源库，确认和计量各类资源的耗费，并将资源消耗价值归集到各资源库

企业应根据各资源消耗的特征及费用消耗项目建立资源库。在资源被消耗后，企业对资源消耗进行确认和计量，然后将各类资源消耗价值归集资源库。这样既可以从总体上反映各类资源的耗用情况，也可以为后期进行资源消耗分配提供方便。

(二) 确认主要作业和作业中心

作业是作业成本法下成本费用归集分配的对象，企业应划分作业，并建立作业中心。作业划分得越细，通过作业成本法获得的成本信息就越精确，但随着作业成本数量的增加，企业作业成本法实施的成本也会不断增加。所以企业在划分作业时，应考虑成本效益的原则，明确主要作业，并将相似的作业合并，建立作业中心。

(三) 选择适当的资源成本动因，建立作业成本库

资源成本动因是将资源消耗分配到各种作业中心的依据。企业应选择恰当的资源成本动因，按照各项作业所消耗的资源成本动因数将资源库中所消耗的价值分配到作业中心，以建立作业成本库。

企业在选择资源动因时，应当识别当期发生的每一项资源消耗，分析资源耗用与作业中心作业量之间的因果关系，选择并计量资源动因。一般应选择与资源费用总额呈正比例关系变动的资源动因作为资源费用分配的依据。

(四) 确定作业成本动因，并确定各成本动因的分配率

作业成本动因是将作业成本库中归集的成本分配到产品或劳务中去的依据，当作业成本库建立后，从作业成本库的多个作业动因中选择出恰当的作业动因，以作为该成本库的代表成本动因，并计算成本动因的分配率。其计算公式为

$$本期某作业成本库的作业成本动因分配率 = \frac{本期该作业成本库的总费用}{本期该作业成本库的作业成本动因总数}$$

(五) 分配作业成本，并计算汇总各产品成本

根据各种产品所耗用的作业成本动因数和作业成本动因分配率将作业成本库的成本分配到各成本标的(产品或劳务)中，并计算出产品成本。

首先计算产品耗用的作业成本总额，计算公式为

$$本期某产品耗用的作业成本总额 = $$
$$\sum (本期该产品某作业成本库的作业动因数 \times 本期该成本库作业成本分配率)$$

然后计算产品成本，其计算公式为

$$某产品的总成本 = 直接材料成本 + 直接人工成本 + 该产品耗用的作业成本总额$$

二、作业成本法与传统成本计算法的区别

如图9-3和图9-4所示，作业成本法与传统成本计算法在直接费用的确认和分配方面是相同的，二者的区别主要体现在间接费用的核算上。传统成本计算方法下间接费用的分配只有一个分配阶段，即按机器工时或人工工时将间接费用分配到各有关产品的成本中。而作业成本法下间接费用的分配有两个阶段，即先按资源成本动因将间接费用分配到各作业，然后按作业成本动因将作业归集的成本分配到产品。由此可见，作业成本法与传统成本计算法的成本计算对象也不同。传统的成本计算法以企业所生产的各种产品(品种法)、某一步骤(分步法)或某一订单(分批法)作为成本计算对象，而作业成本法不仅以产品作业为核算对象，而且作业、作业中心、制造中心等都应该是成本计算的对象。同时，传统的成本计算方法提供的只是某个部门的资源消耗信息，对于产品成本产生的原因无法揭示，而作业成本计算则追本溯源，为企业成本管理提供依据。

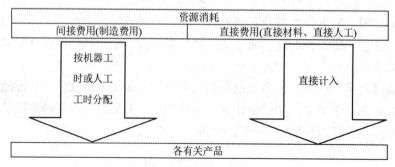

图9-3 传统成本计算法下成本费用的分配图

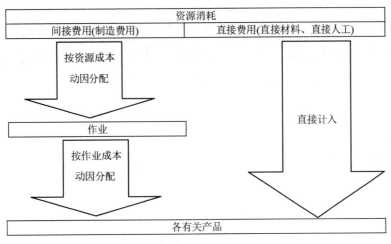

图9-4 作业成本法下成本费用的分配图

三、作业成本法计算举例

【例9-1】升达有限公司生产甲、乙两种产品，有关资料如下。

(1) 甲、乙两种产品的基本资料如表9-1所示。

表9-1 甲、乙产品基本资料

产品名称	年产量/台	单位产品机器工时/小时	直接材料单位成本/元	直接人工单位成本/元
甲	10 000	10	50	20
乙	40 000	10	30	20

(2) 企业每年制造费用总额为2 000 000元。甲、乙两种产品的复杂程度不一样，所耗用的作业量也不一样。依据作业动因设置五个成本库，有关资料如表9-2所示。

表9-2 作业成本库情况表

作业名称	成本动因	作业成本/元	作业动因数 甲产品	作业动因数 乙产品	作业动因数 合计
机器调整	调整次数	600 000	3 000	2 000	5 000
质量检测	检验次数	480 000	4 000	4 000	8 000
生产订单	订单份数	120 000	200	400	600
机器维修	维修次数	600 000	400	600	1 000
材料验收	验收次数	200 000	100	300	400
合计		2 000 000			

要求：分别用作业成本计算法与传统成本计算法计算上述两种产品的单位成本(采用传统成本法计算时将机器工时数作为制造费用的分配标准)。

解：根据以上资料计算两种产品的成本。

① 作业成本法。

首先，计算各项作业的成本动因分配率，计算结果如表9-3所示。

表9-3 作业成本动因分配率表

作业名称	成本动因	作业成本/元	作业动因数			
			甲产品	乙产品	合计	分配率
机器调整	调整次数	600 000	3 000	2 000	5 000	120
质量检测	检验次数	480 000	4 000	4 000	8 000	60
生产订单	订单份数	120 000	200	400	600	200
机器维修	维修次数	600 000	400	600	1 000	600
材料验收	验收次数	200 000	100	300	400	500
合计	—	2 000 000	—	—	—	—

其次，计算作业成本计算法下两种产品的制造费用，计算结果如表9-4所示。

表9-4 作业成本法下制造费用分配表

作业名称	作业成本/元	作业动因数		分配率	分配的制造费用/元	
		甲产品	乙产品		甲产品	乙产品
机器调整	600 000	3 000	2 000	120	360 000	240 000
质量检测	480 000	4 000	4 000	60	240 000	240 000
生产订单	120 000	200	400	200	40 000	80 000
机器维修	600 000	400	600	600	240 000	360 000
材料验收	200 000	100	300	500	50 000	150 000
合计	2 000 000	—	—	—	930 000	1 070 000

② 传统成本计算法。

甲、乙两种产品的机器工时分别为100 000小时(10 000×10)和400 000小时(40 000×10)，制造费用总额为2 000 000元。

制造费用分配率=2 000 000÷(100 000+400 000)=4(元/小时)

甲产品制造费用=100 000×4=400 000(元)

乙产品制造费用=400 000×4=1 600 000(元)

最后，比较两种成本计算法下制造费用分配的结果，如表9-5所示。

表9-5 两种计算法下制造费用对照表

单位：元

项目	甲产品(产量10 000台)				乙产品(产量40 000台)			
	总成本		单位成本		总成本		单位成本	
	传统	作业	传统	作业	传统	作业	传统	作业
直接材料	500 000	500 000	50	50	1 200 000	1 200 000	30	30.00
直接人工	200 000	200 000	20	20	800 000	800 000	20	20.00
制造费用	400 000	930 000	40	93	1 600 000	1 070 000	40	26.75
合计	1 100 000	1 630 000	110	163	3 600 000	3 070 000	90	76.75

思考练习

一、单选题

1. 为维持工厂生产而从事的作业是( )。
   - A. 单位作业
   - B. 批别作业
   - C. 产品作业
   - D. 维持性作业

2. 作业成本法的理论核心是( )。
   - A. 成本动因理论
   - B. 成本性态分析理论
   - C. 本量利分析理论
   - D. 最小二乘法理论

3. 能够反映作业量与资源耗费之间因果关系的是( )。
   - A. 资源成本动因
   - B. 作业成本动因
   - C. 产品成本动因
   - D. 劳务成本动因

4. 下列可以作为传统成本计算法的成本计算对象的是( )。
   - A. 资源
   - B. 作业中心
   - C. 费用
   - D. 最终产品

5. 下列关于作业成本法的说法，错误的有( )。
   - A. 作业是作业成本法下最基本的概念
   - B. 作业中心是指由一系列相互联系、能够实现某种特定功能的作业组合而成的作业集合
   - C. 资源成本动因是指资源被各种作业消耗的驱动因素
   - D. 作业成本法下间接费用的分配只有一个分配阶段

二、多选题

1. 下列属于常见作业类型的是( )。
   - A. 单位作业
   - B. 批别作业
   - C. 产品作业
   - D. 维持性作业

2. 在作业成本法下，根据成本动因在资源流动中所处的位置和作用不同，可将成本动因区分为( )。
   - A. 资源成本动因
   - B. 作业成本动因
   - C. 产量成本动因
   - D. 销量成本动因

3. 企业可以将资源划分为( )。
   - A. 货币资源
   - B. 材料资源
   - C. 对象资源
   - D. 人力资源

4. 下列属于批别作业的是( )。
   - A. 供暖
   - B. 每批产品的机器调整
   - C. 每批产品的产品检验
   - D. 每批产品的订单处理

5. 下列可以作为作业成本法的成本计算对象的有( )。

A. 制造中心
B. 作业中心

C. 作业
D. 最终产品

三、判断题

1. 产品作业是使单位产品受益的作业，即生产单位产品所从事的作业。 ( )

2. 成本库是作业中心的货币表现形式。 ( )

3. 资源成本动因将企业的全部资源分配到作业中，是连接资源和作业的媒介；而作业动因又将每项作业的成本分配到产品中去，是连接作业和产品的媒介。 ( )

4. 作业成本法的基本原理就是产品消耗作业，作业消耗资源并导致成本的发生。 ( )

5. 作业成本法与传统成本计算法的区别主要体现在直接费用的核算上。 ( )

四、业务题

1. 资料：升达有限公司生产甲、乙两种产品，其中，甲产品870件，乙产品700件，其作业情况数据如表9-6所示。

表9-6 升达有限公司作业情况数据

作业中心	资源耗用/元	动因	动因量(甲产品)	动因量(乙产品)	合计
材料处理	18 000	移动次数	400	200	600
材料采购	25 000	订单件数	350	150	500
使用机器	35 000	机器小时	1 200	800	2 000
设备维修	22 000	维修小时	700	400	1 100
质量控制	20 000	质检次数	250	150	400
产品运输	16 000	运输次数	50	30	80
合计	136 000				

要求：按作业成本法计算甲、乙两种产品的成本，并填制表9-7。

表9-7 两种产品的成本

作业中心	成本库/元	动因量	动因率	甲产品	乙产品
材料处理	18 000	600			
材料采购	25 000	500			
使用机器	35 000	2 000			
设备维修	22 000	1 100			
质量控制	20 000	400			
产品运输	16 000	80			
合计总成本	136 000	—	—		
单位成本	—	—	—		

2. 资料：升达有限公司制造生产A、B两种产品，有关资料如下。

(1) A、B两种产品20×3年1月份的有关资料如表9-8所示。

表9-8 两种产品相关资料

产品名称	产量/件	单位产品机器工时/小时	直接材料单位成本/元	直接人工单位成本/元
A	100	1	50	40
B	200	2	80	30

(2) 每年制造费用总额为50 000元。A、B两种产品的复杂程度不一样，所耗用的作业量也不一样。依据作业动因设置四个成本库，有关资料如表9-9所示。

表9-9 作业成本库情况表

作业名称	成本动因	作业成本/元	作业动因数		
			A产品	B产品	合计
质量检测	检验次数	4 000	5	15	20
订单处理	订单份数	4 000	30	10	40
机器运行	机器小时数	40 000	200	800	1 000
设备调整准备	调整准备次数	2 000	6	4	10
合计	—	50 000	—	—	—

要求：

(1) 采用作业成本法计算A、B两种产品的单位成本；

(2) 以机器小时数作为制造费用的分配标准，采用传统成本计算法计算A、B两种产品的单位成本。

第十章

责任会计

【学习目标】

○ 了解责任会计的概念、理论基础、内容、建立原则。

○ 理解责任中心的设置。

○ 掌握责任中心的考核指标和责任报告的编制。

○ 掌握内部转移价格的制定原则、内部转移价格的类型及应用。

第一节 责任会计概述

责任会计(responsibility accounting)一词源于西方，它是指以企业内部的各个责任中心为会计主体，以责任中心可控的资金运动为对象，对责任中心进行控制和考核的一种会计制度。责任会计是会计核算和会计管理向企业内部纵深发展而出现的一种服务于企业内部的会计制度，这种制度要求在企业内部以可控责任为目标划分责任中心，然后为每个责任中心编制责任预算并按责任中心组织核算工作，最后通过预算与实际执行结果的比较来考核各个责任中心业绩并兑现奖惩。

西方责任会计是西方现代管理会计的重要内容，实行责任会计是西方企业将庞大的组织机构分而治之的一种做法。责任会计的产生，可以追溯到19世纪末20世纪初。这一时期，西方资本主义经济发展迅速，企业组织规模不断扩大，成本会计得到了充分发展，其标志是以泰罗的"科学管理理论"为基础的标准成本制度的出现。与此同时，预算管理制度的出现也使责任会计的思想从成本控制领域扩展到利润控制和资金控制等领域。责任会计在理论和方法上的成熟以及真正在实践中发挥作用，则是在20世纪40年代以后。第二次世界大战后，企业的规模以前所未有的速度发展，出现了越来越多的股份公司、跨行业公司和跨国公司。这些公司业务所涉行业交叉、管理层次重叠、分支机构遍布，传统的管理模式已不适用或者效率低下，这样一来，责任会计受到了人们的普遍重视，其方法也被不断改进并最终形成了现代管理会计中的责任会计。

我国责任会计理论的系统研究是改革开放以后的事情，但实际工作中的某些做法与西方责任会计的内容可以说不谋而合。20世纪50年代初的班组经济核算、20世纪60年代的资金与成本的归口分级管理、20世纪80年代的厂内经济核算等，都体现了责任会计的思想。

一、责任会计产生和发展的理论基础

责任会计作为一门科学，其产生和发展是以一定的理论为基础的，这些理论构成了责任会计的理论渊源，促进了责任会计的产生和发展。

(一) 分权管理与责任会计

第二次世界大战后，科学技术迅速发展，市场竞争也日趋激烈，企业的特点是规模越来越大，经营业务也日益复杂。在这种情况下，企业管理当局已不再可能按传统的管理方法将企业的各项管理业务事无巨细地集中于一身，亲自掌握，而必须将相当一部分生产管理的权力授予其下属的各级主管人员，并由他们承担相应的经济责任，即实行新的分权管理模式。

1. 分权管理的概念

所谓分权管理，是将生产经营决策权随同相应的经济责任下放给不同层次的管理人员，使其都能对日常经营活动及时做出有效决策的一种组织管理形式。

2. 分权管理的特点

分权管理的特点是：中下层管理人员有较多的决策权；上级的控制较少，往往以完成规定的目标为限；在统一领导下可以独立经营，实行独立核算，有一定的财务收支权。

3. 分权管理的优点

(1) 分权管理赋予中下层管理人员更多的责任和相应的权力，并为评价各部门的工作业绩提供了基础。以责任水平和独立性为标志的分权管理，可以有效地调动各级管理人员的积极性和创造性，激发各级管理人员致力于各个部门的管理从而达到其目标，并促使他们使用更具创造性的管理方法。

(2) 管理机构对客观情况的变化能够做出迅速反应。分权管理使得许多关键的决策由接近于客观实际的部门做出，并在市场变化时迅速做出调整。部门经理一般处于资源配置的较佳位置，在处理和传递信息方面也有发言权，他们可提供有关投入与产出价格变化的信息。例如，推销区经理对于本区域内最好出售哪种产品、如何确定价格等方面的政策比总部机构更有发言权。

(3) 企业最高管理层摆脱了日常事务，能集中精力于企业重大决策的研究。现代企业经营分布面广且经营多样化，集中决策会形成一种无效的组织机构，分权管理使得权力下放，中、下层管理人员具有一定的自主权去处理日常业务，而高层领导便可集中精力于重大问题的决策。

4. 分权管理的缺点

实行分权管理，一方面会使各部门之间具有某种程度的相互依赖，如各部门之间相互提供产品或劳务；但另一方面又允许各部门具有相对的独立性。因此，分权管理也会出现一些弊端。

(1) 分权管理可能导致相互独立的分部产生职能失调行为。职能失调行为是指企业各分权单位做出使自己业绩达到最大，但以牺牲企业集体利益为代价的决策行为。

(2) 分权管理可能会导致各分部为了各自的利益而产生冲突、摩擦和竞争，这就使整个企业进行统一指挥与调度更加困难。

(3) 各分部的设置及各项管理信息的归集与传递，会相应地增加各种行政费用的开支，引起浪费。

此外，分权管理下企业总部费用要分配到各分部中去，而各分部管理人员又往往认为分配的管理费用是对分部利润的一项不公和不需要的扣减项目。如果总部管理费用分配被认为不公，还会损伤分部管理人员的积极性。分权管理适用于规模比较大、经营品种比较多、市场变化较大的企业。各部门之间相互独立时，分权可能最有利，弊端少。

实行分权管理可以充分调动企业各级管理人员的工作积极性和创造性，同时增加他们的经营权力和经济责任。为及时了解和掌握其工作业绩，加强企业内部控制，以责任单位为核算对象的责任会计便应运而生。

(二) 行为科学与责任会计

行为科学是综合运用心理学、社会学和管理学等学科的理论和方法，分析研究人的行为，以调节人际关系，提高工作效率的一门综合性学科。行为科学认为：人有不同层次的需要，而人的动机取决于人的需求，不同的需求会产生不同的行为，因此，它特别强调激励人们满足个人需求，以达到为组织整体目标做出最大贡献的目的。

行为科学的产生推进了责任会计的发展，具体表现在企业日常管理方面，就是主张自上而下为各级部门规定一系列经过努力可以实现的责任目标，并赋予其相应的权力，使履行责任成为实现自我价值的过程；同时，建立一套公平的奖惩制度，做到有功必奖，有过必罚，把责任者的物质利益同责任目标完成情况紧密联系起来，以充分调动责任者的积极性，这正是责任会计的精髓。

(三) 管理科学与责任会计

管理科学理论认为，管理就是通过建立数学模型和系统程序，并采用运筹学等方法，确定企业的目标、控制和决策等，使之达到最优组合，以实现企业总体目标。管理科学理论的出现，使责任会计体系得到进一步完善。责任会计在制定企业的总体目标和各级管理部门目标的过程中，能够运用先进的科学理论和科学工具，使影响企业目标的各种因素达到最优组合，使责任考评更加科学化、合理化，从而进一步调动企业各级管理部门的积极性。

可见，责任会计最初以分权管理思想为理论基础而产生，继而以行为科学理论为指导而发展，以管理科学的产生而日趋完善，现已成为企业强化内部管理、完善内部机制、提高经济效益的有效手段。

二、建立责任会计的目的和原则

(一) 建立责任会计的目的

责任会计的建立应以提高经济效益为前提，其主要目的有以下两点：①有利于考核、评价各责任中心的工作业绩与经营成果；②便于把各个责任中心的经营目标与整个企业的经营总目标统一起来，同时促使每个责任中心为保证企业经营总目标的实现而协调工作。

(二) 建立责任会计的原则

责任会计作为企业内部控制会计，不可能有统一的规范(如《企业会计准则》)。企业可以也完全应该结合自身的特点自行设计责任会计制度，当然这并不等于认同实施责任会计是无章可循的。为了更好地发挥责任会计的作用，一般应遵循以下基本原则。

1. 责、权、利相结合原则

责、权、利相结合原则，就是要明确各个责任中心应承担的责任，同时赋予它相应的管理权力，还要根据其责任的履行情况给予适当的奖惩。三者的关系是：各责任中心承担的责任是实现企业总体目标、提高企业经济效益的重要保证，是衡量各责任中心工作成果的标准；赋予各责任中心相应的管理权力，是其能够顺利履行责任的前提条件；而根据各责任中心的责任履行情况给予适当的奖惩，又是调动其积极性、提高经济效益的动力。"责"是核心，"权"是完成责任的条件，"利"是激励因素。

2. 目标一致性原则

目标一致性原则，就是要求各责任中心目标的实现要有助于企业总体目标的实现，使两者的目标保持一致。建立责任会计的目的是有效地促进各责任中心的工作，为实现总体目标而努力。但由于各责任中心有不同的职责，甚至存在利益上的冲突，因此在制定预算和考核标准时，应防止局部利益损害企业总体利益的情况。

3. 可控性原则

可控性原则是指各责任中心只对其能够控制的因素负责，对其进行业绩评价考核时应将不能控制的因素排除在外。对各责任中心所赋予的经济责任，应以其能够控制为前提。在责任预算和业绩报告中，各责任中心只对其能够控制的因素的相关指标负责。在考核时，应排除责任中心不能控制的因素，以保证责、权、利关系的紧密结合。

4. 反馈原则

一个健全的责任会计制度，必须具备迅速传递会计信息，及时完成信息反馈的功能，以保证各责任中心对经营业绩的有效控制。为此，责任会计应建立一套完整的日常记录，归集和计算各责任中心业绩，使各责任单位随时了解各自的预算执行情况，以便决策者能迅速做出应变决策，调整责任中心的经济活动，实现规定的目标。为此，责任报告的编制应及时、准确。

5. 激励原则

建立责任会计制度的目的之一在于激发劳动者的工作热情,充分发挥他们的积极性和创造性,更好地完成企业的总体目标。因此,责任目标、责任预算和责任效益评价考核标准的确定应是合理的、切实可行的,经过努力完成目标后所得到的奖励与所付出的劳动是对等的,这样就可以不断地激励各责任中心为实现预算目标而努力工作。

三、责任会计的基本内容

责任会计的基本内容包括以下几方面。

(一) 划分责任中心,明确责权范围

实行责任会计制度,首先应根据企业具体情况和内部管理的实际需要,把其所属的各部门、各单位划分为若干分工明确、责权范围清晰的责任中心,并规定这些责任中心的负责人对他们工作负责的重要指标,向其上一级责任中心承担经营管理责任;同时授予他们相应的经营管理决策权,并使其经济利益与业绩直接挂钩。

(二) 编制责任预算,确定考核标准

责任预算是用货币等形式对责任中心的生产经营活动做出的计划安排,它以全面预算为基础,将全面预算所确定的总体目标进行分解,具体落实到每一个责任中心,并以此作为其开展经营活动、评价工作业绩的主要依据。各责任中心的责任预算和考核标准一定要事先制定,使责任承担者事先明确自己承担的责任及在企业整体目标中的作用和地位,并以此规范和激励自己的行为,促进责任预算的执行。

(三) 提交责任报告,考核预算的执行情况

对预算的执行情况应建立一套跟踪考核系统,对实际执行情况进行跟踪反映,定期提交责任报告,将实际数和预算数进行比较、分析,及时进行信息反馈,控制和调节经营活动,以保证企业总目标的实现。

(四) 评价经营业绩,实施奖惩制度

通过定期编制责任报告,对各责任中心的工作业绩进行全面分析和评价。然后根据事先制定的一套严格的奖惩制度,按各责任中心完成业绩的好坏进行奖惩,做到公正合理,奖罚有据,以最大限度地调动各个责任中心的积极性,保证经济责任制度的贯彻执行。

第二节 责任中心

责任中心(responsibility center)是指具有一定的管理权限,并承担相应的经济责任的企业内部责任单位。为了有效地进行企业内部控制,有必要将整个企业逐级划分为多个责任区域,即责任中心,划分责任中心并不是以成本、利润或投资的发生额大小为依据的,而是依据发生与否和是否能分清责任。凡是管理上可分清责任、业绩可以单独考核的单位,

都可以划分为责任中心，大到分公司、地区工厂或部门，小到车间、班组或个人。划分责任中心的标准是：凡是可以划清管理范围，明确经济责任，能够单独进行业绩考核的内部单位，无论大小都可成为责任中心。

建立责任中心是建立责任会计制度的首要问题。如何建立责任中心，建立多少责任中心，完全取决于企业内部控制、考核的要求。责任中心按其责任权限范围及业务活动的特点，可分为成本中心、利润中心和投资中心三大类。

一、成本中心

(一) 成本中心的概念

成本中心(cost center)是指对其成本或费用承担经济责任，负责控制和报告成本的责任中心。成本中心一般没有收入来源，因而无须考核收入。这类责任中心大多是指不形成收入，只负责产品生产的生产部门、提供劳务的部门和被规定一定费用控制指标的企业管理部门。

成本中心是应用最广泛的一种责任中心形式，凡是企业内部有成本或费用发生、需要对成本负责，并能进行控制的单位都可作为成本中心加以考核。上至企业，下至车间、工段、班组，甚至个人都可以划分为成本中心。企业内部那些不进行产品生产，只提供服务的单位，如财会部门、人事部门、总务部门和法律部门等，则可称为费用中心。

(二) 成本中心的类型

狭义的成本中心有两种类型：一种是基本成本中心，一种是复合成本中心。前者没有下属的成本中心，如一个班组是一个成本中心，如果该班组不再进一步分解，那么它就是一个基本成本中心；后者有若干个下属成本中心，如一个工段是一个成本中心，在它下面设有若干个班组，如果这些班组也被划定为成本中心，那么该工段即为一个复合成本中心。相比较而言，基本成本中心一般属于较低层次的成本中心，而复合成本中心一般属于较高层次的成本中心。广义的成本中心除了包括上述内容，还包括只对有关费用负责的费用中心。企业机关的许多职能部门通常只发生费用，在责任会计中往往被作为费用中心处理，参照狭义的成本中心的管理办法进行规划、控制、考核与评价。

(三) 成本中心的考核指标

由于责任层次和内容不同，各成本中心所计算和考核的成本指标范围也不一样。有的涉及所有的成本项目，有的只涉及少数几个成本项目，或某个单项成本项目，有的甚至只涉及某个成本项目下的几个明细项目。但不论怎样，成本中心所核算与考核的成本指标只能是责任成本，而不是传统的产品成本。

1. 可控成本与不可控成本

为了计算责任成本，必须首先把成本按其可控性分为可控成本(controllable cost)和不可控成本(uncontrollable cost)两类。凡是责任中心能够直接控制的各种耗费，称为可控成本；凡是责任中心不能直接控制的各种耗费，称为不可控成本。具体而言，可控成本必须同时具备以下条件。

(1) 责任中心能够通过一定的方式了解这些成本是否发生，以及何时发生。

(2) 责任中心能够对这些成本进行计量。

(3) 责任中心能够通过自己的行为对这些成本加以调节和控制。

(4) 责任中心可以将这些成本的责任分解落实。

成本中心的可控与不可控并不是绝对的，而是相对于某一责任中心而言，这与责任中心所处管理层次的高低、管理权限的大小及控制范围的大小有直接关系。一个责任中心的不可控成本可能是另一个责任中心的可控成本。在一定空间和时间条件下，可控成本与不可控成本可以实现相互转化。

一般说来，责任中心的管理权限越大，则可控成本的范围越大；责任中心的管理权限越小，其可控成本的范围越小。一项成本对于较高层次的责任中心而言是可控成本，对于其较低层次的责任中心而言，可能就是不可控成本；反过来，较低层次责任中心的可控成本，则一定是其较高层次责任中心的可控成本。对于企业最高管理层来说，所有的成本都是可控成本。例如，生产过程中的直接人工成本对班组或车间来说都是可控成本，车间管理费用对于车间来说是可控成本，但对于班组来说则是不可控成本。此外，某些成本对处于同一层次的某一责任中心而言是可控的，对于另一责任中心来说则是不可控的。例如，广告费对于销售部门是可控的，但对于生产部门是不可控的；又如直接材料的价格差异对于采购部门来说是可控的，但对于生产耗用部门是不可控的。对同一成本中心而言，有的成本项目在过去属于不可控成本，由于情况发生了变化，现在可能变为可控成本；同样由于条件发生了变化，过去的某些可控成本现在也可能变得不可控了。

责任中心的责任成本就是其可控成本，复合成本中心的责任成本既包括本中心的责任成本，也包括下属成本中心的责任成本，各成本中心的可控成本之和即企业总成本。

2. 责任成本与产品成本

责任成本与产品成本是既有区别又有联系的两个概念。两者的区别集中在以下几方面。

(1) 费用归集对象不同。责任成本以责任中心为归集对象；产品成本则以产品为归集对象。

(2) 遵循的原则不同。责任会计遵循"谁负责谁承担"的原则，承担责任成本的是"人"；产品成本则遵循"谁受益谁负担"的原则，负担产品成本的是"物"。

(3) 核算目的不同。核算责任成本的目的是实现责权利的协调统一，考核评价经营业绩，调动各责任中心的积极性；核算产品成本的目的是反映生产经营过程的耗费，规定配比的补偿尺度，确定经营成果。

(4) 所处的系统不同。责任成本是管理会计的责任会计系统中最基本的考核指标；产品成本是财务会计或成本会计系统中的基本考核指标。

责任成本与产品成本虽有以上区别，但两者在性质上是相同的，同为企业生产经营过程中的资金耗费。就一个企业而言，一定时期内发生的广义产品成本总额应等于同期发生的责任成本总额。

总之，成本中心考核的主要指标是责任成本差异。所谓责任成本差异，是指各成本中心实际发生的责任成本与预算或标准的责任成本之间的差额。如责任成本差异为零或负数，则表明该成本中心取得了良好的成绩和效果，应予以奖励，但责任差异过大的话，也应注意是否存在产品质量或其他方面的问题；如果责任成本差异为正数，则表明该成本中心没有很好地完成责任预算，应在此基础上进一步寻找原因，改善经营活动。在计算责任成本差异时需要注意的是，如果实际产量与预算产量不一致，应按一定方法对预算指标进行调整。

二、利润中心

(一) 利润中心的概念

利润中心(profit cost)是既能控制成本，又能控制收入的责任中心，它处于比成本中心高一层次的责任中心。相对于成本中心而言，利润中心在生产经营方面有较大的自主权和独立权。利润中心的管理人员可以决定生产哪一种产品、如何生产、质量水平、价格等，他们要权衡价格、产量、质量和成本，使中心的经营达到最优。这类责任中心通常是那些具有产品或劳务生产经营决策权的部门，如分公司、分厂、事业部等。一个利润中心通常包含若干不同层次的下属成本中心。

(二) 利润中心的类型

利润中心有两种形式：一种是自然形成的利润中心，它为企业内部其他单位提供产品或劳务，也可像一个独立经营的企业直接对外销售。这类责任中心一般具有产品销售权、价格制定权、材料采购权和生产决策权，具有很大的独立性。另一种称为"人为的"利润中心，不直接对外销售而是给企业内部的其他单位提供产品或劳务。这类责任中心一般也应具有相对独立的经营管理权，即能够自主决定本利润中心的产品品种、产品产量、作业方法、人员调配和资金使用等，但这些部门提供的产品或劳务主要在企业内部转移，很少对外销售。

(三) 利润中心的考核指标

利润中心管理人员没有进行投资的决策权，那么利润就成为其最综合的业绩计量标准。企业设立利润中心的目的应是激励各责任单位进行决策，因此，利润中心应是指管理人员有权制定资源供应决策并有自行定价的权利，否则仍然只是准利润中心。计量利润将遇到的问题包括：①选择某一个评价指标，包括共同收入和共同成本的分配；②为责任中心的产品转移制定转移价格。转移价格的制定会在下节讨论。

将共同收入在利润中心分配时，有时会产生矛盾，因为若某一个部门不能从销售其部门的产品中得到利益，它将缺乏继续这样做的动力。例如，当银行对各分行按利润中心进行评价时，一个顾客可能在他住所附近的分行开设账户，而在工作地附近的分行进行大笔交易。如果顾客储蓄带来的收入都归于住所的分行，而银行提供服务的成本都由顾客工作地点的分行承担，那么两分行之间就可能产生冲突。对此，应建立一种补偿制度以解决这类问题，尽管做法上可能较复杂，但这是分权经营需要面对的问题。

共同成本的分配有两种方法。一种是将这部分共同成本在各利润中心之间进行分配，这样，利润中心的业绩报告中有利润额。但对利润中心进行评价和考核时，要以边际贡献为依据，需将这部分共同成本的影响剔除。它一般适用于自然利润中心，其考核指标可采用以下几种形式。

$$部门边际贡献 = 部门销售收入总额 - 部门变动成本总额 \qquad (1)$$

$$部门经理边际贡献 = 部门贡献边际 - 部门经理可控固定成本 \qquad (2)$$

$$部门贡献 = 部门经理边际贡献 - 部门经理不可控固定成本 \qquad (3)$$

$$部门税前利润 = 部门贡献 - 分配来的共同固定成本 \qquad (4)$$

$$公司税前利润 = 各部门税前利润之和 \qquad (5)$$

(1)式可看作严格意义上的边际贡献在利润中心考核指标中的自然延伸，是可控性原则的具体体现。(2)式主要用于评价利润中心负责人的经营业绩，因而必须就负责人可控成本进行评价和考核，即将各部门的固定成本进一步区分为可控成本和不可控成本，这是因为有些费用虽然可以追踪到有关部门，却不为部门经理所控制，如广告费、保险费等。因此，在考核部门经理业绩时，应将其不可控的业绩成本从中剔除。(3)式主要用于对利润中心的业绩评价和考核，用以反映有关部门补偿共同性固定成本后对企业利润所做的贡献。

另一种是不将这部分共同成本在利润中心之间分配。因此，利润中心的业绩报告中没有部门税前利润指标。它一般适用于人为利润中心，这样公司税前利润的计算公式为

$$公司税前利润 = 各部门边际贡献之和 - 共同固定成本 \qquad (6)$$

共同成本一般指公司总部发生的管理费用、销售费用和财务费用等。

【例10-1】升达有限公司的某部门(利润中心)的有关数据资料如下：部门销售收入50 000元，部门销售产品变动成本和变动性销售费用30 000元，部门可控固定成本5 000元，部门不可控固定成本4 000元。

要求：计算部门的各级利润考核指标。

解：根据以上资料计算如下。

部门边际贡献=50 000-30 000=20 000(元)

部门经理边际贡献=20 000-5 000=15 000(元)

部门贡献=15 000-4 000=11 000(元)

在这里，部门边际贡献20 000元是重要的，因为反映了该部门产品的盈利能力，但他对业绩评价没有太大的作用。部门经理边际贡献15 000元是从边际贡献扣减了诸如间接材料、间接人工等部门经理可控的间接成本，反映了部门经理对其控制的资源的有效利用程度，是评价部门经理业绩最好的业绩指标，且不受其他经理所控制的成本的影响。但这个指标会遇上难以区分可控的与不可控的生产能力成本的问题。部门边际贡献很显然是衡量分部获利水平的数据，但它更多地用于评价部门业绩，而不是部门经理的管理业绩。

三、投资中心

(一) 投资中心的概念

投资中心是既要对成本、利润负责，又要对投资效果负责的责任中心，它是比利润中心更高层次的责任中心。投资中心与利润中心的主要区别是：利润中心没有投资决策权，需要在企业确定投资方向后组织具体的经营；投资中心则具有投资决策权，能够相对独立地运用其所掌握的资金，有权购置和处理固定资产，扩大或削减生产能力。

投资中心在责任中心中处于最高层次，它具有最大的决策权，也承担最大的责任。投资中心是分权管理的最突出表现，大型集团公司的分公司、子公司往往都是投资中心，他们的领导人向公司的总经理或董事会直接负责。在组织形式上，成本中心基本上不是独立的法人，利润中心可以是，也可以不是独立的法人，但投资中心一般是独立的法人。

由于投资中心需要对投资的经济效益负责，各投资中心共同使用的资产必须划分清楚；共同发生的成本也应按适当的标准进行分配；各投资中心之间相互调剂使用现金、存货、固定资产等，均应计息清偿，实行有偿使用，只有这样才符合责任会计的要求，才能正确计算、评价和考核各投资中心的经济效益。

(二) 投资中心的考核指标

投资中心比利润中心有更大的职权。投资中心管理人员具有利润中心的全部职责，同时对于营运资本和实物资产也具有责任与处置权力，计量投资中心管理人员业绩考虑该责任中心所运用的实物资产和财务资产将是更好的做法。衡量投资中心业绩的指标有投资报酬率(return on investment，ROI)和剩余收益(residual income，RI)。

1. 投资报酬率

投资报酬率(ROI)也称投资利润率，是投资中心所获的税前经营利润占平均净经营资产的百分比指标，它可以反映投资中心的综合盈利能力。其计算公式为

$$投资报酬率＝税前经营利润÷平均净经营资产×100\%$$

【例10-2】升达有限公司的一投资中心，在生产经营中掌握使用的经营资产年初为900 000元，年末为1 100 000元，本期营业利润为180 000元。

要求：计算该投资中心的投资报酬率(假定本例采用平均投资额)。

解：平均投资额=(年初投资额+年末投资额)÷2

=(900 000+1 100 000)÷2=1 000 000(元)

投资报酬率=180 000÷1 000 000×100%=18%

投资报酬率的主要优点是能促使管理人员像控制费用一样地控制经营资产的占用，综合反映一个投资中心各方面的全部经营成果。其次，由于剔除了因投资额不同而导致的利润差异的不可比因素，因而具有横向可比性，有利于判断各投资中心经营业绩的优劣。最后，投资利润率可作为选择投资机会的依据，有利于优化资源配置。

但是，这一指标也有它的局限性。首先，将投资报酬率作为对投资中心的业绩进行评价与考核的主要依据，往往会使某些投资中心只顾本身利益而放弃对整个企业有利的投资

项目，造成投资中心的近期目标与整个企业长远目标相背离。其次，投资报酬率的计算与资本支出预算分析所用的现金流的分析方法不一致，导致不便于投资项目建成投产后与原定标准的对照。最后，由于约束性固定费用的存在，投资报酬率的计量不全是投资中心所能控制的，从而多少削弱了投资报酬率等指标的作用。

为此，许多企业并不单纯依靠单一的投资报酬率对投资中心进行业绩的评价与考核，而是同时采用其他的辅助指标，如市场占有率、新产品的开发、劳动生产率、存货周转率、应收账款周转率等多指标进行业绩评价。例如，美国的通用电气公司考核其投资中心的指标体系除了投资利润率，还有补充考核的指标，包括：营利性、市场份额、劳动生产率、产品的领导地位、人才开发、员工的态度、公共责任的履行、长短期目标的平衡等。

2. 剩余收益

剩余收益(RI)是指投资中心获得的利润扣减其投资额，按预期最低报酬率计算的余额。其计算公式为

$$剩余收益=利润-投资额×预期最低投资报酬率$$

剩余收益是个绝对正指标，这个指标越大，说明投资效果越好。

与投资报酬率一样，剩余收益可用于全面评价与考核投资中心经营成果，而且用剩余收益指标来评价和考核投资中心的业绩，还有利于克服投资中心狭义的本位倾向。这是因为以剩余收益为衡量投资者中心业绩的标准，投资中心将努力尽量提高其剩余收益，而不是尽量提高投资报酬率。

【例10-3】升达有限公司投资中心实际投资报酬率为18%，现有一新的投资项目，预计投资报酬率为16%，该投资中心是否接受该项投资。有关资料及数据计算如表10-1所示。

表10-1 相关资料表

项目	保持原状	新投资项目	投资于新投资项目后
营业资产平均余额/元	200 000	100 000	300 000
营业利润/元	36 000	16 000	52 000
投资报酬率	18%	16%	17.33%
要求的最低投资报酬率	14%	14%	14%
最低投资报酬额/元	28 000	14 000	42 000
剩余收益/元	8 000	2 000	10 000

从上表可以看出，该投资中心如果不投资于新的项目而保持原状，那么投资报酬率保持原来的18%。如果投资中心投资于新的项目，那么由于新项目的投资报酬率为16%，就使得该投资中心的投资报酬率下降到17.33%。若将投资报酬率作为评价和考核的依据，则该投资中心将以此项新项目的投资影响其本身的工作成绩而拒绝该项新投资。但如果其工作成果是将剩余收益作为评价和考核的依据，新的投资项目报酬率高于要求的最低报酬率，投资于新项目，虽然降低了投资中心的投资报酬率，但增加了剩余收益的数额，投资中心将愿意投资于这一新的项目。

通过上例可以看出，利用剩余收益指标考核投资中心的工作业绩使企业整体利益和个别投资中心的局部利益达到一致，弥补了投资报酬率指标的不足。

需要注意的是，若将剩余收益作为评价指标，所采用的投资报酬率的高低对剩余收益的影响很大，通常应将整个企业的平均投资报酬率作为最低报酬率。相对于投资报酬率指标，剩余收益指标的缺点主要是不便于规模不同的投资中心之间的分析比较。

第三节　内部转移价格

企业内部各责任单位在生产经营中既相互联系，又相互独立地开展各自的活动，各责任中心之间经常相互提供产品或劳务。为了正确评价企业内部各责任中心的经营业绩，明确区分各自的经济责任，使各责任中心的业绩评价与考核建立在客观而可比的基础上，有必要根据各责任中心业务活动的具体特点，制定具有经济依据的内部转移价格。

理论上内部转移价格的制定，应满足以下激励标准，既对经营业绩的评价提供合理的标准，又能激励基层经理更好地经营，而且能促进分权单位与企业整体的目标保持一致。但是，转移价格的制定会涉及较为复杂的情况。首先，半成品在企业内部转移的同时，可能有一部分作为产品向外界销售，从而涉及在市场上出售或者在企业内部转移的决策；其次，转移价格作为购买部门的成本，转移价格制定得越高，购买部门的投资利润率就会越低。所以，转移价格的制定，购买部门要求降低，而出售半成品的部门则要求提高，转移价格的制定可能成为导致部门间冲突的因素之一。

一、内部转移价格的概念和作用

内部转移价格是指企业内部各责任中心之间相互提供产品或劳务的结算价格。内部转移价格的制定，有助于明确划分责任中心的经济责任，使责任中心的业绩考核建立在客观可比的基础上，从而有助于调动各责任中心的积极性。内部转移价格的制定还有利于管理人员进行正确的经营决策。

二、内部转移价格制定的原则

制定内部转移价格应遵循以下原则。

(一) 目标一致性原则

在制定内部转移价格时，既要考虑有关责任中心的利益，又要考虑企业的总体利益，并且尽量使两方面的利益保持一致。如果内部转移价格制定不当，就可能导致责任中心根据内部转移价格做出有利于本责任中心但损害企业总体利益的决策。或者，责任中心也可能由于内部转移价格不符合本责任中心的利益而拒绝执行有利于企业总体利益的经营决策。

(二) 公平原则

企业制定的内部转移价格，应当使提供产品的责任中心和接受产品的责任中心都认为公平合理。在建立和实施责任会计时，企业应避免出现由于内部转移价格制定不当而导致责任中心之间出现不等价交换这种状况。贯彻公平原则,对于具有前后"传递性"关系的责任中心来说十分重要,可使它们在公平、合理、对等的条件下努力工作。甚至可以说,内部转移价格制定得是否公平,直接关系到责任会计制度是否能够真正建立起来。

(三) 激励原则

建立责任会计的目的是激励企业各部门和员工更加努力地工作,以实现企业的经营目标。制定内部转移价格作为实施责任会计制度的一个重要手段,当然要贯彻执行激励原则。

三、内部转移价格的类型

企业内部转移价格的种类通常是按制定转移价格的基础来确定的,包括成本基础和市场价格基础。而企业的成本根据不同的计价分类,有实际成本和标准成本;根据成本内容分类,有变动成本和完全成本等。市场价格又分为市场交易价格和协商价格等。因此,内部转移价格可分为以下几种类型。

(一) 市场价格

市场价格(market price)是指企业外部同类产品或劳务的市场交易价格。应用市场价格的条件如下。

(1) 中间产品有完全自由竞争市场,供应方可以将其产品向市场销售。

(2) 供应方没有闲置的生产能力。

由于是内部销售,卖方可以节约一定的销售费用和管理费用,因此在利用市场价格作为内部转移价格时应做相应的调整,适当地调低市场价格。

以正常的市场价格作为内部转移价格,有一个显著的优点,即"购入"的责任中心可以同向外界购入相比较,如内部转移价格高于现行市价,它可以舍内而求外,不必为此支付更多的代价;"出售"的责任中心也是如此,应使它不能从内部单位得到比向外界出售更多的收入。这是正常评价各个利润(投资)中心的经营成果,并更好地发挥其生产经营主动性的一个重要条件。换言之,也就是在企业内部引入市场机制,使其中每个利润中心实质上都成为独立机构,各自经营,最终再通过利润指标来评价与考核其经营成果。市场价格适用于独立经营核算的利润(投资)中心之间转移产品。

(二) 以"成本"作为内部转移价格

这是制定转移价格最简单的方法,从企业整体的决策角度来说,转移价格的制定应考虑卖方的生产能力利用情况。如果卖方的生产能力没有充分利用(闲置)可以按变动成本转移,无闲置生产能力的卖方应以市场价格制定转移价格。

可供选择的成本定价有以下几种。

1. 实际成本

实际成本是中间产品生产时发生的完全生产成本。以实际成本作为内部转移价格,便于利用财务会计信息,简单容易。实际成本有据可查,具有一定的客观性,但以实际成本作为内部转移价格会将提供产品或劳务部门的成绩或不足全都转给使用部门，使双方责任不清，不利于责任中心的考核。此外，如果本月完工的部分中间产品在当月就被下游部门领用，那么只有等月末这些产品的实际成本计算出来之后才结转，从而会影响下游部门的成本计算。实际成本内部转移价格主要适用于各成本中心之间相互转移产品或劳务时。

2. 实际成本加成

如果产品或劳务的转移涉及的是利润中心或投资中心，那么为了让供应部门取得一定的利润，也可以在实际成本的基础上加上一定的利润，以此作为产品或劳务的转移价格。但这种转移价格包含了实际成本，成绩与缺陷的转嫁现象并不能消除。此外，所加成的利润带有一定的主观随意性，偏高或偏低都会影响双方经营业绩的正确评价。

3. 标准成本

以各中间产品的标准成本作为其内部转移价格。标准成本最大的优点是将管理和核算工作结合起来，可以避免功过转嫁之弊端，能够明确责任，有利于责任中心的管理和考核，而且可以及时办理内部转移手续，减少相互等待的时间。标准成本适用于成本中心产品的转移。

4. 标准成本加成

当产品的转移涉及利润中心或投资中心时，可将标准成本加上一定的利润作为转移价格。使用这种内部转移价格不仅能避免成绩或不足的转嫁现象，便于分清双方责任，且能调动供应部门的积极性，但利润额的确定仍是一个问题。

5. 变动成本

还能以变动成本作为内部转移价格。将变动成本作为定价基础，有利于鼓励接受中间产品的责任中心"购买"企业内部其他责任中心的产品，而不向企业外部购买，因此可避免企业生产能力的闲置和购买费用的增加。但是，将变动成本作为转移价格的主要问题如下。

(1) 这种转移价格会使"购买"部门过分有利。

(2) 由于责任中心只计算变动成本，不能利用投资利润率和剩余收益对该中心负责人进行业绩评价，因而只能限于成本中心。

(3) 如果简单地将一个责任中心的变动成本转移给另一责任中心，将不利于激励成本中心经理控制成本。为此，有的企业采用"变动成本加一笔补偿"的办法来制定转移价格。这种方法主要适用于采用变动成本法计算产品成本的成本中心之间产品的结转。

(三) 双重价格

当转移价格的定价在交易过程中没有给卖方带来利润时，转移价格的定价将起不到鼓励卖方部门从事内部交易的作用。为此，可采用双重价格来取代单一的内部转移价格。所谓双重价格，是指对产品(半成品)的供需双方分别采用不同的转移价格。例如，当某种产品或劳务在市场上出现不同的价格时，买方采用最低的市价，卖方则采用最高的市价(或者成本加一定的利润)。又如，卖方按市价作为计价基础，买方则按卖方的成本作为计价基础。这样区别对待，可以较好地满足买卖双方在不同方面的需要，同时可激励双方在生产经营方面充分发挥其主动性和积极性。

采用双重价格定价法能够使卖方部门获利而买方部门仅仅负担成本，或者卖方部门将成本加一定的利润作为内部转移价格，而买方部门只支付产品的成本部分，差额可以记录在一个专门的集中核算的账户中。这种方法为买方部门留下成本数据，且通过转移价格向卖方部门提供了利润，这就会鼓励内部交易活动。

双重价格是一种既不直接干预所属各责任中心的管理决策，又能消除职能失调行为的定价方法。但这种方法通常在中间产品有外界市场，供应部门有剩余生产能力，且单位变动成本低于市场价格的条件下才会行之有效。

(四) 协商价格

直接将市场价格作为内部转移价格，实行起来也可能会碰到一些实际的困难，如市场价格往往变动较大，产品(半成品)提供给内部单位，手续简便，比对外销售通常可以节约较多的销售费用，如直接按现成的市场价格计价，这方面的节约将全部表现为卖方的工作成果，买方得不到任何好处，因而引起他们的不满。为解决这一类的矛盾，有关单位也可以以正常的市场价格为基础，定期进行协商，确定一个双方可以接受的价格，称为协商的市场价格。协商的转移价格可以使部门经理如同独立公司的经理那样从事管理，从而保留了部门经理的自主权。但是，在协商过程中可能会浪费经理人员的大量精力，而衡量业绩的最终价格也须取决于经理的协商能力，而不是从公司最有利的角度考虑，从而达不到目标的一致性。因此，也可能发生公司的最高管理当局直接干预转移价格的情况，但是，这将丧失部门经理的自主权，削弱分权管理的优势。不过，当转移价格的定价问题不经常发生时，直接干预的好处也许会超过其成本。

【例10-4】升达有限公司下属的甲、乙两个分部均为投资中心。其中，甲分部每年发生固定成本100 000元，生产的A部件单位变动成本为10元/件，如果直接对外出售，其市场价格为20元/件。A部件也可以作为乙分部的原材料。乙分部每年发生固定成本50 000元，每年最多可将10 000件A部件深加工为10 000件B产品，单价为40元/件，追加单位变动成本10元/件。A产品的市场容量为40 000件。

要求：

(1) 假定甲分部全年最多可生产40 000件A部件，分析能否采用市场价格作为甲乙分部内部交易A部件的内部转移价格；

(2) 假设甲分部最大生产能力为50 000件，分析是否应采用市场价格作为甲乙分部内部交易A部件的内部转移价格；

(3) 假设甲分部最大生产能力为50 000件，A部件的协商价格为18元/件，分析是否应当以协商价格作为内部转移价格。

解：根据以上资料进行分析。

(1) 这种情况下，将市场价格作为内部转移价格，则无论乙分部从甲分部购买还是从外部购买A部件，甲、乙分部和总公司的营业收益均无影响。该公司简易的损益表如表10-2所示。

表10-2 损益表

单位：元

项目	甲分部	乙分部	合计
销售收入：			
A部件20×40 000	800 000		800 000
B部件40×10 000		400 000	400 000
收入合计	800 000	400 000	1 200 000
成本：			
变动成本			
A部件10×40 000	400 000		400 000
B部件 (20+10)×10 000		300 000	300 000
固定成本	100 000	50 000	150 000
成本合计	500 000	350 000	850 000
营业利润	300 000	50 000	350 000

（2）这种情况下，甲分部有10 000件的剩余生产能力，这时若仍采用市场价格作为内部转移价格，就无法使公司利润最大化。因为对乙分部来讲，无论是从外部购入，还是从甲分部购入，其成本都是一样的，这种转移价格对乙分部没有吸引力。如果乙分部从外部购买，就会使甲分部的剩余生产能力闲置，同时使公司的利润减少100 000元，即(20-10)×10 000。

（3）这种情况下，应采用协商价格作为内部转移价格。如果协商价格低于市场价格，但高于甲分部生产这种半成品的变动成本，会使供需双方受益都能增加，进而使整个公司的收益增加。采用协商价格时，甲、乙双方及整个公司的收益情况如表10-3所示。

表10-3 升达有限公司损益表

项目	甲分部	乙分部	合计
销售收入：			
A部件(外销)20×40 000	800 000		800 000
A部件(内销)18×10 000	180 000		180 000
B部件40×10 000		400 000	400 000
收入合计	980 000	400 000	1 380 000
成本：			
变动成本			
A部件10×50 000	500 000		500 000
B部件(18+10)×10 000		280 000	280 000
固定成本	100 000	50 000	150 000
成本合计	600 000	330 000	930 000
营业利润	380 000	70 000	450 000

第四节 责任中心业绩评价与报告

责任中心以责任预算为基础，对责任预算的执行情况进行系统的记录和计量，以实际完成情况同预定目标的对比情况来评价和考核各个责任中心的业绩。

一、责任预算

责任预算是以责任中心为对象，以其可控的成本、收入和利润等为内容编制的预算。责任预算既是责任中心的努力目标和控制依据，又是考核责任中心的标准。在实行责任会计的企业中，责任预算是总预算的补充和具体化，可以同总预算融为一体。

编制责任预算的目的在于将责任中心的经济责任数量化。就预算编制程序而言有两种方法。一种是在企业总预算的基础上，从责任中心的角度，对总预算层层分解，从而形成的责任中心的预算。这种自上而下的指标层层分解方式是比较常见的，其优点是使整个企业目标一致，便于统一指挥和协调；但不足之处是各责任中心的预算指标由于是上级分解下达的，因此可能会降低责任中心负责人和职工的工作积极性和创造性。另一种是采取自下而上的方式，即各责任中心制定各自的预算指标，层层汇总，最后由企业负责人或预算委员会等机构进行汇总和协调，从而建立企业总预算。这种方式的优点是各责任中心负责人和职工都参与制订预算，从而乐于接受实施预算的责任，并能更加自觉地投入完成预算业绩的工作中去，因而有利于发挥各责任中心的工作积极性和创造性；这种工作方式的缺点是容易使各责任中心只注意本中心的具体情况，并把负责的预算编制得过于宽松，使预算业绩易于完成，从而降低整个企业的经营效益，不利于企业总目标的实现。而且，这种指标层层汇总方式如果产生调整，工作量很大。因此，责任预算的编制程序与企业组织机构设置和经营管理方式有密切关系。集权管理制度下普遍采用自上而下的预算编制方式，而分权管理制度下一般采用自下而上的预算编制方式。

责任预算是通过各种责任指标表现的，包括各种价值指标和非价值指标。价值指标包括：成本中心责任预算中的可控成本，利润中心责任预算中的部门边际贡献、部门经理边际贡献，投资中心责任预算中的投资报酬率、剩余收益等。非价值指标包括：责任中心设备完好率、职工出勤率等。前者为主要指标。

预算的编制是差异分析的基础，编制的预算越能反映客观实际，据以进行的差异分析才能更大地发挥作用。通过差异分析，企业管理当局可据以了解差异形成的原因和责任，并相应地采取有关的措施。

责任中心业绩评价考核是通过"业绩报告"或称"责任报告"来完成的。责任报告是根据责任会计记录编制的反映责任预算实际执行情况的会计报告。责任报告的形式主要有报表、数据分析和文字说明等。将责任预算与实际执行情况的差异用报表予以列示是业绩报告的基本方式。但在揭示差异的同时，必须对重大差异进行定量和定性分析。定量分析是为了确定差异发生的程度，定性分析是为了找出差异的原因。应根据分析结果，提出改进建议，以便各责任中心和管理当局进一步控制。

二、成本中心的业绩评价与责任报告

成本中心控制和考核责任成本，是在事先编制的责任成本预算的基础上，通过提交责任报告将成本中心实际发生的责任成本与责任成本预算进行比较而实现的。实际数大于预算数的差异是不利差异，实际数小于预算数的差异是有利差异。成本中心责任报告格式如表10-4所示(维修费是由维修部门分配来的费用，本部门实际耗用的维修费大于或小于本部门原定的计划数，才会形成差异，因而把它列作本部门的可控差异)。

表10-4　成本中心责任报告

20×7年1月 　　　　　　　　　　　　　　　　　　　　　　　　　　　　单位：元

项目	实际	差异
可控成本		
直接材料	21 500	(700)
直接人工	12 000	100
管理人员工资	4 000	—
维修费	2 900	(300)
物料费	1 000	50
其他	600	10
合计	42 000	(840)
不可控成本		
设备折旧	2 400	
房屋部门费用	3 200	
其他分配费用	3 780	
合计	9 380	
总计	51 380	(840)

三、利润中心的业绩评价与责任报告

利润中心应定期提交责任报告，将实际成本、实际收入及实际利润同成本预算、收入预算及利润预算进行比较，集中反映利润预算的完成情况。如果实际数大于预算数，其差异是有利差异；如果实际数小于预算数，其差异是不利差异。

由于利润中心无法控制上级分配来的固定成本数额，所以，在考核利润中心的经营业绩时应将这部分固定成本的影响剔除。利润中心责任报告格式如表10-5所示。

表10-5　利润中心责任报告

20×7年1月 　　　　　　　　　　　　　　　　　　　　　　　　　　　　单位：元

项目	实际	差异
销售收入	166 500	7 600
变动成本：		
制造费用	63 270	(6 500)
销售费用	28 305	4 460

(续表)

项目	实际	差异
行政管理	3 650	1 340
合计	95 225	(700)
贡献边际	71 270	8 300
固定成本：		
制造费用	33 300	400
销售费用	6 660	200
行政管理	9 665	(15)
合计	49 625	585
经营净利润	21 645	7 715

四、投资中心的业绩评价与责任报告

从管理层次看，投资中心是最高层次的责任中心，它不仅要对成本、收入、利润负责，而且要对投资效果负责。因此，对投资中心的评价与考核，除收入、成本和利润外，重点应放在营业资产平均占用额、投资报酬率和剩余收益等指标上。

投资中心的责任报告与利润中心相似，除须列出销售收入、销售费用、经营利润、经营资产平均占用额外，还要列示投资报酬率、销售利润率、资产周转率等指标。将预算数与实际数对比计算差异，据此分析原因，以便对投资中心的业绩进行全面的评价与考核。投资中心责任报告的格式如表10-6所示。

表10-6 投资中心责任报告

20×7年1月 单位：元

项目	实际	差异
销售收入	490 000	(10 000)
变动成本：		
制造费用	191 000	9 000
销售费用	88 000	(3 000)
行政管理	9 000	(3 000)
合计	288 000	3 000
贡献边际	202 000	(13 000)
固定成本		
制造费用	101 000	1 000
销售费用	19 000	1 000
行政管理	27 000	(500)
合计	147 000	1 500
经营净利润	55 000	(14 500)
经营资产平均占用额	727 867	13 581
经营资产周转率	0.673 2	(0.026 8)
销售利润率	11.22%	(2.68%)
投资报酬率	7.55%	(2.18%)

应当指出,在企业管理的不同层次上,责任报告的侧重点应有所不同。最低层次责任中心的责任报告应是最详细的,例如,直接材料可以进一步分解为价格差异和用量差异,并且进一步追溯到各种原材料上去。随着层次的升高,其责任报告的内容应以更为简洁的形式来表现。责任报告还有一个决定差异影响因素的相对重要性问题。对此,应遵循管理上的"例外管理"原则,使之突出重点,以便引导人们把主要注意力集中到少数严重脱离预定目标的项目上来,而不能事无巨细,一并罗列。

五、责任预算、责任报告与业绩评价的关系

责任预算是以责任中心为对象,以其预算期内应当发生或实现的责任成本、收入、利润或投资效益等指标为内容事先编制的预算。不同的责任中心编制责任预算的口径不同,但编制责任预算的目的都是将各责任中心的经济责任数量化。责任预算既是责任中心努力工作的目标和责任控制的依据,又是考核责任中心业绩的标准。

责任报告是在责任预算的基础上,在预算的执行过程中,按照各责任中心各自责任履行的实际情况计算有关指标的差异额,并于预算期结束后定期提交的书面报告。责任报告包括考核内容、实际数和差异额。另外,还必须提交有关该责任中心执行预算的业绩评价和存在问题的分析说明。事实上,责任预算最终要在责任报告中体现,前者是后者的一部分,没有责任预算就无法计算预算执行差异。

业绩考核评价与提交责任报告密不可分。业绩考核评价的过程就是编制和提交责任报告的过程,责任报告是考核评价责任中心业绩的载体。同时,责任预算又是对责任中心进行系统考核评价的依据。

总之,尽管编制责任预算在先,提交责任报告在后,业绩考核评价的结论要等预算期结束后方能做出,但责任预算、责任报告与业绩考核评价都是围绕相同的责任中心而进行的,属于责任会计不可缺少的工作环节。

思考练习

一、单选题

1. 责任会计的主体是( )。
    A. 责任中心   B. 产品成本
    C. 生产部门   D. 管理部门

2. 责任成本以( )为归集对象。
    A. 产品成本   B. 责任中心
    C. 目标成本   D. 相关成本

3. 责任中心业绩评价考核是通过( )来完成的。
    A. 财务报告   B. 责任报告
    C. 盈余报告   D. 审计报告

4. 当产品或劳务的市场价格不止一种, 供求双方有权在市场上销售或采购, 供应部门的生产能力不受限制时, 应当作为内部转移价格的是(   )。

    A. 实际成本   B. 标准成本

    C. 双重市场价格   D. 协商价格

5. 市场价格内部转移价格适用于(   )之间转移产品时采用。

    A. 利润中心   B. 采购中心

    C. 费用中心   D. 成本中心

二、多选题

1. 责任会计产生和发展的理论基础是(   )。

    A. 分权管理   B. 行为科学

    C. 管理会计   D. 计件工资制

2. 一定时期内发生的广义产品成本总额等于同期发生的责任成本总额, 分权制管理适用于(   )的企业。

    A. 规模比较大   B. 经营品种比较多

    C. 规模比较小   D. 市场变化较大的企业

3. 利润中心有两种形式, 分别为(   )。

    A. 自然的利润中心   B. 实际利润中心

    C. 标准利润中心   D. "人为的"利润中心

4. 制定内部转移价格应遵循以下几项原则(   )。

    A. 目标一致性原则   B. 公平原则

    C. 激励原则   D. 权责发生制原则

5. 可供选择的成本定价有(   )。

    A. 实际成本   B. 标准成本

    C. 变动成本   D. 标准成本加成

三、判断题

1. 对各责任中心所赋予的经济责任, 应以其能够控制为前提。   (   )

2. 成本中心是指对其成本或费用承担经济责任, 负责控制和报告成本的责任中心。

    (   )

3. 成本中心所核算与考核的成本指标是产品成本。   (   )

4. 投资中心是既要对成本、利润负责, 又要对投资效果负责的责任中心, 它是比利润中心层次更高的责任中心。   (   )

5. 剩余收益指标的优点主要是便于不同规模的投资中心之间的分析比较。   (   )

第十一章

绩效评价

【学习目标】
- ○ 了解绩效评价的概念与发展历程。
- ○ 了解经济增加值的概念与起源。
- ○ 了解平衡计分卡的起源与特点。
- ○ 掌握经济增加值的计算方法。

第一节 绩效评价概述

一、绩效评价的概念

(一) 绩效

绩效在英文中以Performance表示，也可译为业绩。根据《韦伯斯特新世界词典》的解释，绩效的意思是：①正在执行的活动或已完成的活动；②重大的成就，即正在进行的某种活动或者取得的成绩。因此，绩效既可以看作一个过程，也可以看作该过程产生的结果。《现代汉语词典》将绩效解释为：①建立的功劳和完成的事业；②重大的成就。可见，中英文对绩效的理解有所不同，英文强调绩效实现的过程性，中文强调绩效实现的结果性。

企业效绩是指一定经营期间的企业经营效益和经营者业绩。企业经营效益水平主要表现在盈利能力、资产营运水平、偿债能力和后续发展能力等方面。经营者业绩主要通过经营者在经营管理企业的过程中在企业经营、成长、发展等方面所取得的成果和所做出的贡献来体现。

(二) 评价

《现代汉语词典》对评价的解释是：①评定价值的高低；②评定的价值。

评价是人类的一种认识活动，它的目的在于揭示客观世界的价值。评价是为达到一定的目的，运用特定的指标，比照特定的标准，采取特定的方法，对事物做出价值判断的一种认识活动。

(三) 绩效评价

绩效评价是指运用数理统计和运筹学方法，采用特定的指标体系，对照统一的评价标准，按照一定的程序，通过定量定性对比分析，对企业一定经营期间的经营效益和经营者业绩，做出客观、公正和准确的综合评判。

总体来说，业绩评价就是按照企业目标设计相应的评价指标体系，根据特定的评价标准，采用特定的评价方法，对企业一定经营期间的经营业绩做出客观、公正和准确的综合判断。

二、国外、国内绩效评价理论的发展历程

(一) 国外企业绩效评价理论的发展历程

国外绩效评价理论总体来说经历了三个阶段：成本绩效评价时期(19世纪初—20世纪初)，财务绩效评价时期(约20世纪初—20世纪90年代)，以及绩效评价指标体系的创新时期(20世纪90年代至今)，其中，每一时期的评价指标都是随着企业生产经营的发展变化，以及所处的社会经济环境和管理要求的变化而不断发展变化的。

1. 成本绩效评价时期(19世纪初—20世纪初)

成本绩效评价时期是企业绩效评价发展的第一个阶段，早期的成本思想是一种很简单的将本求利思想，成本计算也是一种简单的以盈利为目的的计算方法，这一阶段经营绩效评价的重点就是降低生产成本。随着资本主义市场经济的进一步发展和竞争意识的加强，建立一套以成本控制为中心的企业成本会计，并据此对企业经营绩效进行评价的制度已成为必要。1911年，美国会计工作者哈瑞设计了最早的标准成本制度，实现了成本会计的第二次革命。标准成本及差异分析制度的建立，实现了成本控制，并由被动的事后控制转变为积极、主动的事前预算和事中控制，达到了对成本进行管理的目的。标准成本及差异分析制度的推行对于降低生产成本、提高生产效率起到了积极的作用，从而成为这一时期评价企业绩效的主要制度。

2. 财务绩效评价时期(约20世纪初—20世纪90年代)

20世纪初，资本主义市场经济发展已经趋于成熟并不断繁荣发展，自由竞争过渡到了垄断竞争，企业逐渐向跨行业经营的大规模企业集团方向发展，企业组织结构和产权结构进一步复杂化，注重解决大规模、跨行业、多层次的企业经营协调一致的问题，这就为企业绩效评价指标体系的改革与创新提供了可能，也为企业绩效评价指标体系过渡到财务绩效评价指标体系奠定了基础。相应地，绩效评价指标从单一的成本指标向获利能力、偿债

能力、资产经营效率和发展能力等综合指标发展，如杜邦分析法。

20世纪60年代至70年代，在绩效评价指标运用方面，越来越多的企业运用销售利润率和投资报酬率为主要评价指标来评价企业经营绩效。到了20世纪80年代以后，出现了非财务指标的萌芽，企业经营绩效的评价体系逐步发展形成了以财务指标为主、非财务指标为补充的绩效评价体系。

3. 绩效评价指标体系的创新时期(20世纪90年代至今)

20世纪90年代，企业的经营环境面临着巨大变化。由于经济全球化和"新经济"时期的到来，金融工具的频繁使用以及市场的瞬息万变，导致竞争在全球范围内加剧。为了实现企业的战略规划和远景目标，就必须形成和保持企业的核心竞争能力。一些大公司发现依赖于传统财务指标的绩效评价方法已成为妨碍企业进步与成长的主要原因，由于缺乏明确的判断标准和绩效评价指标，各种为提高企业的核心竞争力所进行的活动就很难判断是否提升了企业的核心能力，以及是否为企业创造了价值，此时财务指标的改革势在必行。为了解决这个问题，企业应建立新的绩效评价体系，将财务信息与非财务信息融合起来并在财务报告中加以披露，以便改进财务报告和为制定企业长期发展战略规划服务。因此，这个阶段的企业绩效评价注重把财务指标和非财务指标结合起来，从而帮助企业形成核心竞争力，以支持企业的长期发展。

(二) 我国企业绩效评价理论的发展历程

我国的企业绩效评价理论发展较晚，企业绩效评价体系大致经历了四个阶段的发展：实物量考核阶段、产值和利润考核阶段、投资报酬率考核阶段和综合考核阶段。

1. 实物量考核阶段

从中华人民共和国成立到20世纪70年代，我国实行高度集中的计划经济管理体制，与当时的计划经济管理体制相适应，国有企业考核方法以实物量考核为主。国有企业基本没有经营自主权，企业生产所需的资金和各种生产要素由政府无偿拨付，所生产的产品、规格、数量由政府计划决定。这种情况下政府按照指令性生产计划考评企业绩效，主要考核的是企业的产量和质量，因此企业产品的价格便与市场脱钩，如果考核企业的产值和利润将不能真实地反映企业的经营绩效。

2. 产值和利润考核阶段

20世纪70年代到20世纪80年代后期，经济理论界特别关注如何解决我国企业缺乏经营自主权的问题。为促进企业全面完成国家计划、提高经济效益，1977年，国家计委发布了《工业企业八项技术经济指标统计考核办法》，以产品产量、品种、质量、原材料燃料动力消耗、流动资金、成本、利润和劳动生产率8项指标对企业进行考核。1982年，国家经贸委、国家计委等六部委制定了包括总产值和增长率、上缴利润和增长率、产品产量完成情况、产值利税率和增长率等在内的16项主要经济效益指标作为考核企业的主要依据，同时规定从中选择10项指标进行考核。

20世纪80年代后期，承包制成为深化国有企业改革的主要形式。承包制下企业经营者利用经营自主权不断侵犯所有者权益的问题屡见不鲜。1988年，国家统计局、国家计委、财政部和中国人民银行联合发布了劳动生产率、销售利润率、资金利税率等8项考核指标，但由于没有制定综合评价方法，这8项指标并没有在企业考核工作中实际利用，绝大多数实行承包制的企业还是主要通过企业实现利润或上缴利税来考核承包计划的完成情况。

3. 投资报酬率考核阶段

20世纪90年代后期，我国社会主义市场经济体制逐步取代了计划经济体制，为适应市场经济发展的需要，我国对企业财务会计制度进行了大的改革，开始探索建立以投资报酬率为核心的企业绩效评价方法体系。1993年，财政部颁布的《企业财务通则》规定：企业效绩评价指标体系由8项指标组成。这8项指标分别是资产负债率、流动比率、速动比率、应收账款周转率、存货周转率、资本金利润率、销售利税率和成本费用利润率，分别从盈利能力、偿债能力和营运能力三方面对企业的经营绩效进行全面、综合的评价。《企业财务通则》的颁布实施，有利于企业财务管理朝着科学化的方向发展，有利于政府及债权人对企业经营状况的评价。1995年，财政部在1993年指标体系的基础上制定和颁发了《企业经济效益评价指标体系(试行)》，这套指标体系由销售利润率、总资产报酬率、资本收益率、资本保值增值率、资产负债率、流动比率、应收账款周转率、存货周转率、社会贡献率、社会积累率10项指标组成，并赋予每项指标不同的权重。新的经济效益评价指标体系，对加强企业财务管理起到了重要的促进作用。1995年的指标体系与1993年的指标体系相比考虑了企业对国家和社会的贡献情况，同时考虑了企业的经济和社会效益，改变了以实现利税或上缴利税多少来衡量企业经营绩效好坏的做法，正确处理了国家、企业和职工三者之间的关系。

4. 综合考核阶段

随着市场经济体制的逐步完善，我国企业绩效评价的作用逐渐得到社会的认识，政府部门也高度重视企业绩效评价体系的建立和发展。在市场经济条件下，为了探索企业管理的新方法，对国有企业经营绩效进行科学有效的评价，1999年6月，财政部等四部委联合颁布了《国有资本金效绩评价规则》及其操作细则，该体系共有32项指标，其中包括8项基本指标、16项修正指标和8项评议指标，全面评价了企业的财务效益、资产运营、偿债能力和持续发展能力四方面的绩效。至此新型企业绩效评价体系开始在我国初步建立，初步形成了财务指标与非财务指标相结合的评价体系。2002年2月又颁布了《企业效绩评价操作细则(修订)》，修订后的指标体系总数变为28项，增加了对企业创新能力和社会贡献能力的评价，以及对各指标的权重进行了调整，使该评价体系更为客观公正，更具有可操作性。2006年9月，国务院国有资产监督管理委员会颁布了《中央企业综合绩效评价实施细则》，规定了企业综合绩效评价指标由22项财务绩效定量评价指标和8项管理绩效定性评价指标组成。财务绩效评价指标反映了企业盈利能力状况、资产质量状况、债务风险状况和经营增长状况四方面，企业管理绩效定性评价指标包括战略管理、发展创新、经营决策、风险控制、基础管理、人力资源、行业影响、社会贡献八方面的指标，主要反映企业在一定经营期间所采取的各项管理措施及其管理成效。细则还规定了财务业绩定量评价指标权重为70%，管理业绩定性评价指标权重为30%。

三、绩效评价的构成要素

企业绩效评价系统作为企业管理控制系统中一个相对独立的子系统，其构成要素包括评价主体、评价客体、评价目标、评价指标、评价标准、评价方法和评价分析报告七个要素。

(一) 评价主体

企业绩效评价的主体是谁需要对客体进行评价，它是绩效评价活动的行为主体，可以是特定的组织机构，也可以是自然人。每一位企业利益的相关者都会从自身的利益出发对企业的经营绩效进行评价。根据企业绩效评价的不同目标，利益相关者不仅包括企业所有者、经营管理人员，而且包括外部潜在投资者、债权人、政府部门等其他利益相关者，各方出于对自身利益的考虑而制定相应的绩效评价标准。

(二) 评价客体

评价客体是指对什么进行评价，是绩效评价的行为对象，它取决于企业相关利益方的需要。企业绩效评价的客体一般包含两方面：一方面是企业，即企业生产经营的全部过程；另一方面是企业的经营者。

(三) 评价目标

企业绩效评价系统的目标是整个系统运行的指南和目的，并且直接影响评价指标的设计和评价标准的确定。它首先应服从和服务于企业的整体目标，并且决定着整个绩效评价过程，因此明确评价目标是开展评价工作的前提。评价目标必须与企业整体目标协调一致，采用科学的评价方法，对企业目标实现的全过程不间断地进行有效的评估和考核，确保企业价值最大化的实现。其次，评价目标应与企业财务目标协调一致，满足各利益相关者的需求。最后，评价目标与企业战略目标应保持一致，引导企业各部门采取与战略目标相一致的行为，保证战略的有效实施。

(四) 评价指标

评价指标是根据评价主体和评价目标的需要而设计的，是指对评价客体的哪些方面进行评价，即能够反映评价客体特征的用指标形式表现的因素。评价客体本身具有多种特征，绩效评价体系注重的是评价客体与企业生产经营，乃至与战略成败密切相关的关键成功因素，主要可分为财务指标和非财务指标、定量指标和定性指标等。评价指标是据以对评价客体实施评价的重要依据，可以说没有切合实际的指标体系评价就无法进行。这些评价指标作为实施企业经营绩效评价的基础和客观依据，能够传递出评价主体的评价目标，有助于评价主体做出决策。

(五) 评价标准

评价标准是评价的参照系，是对评价客体进行分析评判的标准，一般根据数理统计方法经测试和调整后确定。评价标准是对企业经营绩效进行价值判断的标尺。由于评价的目标、范围和出发点不同，故必然要有与之相适应的评价标准。随着社会不断进步、经济不断发展及外部条件的变化，作为标尺的评价标准也会随之发生变化，因此评价标准是相对的、发展的、变化的，但在特定的时间和范围内，也应具有相对的稳定性。为了全面发挥企业绩效评价系统的功能，在实际工作中应综合运用各种不同的标准，通过将获得的企业绩效信息与预先确定的标准进行对比，可以判断企业经营绩效的优劣。

(六) 评价方法

评价方法是具体实施评价的技术规范，它是获取绩效评价信息的具体手段。通过一定的评价方法，评价主体可以实施对评价指标和评价标准的对比分析，从而实现从若干评价指标到评价结果的转化过程。

(七) 评价分析报告

绩效评价分析报告是企业绩效评价系统的输出信息，也是绩效评价系统的结论性文件。通过绩效评价分析报告的使用，绩效评价系统的功能才能得以发挥。绩效评价人员以评价客体为单位，通过会计信息及其他信息系统，获取与评价客体有关的信息，经过加工整理后得出绩效评价客体的评价指标数值或状况，将该客体的评价指标的数值或状况与预先确定的评价标准进行对比，通过差异分析，找出产生差异的原因、责任及影响，最后得出评价客体绩效好坏的结论，这样就形成了绩效评价报告。

四、绩效评价的方法

(一) 经济增加值

经济增加值(economic value added，EVA)这一概念最早由美国学者Stewart在20世纪90年代提出，并由著名的咨询公司——思腾思特公司注册实施，它是一种新的评价公司经营业绩的指标评价体系。从经济领域来说，EVA等于企业的税后经营利润与资本成本之间的差额，其中资本成本既包括债务资本成本，也包括股份资本成本。

(二) 平衡计分卡

1992年，大卫·诺顿和罗伯特·卡普兰提出了平衡计分卡(BSC)的概念。平衡计分卡通过四个维度测评公司业绩，即财务、客户、内部业务流程、学习与成长，从这四个方面将原来只有组织管理者明白的组织战略目标转化为员工可以理解的绩效指标。研究发现，平衡计分卡为战略的实施提供了合理的模式，有效克服了战略实施的障碍，超越了最初为"未来的组织"而设计的全方位的"平衡的"绩效评价体系，发展成为企业实施战略的重要系统分析工具。研究显示，1998年《财富》杂志公布的世界排名前1 000家公司中的60%采用了平衡计分卡作为管理流程的管理工具。欧洲的一项调查也表明，在德国、英国和意大利，对平衡计分卡熟悉的公司分别占受访公司的98%、83%和72%。就我国而言，平衡计分卡既适用于需要全面、科学、合理评价公司内部绩效的公司，也适用于需要转型和变革的国有企业、二次创业的民营企业，以及需要规范管理和提高战略管理能力的企业。

(三) 模糊综合评价法

模糊综合评价法是一种以模糊数学为基础，运用模糊关系合成原理，然后进行评价的方法。模糊综合评价法是一种定量的评价法。评价者从影响问题的主要因素出发，参照有关数据和情况通过模糊数学提供的方法进行运算，得出定量的综合评价结果。在运用该方法进行模糊综合评价时，所需要的主要数据是各个评价指标的权重和指标的评定等级。

(四) 层次分析法和网络分析法

层次分析法(AHP)起源于20世纪70年代初期，是美国匹兹堡大学托马斯·L.萨蒂(T. L. Saaty)教授提出的一种定性分析和定量分析相结合的系统分析方法，层次分析法的核心是将系统划分层次且只考虑上层元素对下层元素的支配作用，同一层次中的元素被认为是彼此独立的。萨蒂在层次分析法的基础上于1996年提出了一种相似的、用于评价的方法，称为网络分析法(ANP)，其更准确地描述了客观事物之间的联系，是一种由(AHP)延伸发展而得到的更加有效的方法。

(五) 关键绩效指标

关键绩效指标(KPI)是通过对组织内部某一流程的输入端、输出端的关键参数进行设置、取样、计算、分析，衡量流程绩效的一种目标式量化管理指标，是把企业的战略目标分解为可运作的远景目标的一种工具，是企业绩效管理系统的基础。其可以使部门主管明确部门的主要责任，并以此为基础，明确部门员工的业绩衡量指标，使业绩考评建立在量化的基础之上。关键绩效指标必须符合SMART原则，包括：具体性(specific)、衡量性(measurable)、可达性(attainable)、现实性(realistic)、时限性(time-based)。KPI法符合一个重要的管理原理——"二八原理"，在一个企业的价值创造过程中，存在20/80的规律，即20%的骨干创造企业80%的价值，而且在每一位员工身上"二八原理"同样适用，即80%的工作任务是由20%的关键行为完成的，因此必须抓住20%的关键行为，对之进行分析和衡量，这样就能抓住业绩评价的重心。

(六) 360度绩效评价法

360度绩效评估法又称为全方位考核法和360度反馈法，最早由Intel公司提出并加以实施。近十几年来，随着人本管理思想成为西方管理学中的主导管理理念，以及网络信息技术的推广，以360度绩效评估为核心的绩效管理体系风靡全球。最近的一项调查显示，在《财富》杂志评选出的排名在前1 000位的企业中，有近90%已将360度反馈系统的某些部分应用于职业发展与绩效考核中。传统的绩效评估方式是一种单向的自上而下的评估，即由员工的上级担任考评者对员工进行考评。360度绩效评估系统是由被考评人的上级、同级、下级、内部客户、外部客户及被评价者本人担任评估者，从各自不同角度对被评者进行全方位的评价。评估的内容也涉及员工的任务绩效、管理绩效、周边绩效、态度和能力等方方面面，再将考评结果反馈给本人，从而达到改变其工作行为、提高工作绩效的目的。为了消除评价者的顾虑，一般采用匿名的方式。因此，360度绩效评价法实质上是一种多源信息反馈的评估系统，也被称为多评估者评价系统。

五、业绩评价的作用

(一) 从企业产权的角度

现代企业是以所有权和经营权相分离为主要特征的,而拥有所有权的所有者和拥有经营权的经营者都是企业的控制主体。一方面,所有者由于拥有所有权,可以依法行使经营者选择权和投资收益权,因此可以说经营者的经营是在所有者的监督控制下进行的。另一方面,虽然所有者拥有企业的最终控制权,但在经营过程中,企业的控制权实际上为经营者所有,所有者必须依靠经营者才能实现其资本的扩张和企业价值的增加。从这个意义上说,所有者又受到经营者的牵制和控制。所有者和经营者双方利益不一致和信息不对称是现代企业最为突出的矛盾。

对企业所有者来说,他们最关心的是其投入资本的安全性和收益性,即实现资本保值增值目标,而这一目标的实现必须以有效的业绩评价指标体系作为保证。通过有效的业绩评价指标体系可以获取真实、相关、及时的评价信息。所有者通过评价信息可以及时了解企业的财务状况和经营状况,通过对评价指标的分析能够掌握资本的安全性和收益性,从而对经营者进行必要的干预。此外,业绩评价指标体系能够促使企业经济效益最大化目标的实现,而这正是所有者控制企业、控制经营者的目的。

对经营者来说,他们直接管理企业,对企业的经营、运作有直接责任,因而他们也有直接的信息优势。许多信息从所有者财富最大化角度考虑应该披露,而经理阶层从自身利益出发,只会选择少量披露甚至不披露,从而可能损害股东利益。由于信息不对称可能引起经营者"偷懒"和"道德风险"等问题,因此需要靠有效的制度安排,完善激励和约束机制,才能确保所有者权益不受侵害,而企业业绩评价指标体系正是这样一种有效的制度保障。

(二) 从企业管理角度

业绩评价指标体系可以把企业的战略使命转化为具体的目标和测评指标。通过对业绩评价指标的分析,所有者能够快速、全面地了解掌握企业的现状、预测企业的未来,经营者能够在大量的信息数据中,将精力集中于对企业的生存发展有关键作用的信息和数据,并且从整个系统中观测到任何一个指标的修正对其他指标的影响,了解其中的相互关系,从而优化指标组合。

有效的业绩评价指标体系可以促进建立企业激励与约束机制。通过对业绩评价指标的分析,可以对企业的经营成果和经营者的业绩进行全面、客观、正确的评价,剔除影响企业业绩的干扰因素,判断企业优势,建立有效的激励和约束机制。

有效的业绩评价指标体系有利于正确引导企业的经营行为,提高竞争力。随着竞争的加剧,企业能否在竞争中立于不败之地,已不再完全取决于内部的生产能力和管理水平,而主要取决于企业战略性竞争优势的取得。所谓战略性竞争优势,是指企业在同行业中所具有的长期的、稳定的、综合的竞争实力,关键是形成其特有的核心竞争力,包括通过技术创新所形成的技术优势、通过产品创新所形成的产品优势、通过制度创新所形成的组织和人才优势等。战略性竞争优势必定在战略经营业绩上体现出来。因此,建立科学、系统、全面的衡量企业战略经营业绩的指标体系,直接关系到对企业战略经营业绩和竞争优势的正确评价。

有效的业绩评价指标体系有利于企业有限资源的合理运用。业绩评价包括企业获利能力、资本运营、债务状况、经营风险、竞争地位变化、持续发展能力、客户满意度等多方面的内容，可以全面而系统地分析影响企业目前经营和长远发展的各种因素，能够全方位地判断企业的真实情况。因此，通过对企业评价指标的分析，可以促使企业对有限的资源进行合理配置，将企业的近期利益与长远目标结合起来，更好地做到企业短期目标与长期目标的平衡。

六、绩效评价体系设计

(一) 绩效评价体系设计的基本思路

1. 基本特点

为了正确评价企业过去的绩效，以及未来的发展能力及潜力，所设计的企业绩效评价指标体系必须同时考虑以下几方面：财务指标与非财务指标、定量指标与定性指标、过去业绩评价与未来业绩评价、内部环境与外部环境的结合。

2. 设计依据

根据信息时代企业所面临的外部环境、内部战略目标及管理的要求，考虑指标评价体系的可执行性，绩效评价体系的设计应遵循以下原则。

(1) 可衡量性原则。体系的设置必须定义明确并可衡量，被评价者以此明确今后努力的方向。

(2) 可行性原则。设计企业绩效评价体系必须将这一重要因素考虑在内，缺少了可行性，即使所设计的企业绩效评价体系再科学也没有任何实际意义，这里的可行性主要是指数据收集的可行性以及指标选取即体系本身设计的可行性。

(3) 与战略相符原则。体系的设置应充分考虑确保企业战略目标实现的一些重要因素，考虑公司内外部所面临的环境及需要解决的问题，并把企业的战略目标转化为部门及个人的行动目标，与具体的日常工作联系起来。

(4) 动态性原则。绩效评价体系的设计应该与企业竞争战略目标相结合，体系设计应随着企业战略的调整而变化。若企业采用低成本战略，绩效评价体系的设计一般应侧重于内部制造效率、质量情况；若采用的是产品差异化战略，则新产品的上市是否及时、新产品的收入情况等应该被列入其中。总之，体系的设计应该和企业的战略相符，所以及时评价体系的可行性及适用性具有非常重要的意义。

(5) 体系之间的平衡性。体系的设计应该考虑企业的短期利益和长期利益，尤其要非常注意设计非财务性指标。若仅仅采用财务指标，容易使管理者"目光短浅"，在追求短期利益时放弃了企业的长期利益。企业绩效评价体系设计应同时兼顾财务指标与非财务指标，既关注短期利益，又重视长期利益，最终实现短期利益与长期利益的平衡。

(6) 体系的设计符合逻辑性原则。在选择关键的绩效体系指标时应充分考虑符合逻辑性原则。以工业制造企业为例，如果出现了买方市场，若同时考核销量和产量的话就违背了坚持以市场为导向的原则，这非常容易造成企业资源的闲置与浪费。市场具有客观性的特点，经营者为获取超额利润，必然需要降低各项成本费用，这就需要将有关的成本、费用与利润同时列入绩效评价体系。

(7) 成本与效益相对应原则。有些体系指标的采用对整个绩效评价体系具有非常重要的意义，但如果为了获取该项体系指标需要花费比它所带来的收益更大的成本，这时我们就应该考虑放弃该项指标，转而用其他获取成本相对比较低的指标；但是，如果该项体系指标确实不可或缺的话，则仍然有必要进行该指标的收集工作。

(二) 绩效评价体系设计步骤

第一步，明确公司的战略目标、经营目标。运行绩效评价体系需要明确企业当前的战略目标和经营目标，这样才能使得绩效评价体系的运行促进企业战略目标和经营目标的实现。

第二步，设计公司级绩效指标。通过一定的方法将公司的战略目标、经营目标量化成可理解的绩效指标，形成公司级绩效指标体系。

第三步，设计部门级绩效指标。通过一定的方法将公司的目标分解到部门，形成部门级绩效指标体系，通过绩效指标的牵引，实现公司目标。

第四步，设计岗位级绩效指标。通过一定的方法将部门的目标分解到岗位层面，形成岗位级绩效指标体系，通过岗位员工的努力，实现部门目标，进而促进公司目标的实现。

第五步，制订绩效计划。制订绩效计划时，管理者和员工共同确定绩效评价的周期、任务内容、标准等，在此基础上，员工对自己的工作目标做出承诺。

第六步，绩效辅导。管理者要对员工的工作过程进行指导、督查，对发现的问题及时予以解决，如遇到难以解决的客观问题，应及时对绩效计划进行调整。在整个绩效评价期间内，都需要管理者不断地对员工进行指导和反馈。

第七步，绩效评价。在绩效周期结束的时候，依据预先制订好的计划和评价标准、员工承诺的目标，收集客观数据和证据，管理者对员工的绩效目标完成情况进行评价。

第八步，绩效反馈。绩效评价结束后，管理者需和员工进行绩效沟通，通过绩效反馈面谈，员工可以了解管理者的期望和实际绩效，请求上司的指导或帮助。在员工与主管双方对绩效评价结果和改进点达成共识后，进一步确定下一绩效评价周期的绩效目标和改进点，从而开始新一轮的绩效评价周期。

第九步，绩效评价结果的使用。绩效评价的结果必须有所应用，否则会导致走过场、流于形式的结局，绩效评价结果可用于员工工作绩效和工作技能的提高，据此决定对员工的奖励、薪酬的调整和相应的人事变动。

第二节　经济增加值

一、EVA产生的背景

EVA是经济增加值(economic value added)的英文缩写，它并非最近产生的新观念，其历史根源可被追溯到古典经济学家提出的剩余收益(residual income)或经济利润(economic profit)。英国著名经济学家阿尔弗雷德·马歇尔于1890年对经济利润给出如下定义：从利润中减去其资本按照当前利率计算的利息之后所剩余的部分可被称为企业所有者盈余。基于马歇尔的陈述，利润的定义很明显完全不同于传统的会计利润指标，如EBIT、EP。也就是说，经济利润和传统会计利润之间关键的区别在于，古典经济学家认为，除非该企业的收入已经补偿了企业运作所产生的经营性生产和营业费用，以及为企业所有者投入的资本提供了正常的回报，否则企业没有真正盈利，这种剩余收益的观念隐含了EVA指标的雏形。

尽管EVA植根于古典经济学理论之中，但20世纪30年代的欧文·费希尔、20世纪50年代末60年代初的诺贝尔奖获得者佛朗哥·莫迪里阿尼和默顿·米勒以企业评价为背景更加充分地扩展了经济利润的含义。欧文·费希尔在公司净现值(NPV)和公司期望现金流的折现之间建立了基础性的联系。而莫迪里阿尼和米勒提出的企业价值经济模型(MM理论)，证明了企业经济模型研究的重点是如何将公司的市场价值最大化，而不是传统的会计利润最大化，并且证实了某一公司的企业价值和股票价格的主要驱动力是公司投资决策，而不是公司的负债和权益构成的资本结构组合。

思腾思特咨询公司在1982年首次提出了EVA这个概念，并于1993年9月在《财富》杂志上完整地将其表述出来。至此EVA已发展成为一套新的评价标准，在20世纪90年代中期以后逐渐在国外获得广泛应用。

二、EVA的概念与内涵

EVA的定义为企业的税后净营业利润(NOPAT)扣除该企业加权平均的资本成本的利润余额，因此EVA不同于企业传统的利润指标，因为EVA全面解释了企业总的资本成本。这一分析性差异对企业所有者而言非常重要，EVA指标是扣除债务资本直接成本和权益资本间接成本(反映为股东对普通股要求的回报)后的净余额，消除了传统利润计算中对债务资本使用的有偿性和权益资本的无偿性的差别对待。

在对一个企业的绩效进行评价时，如果EVA>0，则表示企业获得的收益高于为获得此项收益而投入的资本成本，即企业为股东创造了价值；如果EVA<0，则表示企业的经营绩效没有满足投资者的最低愿望，说明企业毁灭了股东价值；如果EVA=0，则说明企业创造的收益刚刚能够满足投资者预期获得的收益，企业恰好维持了股东的原有价值。

三、EVA的特点

与传统财务指标相比，EVA的特点如下。

(一) 设置了最低资本回报率的门槛

EVA指标从股东利益角度出发，为资本管理者设定了一个明确的资本回报成本。该回报成本只是一个及格线，对于企业来说，只有在创造了高出这个及格线的回报水平才算是为投资者创造了财富，否则就相当于在毁损股东的价值。换句话说，如果股东不把资金投入这个企业中，那么这部分资金在其他领域也一定能够获得一个基本回报。在EVA计算中，这个及格线被称为加权平均资本成本(WACC)。

（二）从资金总和角度考虑经营绩效

EVA指标是从企业调用的全部资金总和的角度来考虑经营绩效，包括股东的出资，也包括借款。这些资金的总和被称为投资资本(IC)，该资本的投资回报比率被称为投资资本回报率(ROIC)。与净资产收益率(ROE)不同的是，后者可以通过大量举债而不是经营绩效的提升来实现净资产收益率的提高，这样做的结果是表面上股东回报增加了，但实际上企业经营风险被逐渐放大，股东的真正财富甚至可能减少。

（三）反映企业真实的经营绩效

EVA指标需要对财务信息进行更为细致的调整以反映企业真实的经营绩效。由于各个企业的实际情况千变万化，这种调整的具体内容和方式也不一而同，这也正是EVA指标实际运用中的难点之一。但合理的调整能够使EVA指标准确地反映企业的实际价值创造情况，更准确地反映企业管理层的工作努力程度及实际绩效，从而使该指标能够对管理和决策起到更有效的支撑。

正是通过上述对原有财务体系的改进，EVA指标不仅能较好地从股东价值创造角度反映企业的经营绩效，有效地促进企业规模和效率、长期利益和短期利益的统一，同时还可以在企业内部进行纵向分解，成为一种有效的内部绩效管理工具。

四、EVA的基本模型

EVA在经济上表述为经济利润，在数值上等于企业税后净营业利润减去全部资本成本后的余额，其公式为

经济增加值(EVA)=税后净营业利润(NOPAT)−加权平均资本成本(WACC)×资本总额(C)

其中，NOPAT(net operating profit after taxes)以报告期营业利润为基础，经过一系列调整，消除会计谨慎性原则及盈余操作对会计信息的影响，将会计利润转变为以现金流为基础的经济利润。WACC(weighted average capital cost)是企业加权平均资本成本，C是企业使用的全部资本，包括股权资本和债务资本两部分。

从EVA的公式可以看出，其计算结果取决于三个基本变量：税后净营业利润、资本总额和加权平均资本成本。

（一）税后净营业利润

税后净营业利润等于税后净利润加上利息支出部分(如果税后净利润的计算中已扣除少数股东损益，则应加回)，亦即公司的销售收入减去除利息支出外的全部经营成本和费用(包括所得税费用)后的净值。因此，它实际上是在不涉及资本结构的情况下公司经营所获得的税后利润，即全部资本的税后投资收益，反映了公司资产的盈利能力。除此之外，还需要对部分会计报表科目的处理方法进行调整，以纠正会计报表信息对真实业绩的扭曲。在计算中需特别提及的是，在我国上市公司的利润表中，财务费用除利息费用外还包括利息收入、汇兑损益等项目，因此不能将利润表中的财务费用作为利息费用的近似，而应采用现金流量表中利息支出一项的数据。计算公式为

税后净营业利润=息税前利润×(1-所得税税率)+调整项目

息税前利润=主营业务收入-主营业务成本-主营业务税金及附加-管理费用-营业费用

(二) 资本总额

资本总额指所有投资者投入公司经营的全部资金的账面价值，包括债务资本和股本资本。其中，债务资本是指债权人提供的短期和长期贷款，不包括应付账款、应付票据、其他应付款等商业信用负债。股本资本不仅包括普通股，还包括少数股东权益。因此，资本总额可以理解为公司的全部资产减去商业信用负债后的净值。同样，计算资本总额时也需要对部分会计报表科目的处理方法进行调整，以纠正对公司真实投入资本的扭曲。计算公式为

资本总额=普通股权益+少数股东权益+短期借款+长期借款

+一年内到期的长期借款+调整部分

(三) 加权平均资本成本

加权平均资本成本是指债务资本的单位成本和股本资本的单位成本根据债务和权益资本在资本结构中各自所占的权重计算的平均单位成本。计算公式为

加权平均资本成本=税前债务资本成本×债务额占总资本比重×(1-所得税税率)

+股本资本成本×股本资本占总资本比重

加权平均资本成本的计算取决于债务资本单位成本和股本资本单位成本两方面。

1. 债务资本单位成本

我国上市公司的负债主要是银行贷款，因此可以将银行贷款利率作为单位债务资本成本。根据有关研究，我国上市公司的短期债务占总债务的90%以上，而且目前我国的银行贷款利率尚未放开，不同公司贷款利率基本相同。因此，可采用中国人民银行公布的一年期流动资金贷款利率作为税前债务资本单位成本，并根据央行每年调息情况加权平均。不同公司的贷款利率实际上存在一定差别，不同公司可根据自身情况进行调整，若长期贷款的数额相对较大，可将长期贷款和短期贷款的成本分别计算。

2. 股本资本单位成本

股本资本单位成本是普通股和少数股东权益的机会成本，通常根据资本资产定价模型(CAPM)确定，普通股单位资本成本的计算公式为

普通股单位资本成本=无风险收益+β×市场组合的风险溢价

其中，无风险利率可采用5年期银行存款的利息率，国外一般将国债收益作为无风险收益率，我国的流通国债市场规模较小，居民的无风险投资以银行存款为主，因此以5年期银行存款的利息率代替。

β系数反映该公司股票相对于整个市场(一般用股票市场指数来代替)的系统风险，β系数越大，说明该公司股票相对于整个市场而言风险越高，波动越大。β值可通过公司股票收益率对同期股票市场指数(上证综指)的收益率回归计算得来。

市场组合的风险溢价反映整个证券市场相对于无风险收益率的溢价，目前官方暂将我

国的市场风险溢价定为4%。

【例11-1】升达有限公司20×7年息税前利润为300万元，资本总额为2 000万元，加权平均资本成本为10%，平均所得税税率为25%。

要求：计算该部门今年的经济增加值。

解：EVA=300×(1-25%)-2 000×10%=25(万元)

五、EVA的优缺点

(一) EVA的优点

1. 为企业经营者明确目标

股东财富最大化是企业经营的最终目的，也就是说，企业应当用其筹集的资金创造高于资金成本的附加价值。EVA指标数据单一、目标明确，直观反映企业为股东创造的财富，为经营管理活动设定了目标并提供了衡量尺度。

2. 将股东财富与企业决策结合在一起，制定激励机制

由于EVA比会计核算方法更能真实地反映企业经营的经济绩效，运用EVA管理系统可以设计一套有效的激励体系，将经营者和股东利益完全结合在一起，培养良好的企业团队精神和主人翁意识，对企业经营者起到良好的激励作用。

3. 促使管理者强化资本成本的观念

EVA促使管理者充分意识到自有资本的机会成本。因此，管理者会在关心收入的同时关注资产管理，尽可能加速资产的流动，避免资金的闲置，提高资金的使用效率，使整个企业的运作既有效益，又有效率，为股东创造财富，也为自己实现更高的报酬。

4. EVA指标比净利润指标更能真实地反映企业价值

将净利润作为企业业绩的评价指标，会使企业业绩产生偏差，实际价值失真，且易导致管理者操控净利润，但EVA在计算前对会计信息来源进行调整，减少人为操控财务数据的空间，从而客观地反映企业的真实业绩，更真实地评价企业价值。

(二) EVA业绩评价的缺点

1. EVA计算工作量大，且计算困难

按照思腾思特公司所提供的EVA管理方法，企业在计算EVA时将在会计利润的基础上做出多项调整，最多可达160多项，尽量排除一切能被管理者操纵的可能。不可避免的是，如此调整会增加巨大的工作量，同时增加管理费用。对于如何准确地计量股权资本成本，由于现实经济环境，国内市场是一个非有效市场，这就使得非有效市场中得到的BEAT等基础数据与其计算出的股权收益率缺少相关性，反映的股权成本不能真正代表股东要求的必要收益率。

2. EVA是一个绝对值，不便于对不同规模企业的业绩进行比较

一个拥有上亿资产的企业和一个只有100万资产的企业创造出相同的EVA，很显然这两个不同企业的经营业绩是不同的。因此，在不同企业之间进行比较时，不能只看EVA这一

单一指标，而应结合净资产收益率等来共同衡量。

3. EVA的使用会削弱对某些费用的控制

在EVA的计算过程中，为了避免会计利润所带来的短期导向的不利影响，对某些费用进行了必要的调整，例如，新产品开发的费用会被加回利润总额中。这样对管理者而言，此类费用的支出不会影响EVA，也就是不会影响当期的业绩，结果易产生此类支出的浪费现象。

4. 激励的局限性，EVA业绩评价指标向下渗透存在问题

目前，EVA的激励对象以高层管理者为主，对中下层管理者的激励作用不是很理想。从实践案例来看，实施EVA管理的大部分仅将EVA与高层管理薪酬挂钩，未延伸至执行层及操作层。

第三节　平衡计分卡

一、平衡计分卡的起源和发展

20世纪90年代是信息化和知识经济快速发展的时代，一个公司或者企业想要具备强大的竞争能力，一方面要有很高的产品生产效率，提高企业的管理水平；另一方面，还应当对多种其他类型的因素进行考虑，如公司的核心竞争力、创新能力、产品所占市场份额等，采用传统的绩效考核方法已经远远不能满足公司的需求。所以罗伯特在1990年联合大卫·P. 诺顿等人专门组成一个项目小组，进行公司业绩评价模式研究，在对多家世界知名企业进行分析后，给出了全新的企业业绩评价工具，即所谓的"平衡计分卡"。传统的业绩考核方式只是对公司的经济业绩进行评估，具有一定的局限性，而"平衡计分卡"工具突破了这种局限，它是基于多个不同的方面实现对企业经营业绩的评价，如客户、财务、企业业务流程、学习与成长。1992年，诺顿与卡普兰对研究成果进行了展示，发表了著名的《平衡计分卡——驱动绩效指标》一文。在这篇著名的文章中，作者在企业的战略管理过程中引入了平衡计分卡，经过实际应用，他们发现企业在制定业绩考核体系的过程中，要紧密地结合战略实施的关键要素进行，从而更为真实地反映出企业的运营状况。1996年，诺顿与卡普兰正式出版了《平衡计分卡——化战略为行动》，这一著作为世界上第一本有关平衡计分卡的专著。该书在管理大师彼得·德鲁克有关目标管理的基础上，详细地描述了平衡计分卡的使用方法和细节。

2003年，诺顿和卡普兰详细分析了公司经营失败的案例，并对其失败原因进行了深入分析和总结，而后完成著作《战略地图——化无形资产为有形成果》。他认为，无论哪个领域的企业，若采用传统的财务指标对其进行评价，超过3/4的资产是无法真实地体现出来的。另外，对于有形成果的创造而言，无形资产是起不到直接作用的，无形资产仅对企业的未来发展起到作用，不仅如此，还要求企业战略与无形资产保持协调。由此，企业只有成功地实现无形资产到有形成果间的顺利转换，才可以促进企业的不断发展。

用于企业业绩评估的平衡计分卡工具不仅获得了理论上的支持，而且在实践上更是取得了显著的效果，大受企业欢迎。根据《财富》杂志的统计结果，截止到1997年，在美国排名前500名的公司中，有60%以上的公司使用了平衡计分卡，特别是在保险、金融等领域，平衡计分卡的使用率进一步提升。同时，根据Balanced Scorecard Collaborative Pty Ltd 2004年的调查结果，全世界78%以上的被调查企业在未来会引入平衡计分卡，约18%的企业在犹豫不决，仅有不到4%的企业对此排斥。

二、平衡计分卡的特点

与传统的绩效评价不同，平衡计分卡有着自身的特点和优势。

(一) 注重平衡

传统的财务指标传达的是已经呈现的结果、滞后于现实的指标。平衡计分卡认为，对已发生的事情进行评价有时毫无意义，在必要时应当设法了解未来的发展情况。在工业时代，注重财务指标的管理方法还是有效的，但在信息社会里，传统的业绩管理方法并不全面，公司必须通过对客户、供应商、员工、企业流程、技术和创新等方面的投资，获得持续发展的动力。正是基于这样的认识，平衡计分卡方法认为，公司应从财务、客户、内部流程、学习与成长四个角度审视自身的业绩。平衡计分卡的"平衡观"体现在以下几方面。

1. 平衡财务性及非财务性指标

平衡计分卡从一开始就强调除了要重视财务性的衡量指标，以作为之前组织所采取行动的结果汇总，还要顾及非财务性衡量指标是如何创造企业未来财务绩效表现的。

2. 平衡企业内部与外部的组成要素

平衡计分卡包括财务、客户、内部流程和学习与成长四个维度，而企业内部组成要素的代表则是内部经营流程和员工的学习与成长，外部组成要素的代表则是客户。在有效地执行战略上，平衡计分卡可以平衡这些组成要素间偶尔互相矛盾的需求。

3. 平衡落后信息和领先信息

落后信息和领先信息通常对应的是落后指标和领先指标。落后指标通常代表过去的绩效，但缺乏任何预知的能力，领先指标则驱动绩效的实现，平衡计分卡应该是领先指标及落后指标的结合。因为只有落后指标而缺乏领先指标，便无法传达任何能够完成的落后指标。相反，只有领先指标而没有落后指标，也许可以说明有短期的改善，但并不表示这些改善已经为顾客和股东带来从长远来看更好的结果。

4. 平衡短期绩效与长期价值

过度重视财务层面会造成企业过度重视短期盈余表现，而忽略对企业长期价值有所帮助的投资。平衡计分卡可以帮助企业将长期的战略及衡量指标与短期战术规划及预算连接，形成一套完整的战略管理系统。

(二) 注重战略

平衡计分卡是一套将企业的使命和战略转变为一套可以量化的财务与非财务指标相结合的综合性绩效评价体系，它提供了一个贯彻企业战略的框架结构。平衡计分卡把组织的任务和决策转化为目标和指标，从财务、客户、内部流程、学习与成长四个方面衡量组织和个人的绩效，并以此来展现组织的"战略轨迹"，从而实现绩效考核—绩效改进，以及战略实施—战略修正的目标。与以往的绩效评价方法不同，平衡计分卡着重于业绩管理与战略目标的实现。任何一个企业，都必须不断思考和调整自己的企业战略，并通过具体的目标和指标来实现有效的管理。平衡计分卡正是通过财务、客户、内部流程和学习与成长四个方面，把组织的远景与战略转换成策略目标及衡量指标，从而实现对企业战略的"分解与检测"。作为一个管理评估工具，平衡计分卡强调的是对实现企业战略的意义，它把战略放在了其管理过程的核心地位。因此，平衡计分卡并不仅仅是人力资源管理中绩效评估的一种方法，更是控制、激励、约束、监督的工具，也是战略实施的工具。

三、平衡计分卡绩效评价的作用

(一) 平衡计分卡的特征

平衡计分卡一方面克服了过去业绩评价指标中只利用财务数据进行考核的局限，另一方面也继承了传统业绩评价中数据考核的特征，它在过去财务考核指标的基础上，充分借鉴了其他的考核方式，如通过客户、内部流程、学习与成长等，从而可以反映出员工的需要，最终才能最大限度提升公司的竞争优势及效率，将公司的价值带给社会，为股东创造更多收益。另外，平衡计分卡将公司不同时期的战略进行了有机结合，将公司的愿景融入这种绩效考核指标中来，其能够较好地实现长期战略与短期战略、硬指标与潜力指标之间的平衡。

平衡计分卡的四个层面是一个层层递进的关系，直至实现企业的战略目标。员工培训将极大地完善和优化公司内部流程，流程优化后对于提升顾客满意度具有重要作用，顾客满意了，股东也会更加满意。财务层面最终以数字的形式来体现企业的目的。平衡计分卡的指标分为两种：引导型指标和滞后型指标。引导型指标反映的是手段与原因，滞后型指标反映的是目的和结果。平衡计分卡通过原因和手段将所有的评价指标融为一体，表现形式是财务指标。

平衡计分卡作为绩效评价系统之一，其构成了企业管理组织框架的核心，另外，平衡计分卡不应当仅仅作为一种评价系统，更应当把平衡计分卡升级为管理系统，这样平衡计分卡的作用才能充分体现出来。

(二) 平衡计分卡的功能

1. 平衡计分卡能够实现企业战略信息化

充分利用平衡计分卡，能够帮助企业的管理者提升企业的管理水平，促进企业管理制度的改进与完善，同时推动企业建立相应的激励与约束机制，大大提高企业信息化水平。

2. 平衡计分卡能够实现企业的综合信息化业绩评价

平衡计分卡的应用使企业获取更多综合性信息，为企业信息化评价框架的建立奠定了基础，使企业既注重将来业绩的驱动情况，又注重总结运营结果。

3. 平衡计分卡能够促进组织的改进与完善，同时将各项流程落实到位

平衡计分卡制定出企业战略目标、相关指标以及实现目标及指标等的方式方法，并且对这些进行严格的执行，做出评估，根据实际情况进行适当调整等，促进组织向战略中心型组织转变，从根本上提高企业的管理水平。

4. 平衡计分卡可以让企业信息化目标具体化

平衡计分卡使企业更加客观地了解自身的优势、劣势，促使企业从提升管理及增强企业竞争力的角度来开展信息化建设。

5. 平衡计分卡使整个评价框架获得指标间的平衡

平衡计分卡对多个领域的性能进行综合考量，防止只注重某一点而忽视其他方面的情况出现。

6. 平衡计分卡可以促进企业对相关信息进行合理配置

企业的资源是有限的，平衡计分卡可以促进企业将有限的资源进行合理配置从而发挥资源的最大作用。

7. 利用平衡计分卡能够实现企业策略转化为指标的功能

通过平衡计分卡，可以对企业信息化战略是否可行等做出科学评价，同时可以将企业的战略转化为各种指标，并找到结果指标与产生这些结果的原因之间的关系。

总而言之，平衡计分卡是一种非常合理的企业战略具体实施模式，对于克服企业战略实施过程中遇到的困难具有非常重要的作用。可以预见，在未来，平衡计分卡将在企业战略制定及实施过程中发挥不可替代的作用，是企业重要的分析工具之一，是企业管理者不可或缺的工具。

四、平衡计分卡的基本内容

(一) 平衡计分卡的构成要素

平衡计分卡能够根据企业的不同特征，调整其表现形式以适应组织要求的多样性，但是平衡计分卡的构成要素并不会随着其表现形式的改变而发生变化，一般情况下，任何组织的平衡计分卡都包含以下基本要素。

1. 维度

维度是根据组织战略的要求设置的关注层面。平衡计分卡通过财务、顾客、内部流程和学习与成长四个维度对组织的绩效进行评价，识别并改善其中存在的问题以实现组织的战略目标。为此，每一个维度都包括目标、指标与指标值，以及行动计划等基本要素。

2. 目标

目标是根据组织的战略而分化出来的，而判断每一个目标是否实现则是通过对一个或者多个绩效指标进行衡量得出的。

3. 指标与指标值

指标是根据组织的战略目标而设置的，以作为判断目标是否实现的工具。不同的组织目标对应的衡量指标自然也不同，每一个战略目标可能对应一个或多个指标。指标值是衡量指标是否达成的具体尺度，是评价目标是否实现的依据。

4. 行动计划

行动计划是由一系列相关的任务或行动组成的，用于支持平衡计分卡每个指标的具体项目计划，用以达成指标与指标值的期望，进而推动组织目标的实现。

平衡计分卡的四个基本要素是相互联系、相互依存的。维度是根据组织战略的要求设置的关注层面；目标是根据组织的战略而分化出来的，以确定战略实施的重点方向；指标与指标值是衡量目标是否实现的依据；行动计划是在满足指标与指标值要求的基础之上，保证组织战略目标的实现。

(二) 平衡计分卡的四个层面

1. 财务层面

在市场经济机制中，企业的经营和发展处处体现优胜劣汰的原则，其需要通过实现盈利以获取生存的空间，为此，一般情况下，企业将实现财务目标作为经营的出发点和归宿。平衡计分卡在对企业绩效进行评价时，自然需要对其财务层面的表现进行衡量。在绩效评价体系中，所有层面的关注重点归根结底是为了提高组织的财务绩效。常用的财务评价指标有销售净利率、销售收入增长率等。

2. 客户层面

随着现代企业竞争的加剧，为实现组织的可持续发展，其提供的产品和服务应当不断满足客户的需求。为此，平衡计分卡在对企业在这一层面的表现进行评价时，必须关注企业是否达成以实现顾客对组织提供服务的期望的各项指标，主要包括市场占有率、顾客满意度和顾客保持率等。此外，需要对各项指标进行分解，确定具体的评价指标以对企业的绩效进行衡量。

3. 内部流程层面

传统的绩效评价往往只关注结果，即直观的财务目标的实现，而忽视实现这一目标的过程。这种评价方式带来的结果通常也只是关注短期业绩，其有助于组织暂时的生存，但对形成组织的长期竞争优势来说毫无意义。平衡计分卡与传统绩效评价方法的显著区别在于，其从价值链角度关注企业在内部流程的表现，强调从流程的质量、流程的时间与流程的成本方面对组织的绩效进行评价。

4. 学习与成长层面

学习与成长能力是实现企业长期发展的不竭动力。平衡计分卡关注的是企业的长期绩效，而不是局限于短期业绩的实现。通过对员工和业务流程进行投资，以提高员工的专业技能和流程的效率，使其为组织提供更好的服务以推动战略目标的实现。该层面的评价指标包括：员工的培训时间、新产品的开发期、新产品的销售比率等。

平衡计分卡的四个层面相互联系，从不同的角度阐述影响组织绩效实现的因素，以推动企业战略目标的实现。

五、平衡计分卡的运用

(一) 在公司治理中的运用

随着公司治理风潮的来临，卡普兰提出将平衡计分卡的概念运用到公司治理中，并将"企业平衡计分卡""管理层平衡计分卡"及"董事会平衡计分卡"三部分组成的平衡计分卡视为构成公司治理系统的基石。其中，"企业平衡计分卡"主要描绘企业战略，同时是企业绩效管理的工具，还可作为提供给董事会的关键性信息；"管理层平衡计分卡"则在定义每个管理阶层的战略性贡献，是管理阶层绩效评估及奖酬确定的工具，与"企业平衡计分卡"一样，它同时可作为提供给董事会进行决策的关键性信息；"董事会平衡计分卡"主要的作用在于，它可以定义出董事会的战略性贡献，是一项评价董事会及各委员会绩效的工具，同时是董事会所需的战略性信息。

(二) 在信息披露中的运用

卡普兰早在1990年时就发现，以知识为基础的资产，如员工、信息技术等对企业的竞争优势的取得将会越来越重要，但是当时的组织衡量指标仍然停留在强调财务性的衡量指标上，也就是将员工的能力、资料库、信息系统、顾客关系、质量、流程、创新产品及服务等视为企业的支出。传统的财务报告系统忽视创造企业未来价值的无形资产，并未提供衡量与管理的基础。

另外，传统的企业报告系统跟不上企业运营方式的改变，无法完整地反映企业真实运营状况。未来信息披露除了量的信息，势必还会增加许多质的信息。其概念与平衡计分卡的概念不谋而合，同样重视非财务性的指标，只是一个运用在外部的报告体系上，一个运用在企业内部的管理衡量系统中。为此，将平衡计分卡的信息加以披露，必然可以弥补现有财务报告系统的不足，强化具备趋势性、未来性的非财务性资料，当然对企业信息透明度的提升也有很大的帮助，反映在企业透明度的提升上最直接的效果就是企业价值的提升。卡普兰强调，清楚的外部沟通能够影响盈余倍数，企业若是将平衡计分卡的信息对外披露，将可以获得市场极高的回报，即反映在股价的上扬上。

(三) 在智力资本中的运用

企业要有良好的运营绩效、突出的战略、绝佳的执行力、优秀的员工、既忠诚又优质的顾客、可以迅速反映的信息与决策，还要有具备竞争力的运营模式与流程，这些要素缺一不可。但是这些传统财务报告衡量系统上看不到的无形资产，相较于过去的有形资产，实在很难衡量，更别说管理了。不过，以平衡计分卡的中心思想来实行，既可以发展出与企业组织战略连接紧密的无形资产，又可以依照战略的展开让无形资产的发展找到方向，还可以找到实际的执行方案，从而依照落实程度加以衡量与管理。

思考练习

一、单选题

1. 国外成本绩效评价时期，绩效评价的主要指标是(　　)。

　　A. 标准成本法　　　　　　　　B. 杜邦分析法

　　C. 平衡计分卡　　　　　　　　D. 经济增加值

2. 下列关于EVA的计算公式，正确的是(　　)。

　　A. EVA=税后净营业利润-加权平均资本成本×资本总额

　　B. EVA=息税前利润-资本成本×资本总额

　　C. EVA=息税前利润-加权平均资本成本×资本总额

　　D. EVA=税后净营业利润-资本成本×股权资本

3. 下列关于EVA的描述，正确的是(　　)。

　　A. EVA设置了最高资本回报率门槛

　　B. EVA仅从股东出资的角度考虑经营绩效

　　C. EVA仅从债务借款的角度考虑经营绩效

　　D. EVA需要对财务信息进行更为细致的调整以反映真实绩效

4. (　　)不属于平衡计分卡基本要素。

　　A. 目标　　　　　　　　　　　B. 战略

　　C. 指标与指标值　　　　　　　D. 行动计划

5. 属于常用财务评价指标的是(　　)。

　　A. 市场占有率　　　　　　　　B. 顾客保持率

　　C. 新产品的销售比率　　　　　D. 销售净利率

二、多选题

1. 绩效评价的构成要素包括(　　)。

　　A. 评价主体　　　　　　　　　B. 评价客体

　　C. 评价目标　　　　　　　　　D. 评价指标

　　E. 评价方法

2. 绩效评价的客体包括(　　)。

　　A. 企业经营过程　　　　　　　B. 外部潜在投资者

　　C. 企业的经营者　　　　　　　D. 企业的竞争者

　　E. 企业利益相关者

3. 业绩评价指标体系需要考虑(　　)。

　　A. 财务指标与非财务指标　　　B. 定量指标与定性指标

　　C. 过去业绩评价与未来业绩评价　D. 可行性与可衡量性

　　E. 内部环境与外部环境

4. EVA值的大小取决于(　　)变量。

  A. 税后净营业利润   B. 息税前利润

  C. 资本总额   D. 股本资本和债务资本

  E. 加权平均资本成本

5. 平衡计分卡衡量绩效的四个层面，包括(　　)。

  A. 财务   B. 客户

  C. 内部流程   D. 战略维度

  E. 学习与成长

三、判断题

1. 战略管理会计除了重视非财务信息和内部信息，还重视外部因素的信息。(　　)

2. 层次分析法的核心是将系统划分层次且只考虑上层元素对下层元素的支配作用，同层次的元素被认为是彼此独立的。(　　)

3. 有效的业绩评价指标体系有利于正确引导企业的经营行为，提高企业的竞争力。(　　)

4. EVA指标是扣除债务资本直接成本和权益资本间接成本后的净余额，消除了传统利润计算中对债务资本使用的有偿性和权益资本的无偿性的差别对待。(　　)

5. 股本资本成本是普通股和优先股股东权益的机会成本。(　　)

四、业务题

1. 升达有限公司下属A部门采用经济增加值作为公司内部的业绩评价指标。已知该部门的调整后投资资本为60 000元，部门调整后税前经营利润为12 000元，该部门适用的所得税税率为25%，加权平均税后资本成本为10%。

要求：计算该部门的经济增加值。

2. 升达有限公司下属B部门今年部门息税前利润为480万元，资本总额为2 500万元，加权平均资本成本为12%，平均所得税税率为25%。

要求：计算该部门今年的经济增加值。

第十二章

管理会计前沿

【学习目标】

○ 了解战略管理会计的含义与内容。

○ 了解环境管理会计的内涵与基本内容。

○ 了解碳排放与碳管理会计体系的内涵与基本内容。

○ 了解区块链技术的内涵及其与管理会计的融合的前沿动态。

○ 了解数智化的背景、目标与数智化管理会计具体内容。

第一节 战略管理会计

一、战略管理会计的含义

战略管理会计可以被描述为"提供并分析有关企业和竞争者的管理会计数据以发展和监督企业战略",它是为企业"战略管理"服务的会计,它从战略的高度,围绕本企业、顾客和竞争对手组成的"战略三角",既提供与顾客和竞争对手具有战略相关性的外向型信息,也对本企业的内部信息进行战略思考,进而据以进行竞争战略的制定和实施,借以最大限度地促进本企业价值链的改善,保持并不断创新其长期竞争优势,以促进企业长期、健康地向前发展。管理会计师特许委员会的正规定义为,战略管理会计(SMA)是这样一种管理会计形式:在战略管理会计理念下,企业在重视其非财务信息和内部提供的信息的同时,涉及企业外部因素的信息也受到同等程度的重视。

二、战略管理会计的特点

(一) 具有外向性

战略管理会计更多地考虑企业的外部环境，重视企业与市场的关系，考虑企业的客户及竞争者，更注重自身的竞争优势，其提供的信息是超越企业本身的更广泛、更有用的信息。因此，战略管理会计特别强调企业管理者做到知己知彼，保持企业长久的竞争优势。

(二) 具有长期性和全局性

战略管理会计着眼于企业长期发展和整体利益的最大化，着重从长期竞争地位的变化中把握企业未来的发展方向。战略管理是制定、实施和评估各部门决策的循环过程，要从整体上把握其过程，既要合理制定战略目标，又要求企业管理的各个环节密切合作，以保证目标实现。

(三) 提供更多的非财务信息

在目前激烈的竞争环境中，衡量竞争优势的指标除财务指标外，还有大量的非财务指标。战略管理会计为适应企业战略管理的需要，将信息的范围扩展到各种与企业战略决策相关的信息，其中包括质量、市场需求量、市场占有率等非财务方面的信息。

(四) 具有灵活性和权变性

任何战略决策都不是一成不变的，而要根据企业内外部环境的变化及时进行相应调整，以保持企业战略决策与环境相适应。当关键变量的变化超出一定范围时需要做出适当调整，以使企业有充分的应变能力。

(五) 运用新的业绩评价方法

战略性绩效评价是指将评价指标与企业所实施的战略相结合，根据不同的战略采用不同的评价指标。战略管理会计的业绩评价贯穿战略管理应用的全过程，强调业绩评价必须满足管理者的信息需求。

三、战略管理会计的基本内容

从战略管理会计的发展过程和特点来看，战略管理会计的体系内容应围绕战略管理展开，主要包括以下五方面的内容。

(一) 制定战略管理目标

战略管理会计首先要协助企业管理者制定战略目标。企业的战略目标可以分为三个层次：公司战略目标、竞争战略目标、职能战略目标。公司战略目标主要是确定经营方向和业务范围方面的目标；竞争战略目标主要研究的是产品和服务在市场上竞争的目标问题；职能战略目标所要明确的是在实施竞争战略过程中，公司各个职能部门应该发挥什么作用，达到什么目标。战略管理会计要从企业外部与内部收集各种信息，提出各种可行的战略目标，供企业管理者选择。

(二) 战略管理会计信息系统

战略管理会计信息系统指收集、加工和提供战略管理信息资料的技术和方法体系。战略管理会计作为战略管理的决策支持系统，面对的是复杂多变的外部环境和大量半结构化、非结构化的战略决策问题，因而它所需要的信息来源、数量、特征和加工处理都与传统管理会计有着明显的不同，需要重新对原有的管理会计信息系统进行设计和改进。

1. 战略管理会计信息系统的设计必须符合要求

(1) 有助于战略决策。

(2) 能消除信息沟通隔阂，提高决策用户参与程度。

(3) 及时提供与特定战略决策相关的信息。

(4) 应变能力强。

2. 战略管理会计信息系统提供的信息

(1) 有关本企业基本情况的说明信息。

(2) 对本企业分析、预测及与竞争对手进行比较的信息。

(3) 客户方面的信息。

(4) 对竞争对手的分析、评价及发展趋势进行预测的信息。

(5) 政府政策、市场情况、国际形势及可能影响企业经济发展方面的信息。

(6) 企业自愿披露的其他信息等。

其信息来源除了企业内部的财务部门，还包括市场、技术、人事等部门，以及企业外部的政府机关、金融机构、中介顾问、大众媒体等。

(三) 战略成本管理

成本管理是企业管理中的一个重要组成部分。在成本管理中导入战略管理思想，实现战略意义上的功能扩展，便形成了战略成本管理。在战略思想指导下，战略成本管理关注成本管理的战略环境、战略规划、战略实施和战略业绩，可表述为"不同战略选择下如何组织成本管理"。成本管理服务于企业战略的开发和实施，实质上就是成本管理会计信息贯穿战略管理循环，成本分析与成本信息置身于战略管理的广泛空间，与影响战略的相关要素结合在一起，通过从战略高度对企业成本结构和成本行为进行全面了解、控制与改善，寻求长久的竞争优势。战略成本管理与传统成本管理存在很大区别，具体表现如表12-1所示。

表12-1　战略成本管理与传统成本管理的区别

序号	主要区别	传统成本管理	战略成本管理
1	目标不同	以降低成本为目标/局部性/具体性	以企业战略为目标/全局性/竞争性
2	眼界不同	狭隘(考虑成本效益原则)	广阔长远(考虑长期战略效益)
3	时间不同	短期的(每月、季、年)	长期的(产品生命周期)
4	效果不同	暂时性/直接性	长期性/间接性
5	降低成本对象不同	表层/直接成本动因	深层次/表现在质量、时间、服务、技术创新等方面的动因

序号	主要区别	传统成本管理	战略成本管理
6	成本概念不同	仅指产品的短期成本	多组成本概念：质量成本、责任成本、作业成本、人力资源成本等
7	关注重点不同	重视成本结果信息/事后信息	重视成本过程信息/实时信息
8	战略观念不同	注重内部成本管理，较少联系宏观产业政策、外部竞争对手、环境资源等来分析，难以超越本会计主体的范围	注重外部环境，分析企业的市场定位，提供预警信息，及时调整企业竞争战略，可超越本会计主体的范围

战略成本管理的基本框架是关注成本驱动因素，运用价值链分析工具，明确成本管理在企业战略中的功能定位。价值链分析、战略定位分析、成本动因分析构成了战略成本管理的基本内容。价值链分析主要从原材料供应商起，一直到最终产品消费者之间一系列相关作业的整合，是从战略层面分析如何控制成本的有效方法。战略定位分析是帮助企业在市场上选择竞争武器以对抗竞争对手的工具。企业要对自己所处的内外部环境进行周密的调查分析，在此基础上，进行行业、市场和产品方面的定位分析，再确定以怎样的竞争战略来保证企业在既定的产品、市场和行业中站稳脚跟，击败对手，以获取竞争优势。成本动因是指导致成本发生的因素。从价值的角度看，每一个创造价值的活动都有一组独特的成本动因，它用来解释每一个创造价值活动的成本。作业影响动因，动因影响成本。

(四) 战略性投资决策

传统的管理会计采用项目的净现值或内部收益率作为评价投资项目是否可行的标准，当项目的净现值大于零，或者项目的内部收益率大于或等于企业的加权平均资本成本时，项目即为可行，但是战略管理会计认为这种方法存在如下问题。

首先，与项目有关的成本或收益难以界定。传统管理会计成本或收益是可以量化的，并且可以用货币表示，但战略管理会计的观点认为，有些成本或收益是不能量化的或者不能用货币表示的。战略管理会计将成本和收益分为三类：①可以直接用货币表示的；②可以换算为货币表示的；③不能够用货币表示的。因此只将第一类计算在内是不全面的。

其次，传统管理会计没有考虑某个项目的接受与否是否与公司的整体战略相吻合。例如，一公司应客户要求，为了短期效益生产了一批质量较低的产品，尽管接受这个订单在经济上是可行的，但可能会影响公司在顾客心目中注重质量的形象，从而降低企业的竞争优势。这实际上也是接受该项目的一种成本，只是这种成本不能货币化或量化。

最后，传统管理会计没有充分考虑风险在项目执行中的影响。在项目的执行过程中存在各种风险，尽管在使用净现值法时，有人认为应将市场风险考虑在内，但这种风险不只在市场环节出现，而是贯穿项目执行的全过程，传统的方法显然考虑得不够全面。

按照战略管理会计的要求，投资评价可以采用一种新方法——战略投资评价矩阵，这种方法克服了传统管理会计的不足，它将项目执行过程中的风险和项目对公司总体战略的影响充分考虑在内。

(五) 战略性业绩评价

战略性业绩评价是战略管理会计的重要组成部分。从战略管理的角度看，业绩评价是连接战略目标和日常经营活动的桥梁。良好的业绩评价体系可以将企业的战略目标具体化，并且有效地引导管理者的行为。

所谓战略性业绩评价，是指结合企业的战略，采用财务性与非财务性指标结合的方法来动态地衡量战略目标的完成程度，并提供及时反馈信息的过程。战略性业绩指标应当具有以下基本特征：①全面体现企业的长远利益；②集中反映与战略决策密切相关的内外部因素；③重视企业内部跨部门合作的特点；④综合运用不同层次的业绩指标；⑤充分利用企业内、外部的各种(货币的、非货币的)业绩指标；⑥业绩的可控性；⑦将战略性业绩指标的执行贯穿计划过程和评价过程。战略性业绩计量与评估需在财务性指标与非财务性指标之间求得平衡，它既要肯定内部业绩的改进，又要借助外部标准衡量企业的竞争能力；它既要比较战略的执行结果与最初目标，又要评价取得这一结果的业务过程。

用于战略性业绩评价的有效方法有平衡计分卡法和标杆法。由卡普兰和诺顿提出的平衡计分卡法是从财务、顾客、内部流程和学习与成长四方面来进行业绩评价的，而标杆法则是从企业个体的外部寻找绩优企业作为标准，评价本企业的产品、服务或工艺的质量，以便发现差距，并持续、系统地加以改进。

四、战略管理会计的主要方法

在我国理论研究和实践探索中，为了使战略管理会计理论在企业发展战略中得到成功运用，形成了许多有别于传统管理会计的全新方法。

(一) 宏观环境分析

企业的发展与外部环境息息相关，熟知外部环境对企业发展具有重要作用。外部环境除外部分析中包含的环境外，还包括经济周期、国内外政策，具体的税收政策和投资政策等大的环境。企业应该注意收集宏观环境资料，对搜集的资料进行整理分析，找出最佳发展机会，使企业获得最大的经济效益。

(二) 企业价值链分析

企业产品的生产过程是价值的形成过程，也是费用发生过程和产品成本形成过程。企业将产品移交给顾客时，也就是将产品的价值转移给顾客。价值是一次性移交的，但产品的价值是在企业内部逐步形成、逐渐累积的。企业生产经营活动的有序进行构成了相互联系的生产活动链，生产经营活动链也就是企业的价值链。价值活动是构筑竞争优势的基石，对价值链的分析不仅要分析构成价值链的单个价值活动，而且重要的是，要从价值活动的相互关系中分析各项活动对企业竞争优势的影响。价值链分析的任务就是要确定企业的价值链，明确各价值活动之间的联系，提高企业创造价值的效率，增大企业降低成本的可能性，为企业取得成本优势和竞争优势提供条件。

(三) 企业成本动因分析

成本动因即引起成本发生变化的原因,多个成本动因结合起来决定一项既定活动的成本,一项价值活动的相对成本地位取决于它相对于重要成本动因的地位。对成本动因的细致划分难以穷尽,但从战略高度看,影响成本发生深刻变化的是那些具有普遍意义的、更具有战略意义的成本动因,如规模经济、价值活动之间的联系及其相互关系等,这些成本动因对企业的成本产生持久的影响。识别每种价值活动的成本动因能够明确相对成本地位形成和变化的原因,为改善价值活动和强化成本控制提供有效的途径。

(四) 目标成本法

目标成本法是一种以市场为导向,对有独立的制造过程的产品进行利润计划和成本管理的方法。目标成本法的目的是在产品生命周期的研发及设计(RD&E)阶段设计好产品的成本,而不是试图在制造过程中降低成本。目标成本法的核心工作是制定新品目标成本,并通过各种方法不断地改进产品与工序设计,确保新品成本小于或等于目标成本。这一工作需要包括营销、开发与设计、采购、工程、财务与会计,甚至供应商与顾客在内的设计小组或工作团队来进行。建立目标成本管理体系的目的,并非改变人们的价值判断,而是要激励经营管理人员、工程设计人员和全体雇员实现他们在市场上独占鳌头的目标。

(五) 竞争对手分析

竞争对手分析主要从市场的角度,通过对竞争对手的分析来考察企业的竞争地位,为企业的战略决策提供信息。竞争对手分析主要涉及以下几个问题:现有竞争对手有哪些;潜在竞争对手有哪些;竞争对手的目标和采取的战略措施及其成功的可能性;竞争对手的竞争优势及劣势;面临外部企业的挑战,竞争对手是如何反应的等。

(六) 预警分析

预警分析是一种事先预测可能影响企业竞争地位和财务状况的潜在因素,提醒管理当局注意的分析方法。它通过对行业特点和竞争状况进行分析,使管理当局在不利情况来临之前就采取防御措施,解决潜在问题。预警分析可分为外部分析和内部分析,外部分析主要分析企业面临的市场状况、市场占有率;内部分析主要分析劳动生产率、机制运转效率、职员队伍是否稳定等。

第二节 环境管理会计

一、环境管理会计概述

(一) 环境管理会计的内涵

目前,对于环境管理会计存在各种各样的定义或解释,学术界并没有给出明确的定义。但是,某报告称环境会计可以在国民收入会计、财务会计和管理会计等不同背景下使用。在管理会计的背景下使用环境会计概念，指将环境成本与环境业绩的信息用于企业的经营决策中，如在成本分配和产品设计中考虑环境成本和效益。

加拿大管理会计师协会在《管理会计指南》第40号中指出，环境管理会计是"对环境成本进行确认、计量和分配，将环境成本融入企业的经营决策中，并在此后将有关信息传递给公司的利益关系人的过程"。

国际会计师联合会IFAC认为，环境管理会计利用会计和相关信息为内部管理提供支持，其定义是"生成、分析并利用财务和非财务信息以优化公司环境和经济业绩，实现可持续经营的系统"。

联合国于1999年统一定名环境管理会计，但并未统一其定义，在2001年的报告中广义地将其定义为"为满足组织内部进行传统决策和环境决策的需要，而对实物流信息(如材料、水和能源流量等)、环境成本信息和其他货币信息进行的确认、收集、估计，编制内部报表和利用其进行决策"。尽管提法不同，但环境管理会计要为企业的管理决策提供面向未来的信息(包括财务性信息和非财务性信息)是相同的。

(二) 环境管理会计内涵框架

联合国在对环境管理会计进行定义的同时，提出了其内涵框架(见表12-2)。

表12-2 环境管理会计的内涵框架

货币单位核算		实物单位核算	
	环境管理会计(EMA)		
传统会计	货币计量环境管理会计(MEMA)	实物计量环境管理会计(PEMA)	其他评估手段
	公司层次的数据		
传统簿记	从账簿和成本会计资料中转换出环境信息的部分	公司的物质、能量和水等的实物流量的余额	其他环境评估、计量和评价手段
	在企业中的应用		
供内部统计、计算指标、节约额、预算和投资评价用	供内部统计、计算指标、节约额、预算和投资评价使用	供内部环境管理业绩评价和标杆管理使用	用于企业内部其他的生产，如清洁生产项目和生态设计
外部财务报告	环境支出、投资和负债的对外披露	对外报告(环境报表、公司环境报告、可持续性报告等)	向统计机构、当地政府等机构提供的其他外部报告
	在国民经济中的应用		
供统计机构统计国民收入用	在国民收入统计中计算行业的投资、年度环境成本	国家资源会计(国家、地区和部门的实物流量余额)	——

资料来源：联合国可持续发展委员会. 环境管理会计框架[C]. UN，2001.

在表12-2中可以清楚地看出，环境管理会计在货币计量方面和传统会计具有较大的共性。

（三）环境管理会计的基本内容

根据环境管理会计的内涵框架，我们可以绘制环境管理会计的基本内容框架图（见图12-1）。

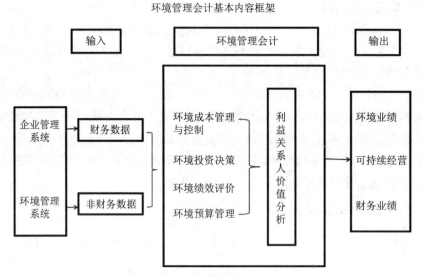

图12-1　环境管理会计的基本内容框架

图12-1中基本包括三大部分：①数据的输入，包括非财务数据和财务数据（主要取自环境会计系统、环境管理系统和财务会计系统）；②环境管理会计的核心部分；③最终输出——可持续经营目标。环境管理体系是企业管理系统的一部分，企业行为的环境影响和财务影响将反映为财务和非财务信息。企业的日常经营活动通过财务会计系统进行记录和反映，并最终形成财务报告，主要包括资产负债表和利润表。这是企业环境管理会计系统的主要财务数据来源。通过利润表，可以取得已消耗资源的数据，如材料、人工、折旧等。资产负债表提供有关的资产和负债信息（特别是可能的环境负债的信息）。卡普兰和诺顿强调，非财务信息在管理会计的所有领域都是一个重要因素。对于环境管理会计而言，更是如此。环境管理会计需要获得有关材料和能源在组织内流动、储存和对环境产生影响的信息，这是通过经营记录、材料采购计划、排废的监控等非会计部门活动收集的信息反映的。借助这些财务和非财务数据，经过加工、处理和改进，形成对决策有用的信息，供管理系统进行决策。同时，将决策的结果形成预算，并通过业绩评价来确保决策得到执行。从决策到执行，始终是围绕利益关系人的价值分析而进行的。环境管理会计生成的信息反馈于管理系统（含环境管理系统），实现企业财务业绩和环境业绩的改进，二者相互影响，相互促进，最终实现可持续经营目标。

（四）环境管理会计与管理会计的关系

管理会计的内涵是指在当代市场经济条件下，以强化企业内部经营管理，实现最佳经济效益为最终目的，以现代企业经营活动及其价值表现为对象，通过对财务等信息的深加工和再利用，实现对经济过程的预测、规划、控制、责任考核等职能的一个会计分支。

实质上，环境管理会计与管理会计在内涵上具有相似之处，只不过前者更强调适应组织经济目标的转变和为环境管理服务方面，这是在环境问题严重、环境管理成为企业管理的一个重要构成的形势下，为促进企业的可持续性和改进生态经济效率而由管理会计与环境管理相结合而发展起来的。在环境管理战略中，管理者需要考虑与环境相关项目的投资决策、产品的定价、废物的管理、资源的利用、员工业绩的评价等方面。环境管理战略能否成功，很大程度上取决于获得的信息质量的高低。然而现有的管理会计系统未充分确认环境成本、未全面考虑投资信息，无法使管理者做出相关决策，从而需要环境管理会计对现有管理会计系统进行改进和拓展。

但是，环境管理会计与传统意义上的管理会计仍存在一些主要的差异，如环境管理会计特别强调环境成本的重要性，不仅包括环境和其他成本信息，还包括诸如材料、水资源和能源等实物流量的信息。环境管理会计信息可以用于各种类型的企业管理决策中，但更适用于将产生重大环境影响的管理决策中。环境管理会计一方面对传统会计系统进行修正，主要以货币形式计量与环境有关的活动对企业的财务影响；另一方面则采用非财务指标反映企业的活动对环境的影响(环境业绩)，帮助企业管理者进行相关决策，从而实现环境效率和经济效率的统一，最终为实现企业可持续性经营服务。

二、环境管理会计的作用

(一) 提供决策支持

通过为相关的投资项目决策提供更为精确、完整的成本和收益信息(尤其是环境成本与收益信息)，对投资决策进行评估，并确定该项目的可行性。

(二) 指导产品定价

改变传统成本分配方式，防止发生受不同环境影响的产品之间在环境成本上的交叉补贴，通过提供产品环境成本的真实信息，为制定具有竞争力的价格提供指导。

(三) 协助企业管理，健全奖罚制度

通过获取环境成本及其他环境信息，对企业员工的绩效进行考察，进而采取相应的激励或奖罚策略。

(四) 改良生产制造流程

对生产流程的各个程序中产生的相关环境成本进行分析，获得各个程序的准确运行状况，以便运用相应的技术或管理手段，在不降低产品价值的基础上，尽量减少流程中的环境成本，从而实现整个制造流程的优化。

(五) 塑造企业的绿色形象

企业实行环境管理会计，使得企业生产更加接近于清洁生产，更多地进行环保产品的开发，并通过对外提供环境信息，树立企业在公众心目中的绿色形象。

除此以外，环境管理会计在影响企业活动的同时，对整个生态状况的改善、自然资源

的有效使用等也将发挥重要作用。企业在运用环境管理会计实现企业自身目的的同时，还不自觉地改善了整个社会的环境状况。因此不论是从企业的角度，还是从国家乃至世界的角度，实行环境管理会计都是十分必要的。

三、企业环境成本的会计分析

联合国国际会计和报告标准政府间专家工作组第15次会议认为，企业环境成本是指本着对环境负责的原则，为管理企业活动对环境造成的影响采取或被要求采取措施的成本，以及因企业执行环境目标和要求所付出的其他成本。这一定义指出了环境成本的形成来自企业活动对环境造成的影响，而对环境成本的控制正是要达到减轻或消除这种影响的目的。

(一) 环境成本的分类

从企业环境成本的定义来看，环境成本主要是企业经营活动对环境造成的影响所引起的，这种影响贯穿企业的整个生产经营过程。根据环境成本的形成，对环境成本可分类如下。

(1) 企业在生产过程中直接降低排放污染物的成本，包括产生废弃物的处理、再生利用系统的运营、对环境污染大的材料的替代、节能设施的运行等成本。

(2) 企业在生产过程中为预防环境污染而产生的成本，包括环保设备的购置、职工环境保护教育费、环境负荷的监测计量、环境管理体系的构筑和认证等成本。

(3) 企业对销售产品采用环保包装或回收顾客使用后与环境污染有关的废品、包装等所发生的成本。

(4) 企业有关环保的研究开发成本，如环保产品的设计，对生产工艺、材料采购路线和工厂废弃物回收再利用等进行研究、开发的成本。

(5) 有助于企业周围实施环境保全或提高社会环境保护效益支出的成本，包括企业周边的绿化、对企业所在地区域环境活动的赞助、环境信息披露和环境广告等支出。

(6) 其他环保支出，主要包括由于企业生产活动造成的土壤污染、自然破坏的修复成本及支付的公害诉讼赔偿金、罚金等。

(二) 环境成本的会计分析

环境成本的确定可以为企业提供相关的环境信息，同其他信息一样，环境信息也会对企业决策的制定产生影响。深化环境会计研究与应用的关键也是如何对这些有用的信息进行分析整理，从而确定环境成本。对于这个问题可以通过两个方面进行解决：一是将外部成本内部化；二是对内部环境成本进行归集与分配。

1. 外部环境成本内部化

环境保护要求减少企业对自然环境的破坏，减少向外部环境排放有毒有害物质，降低环境污染。但企业为了增加盈利，就要最大限度地降低成本，放弃采取必要措施控制其环境影响。要解决这一矛盾，可以建立某种具体机制将企业的外部环境成本加以确认、计量，将其加入企业的成本中进行核算，这就使企业为其行为承担起了经济责任与社会责任，也就是将外部环境成本予以内部化。而且一旦各种外部环境成本转化为企业内部成本，就会作为企业的成本被列入财务报告，对企业利润产生影响。企业作为以营利为目的的社会组织，为了提高利润必然要努力降低各类成本，自然包括环境成本。于是这种机制就会促使企业在以追求利润最大化为动机组织生产经营的同时，还兼顾环境保护的要求。目前，由于企业缺乏自我约束其环境行为和控制其环境影响的内在动力，要实现外部环境成本内部化这一目标就必须对企业施加外部压力作为必要的激励机制，其中最直接与常用的方式是加强和完善有关环保的立法和执法。我国现在已颁布了包括《中华人民共和国环境保护法》在内的一系列环保法规，迫使企业按照其要求采取必要的措施，使自己的生产经营活动符合法规要求，那么为此而发生的成本自然作为企业的内部成本反映在企业的财务报表中。这样企业造成的外部环境影响本属于外部成本，现在企业支付了一定成本消除或减少了这种影响，也就是说外部成本被内部化了。随着我国加入世界贸易组织，我国企业面临更严酷的竞争，为了提高自身竞争力，企业势必要采取一定对策使自己得以生存和发展。其中，按照国际环境标准认证体系ISO14000系列标准组织生产经营活动就是一项有效的可取方案。按照ISO14000的要求，企业必须建立环境管理系统。这种认证虽然不是强制性的，但企业为了提高竞争力，会积极主动地实现其要求。一旦通过了这种认证，外部环境影响就会被降低，而为达到这种标准认证而发生的所有投入就被转化为企业的内部环境成本。另外，随着我国经济的进一步开放和与国际接轨，企业自觉采取行动使外部环境成本内部化的动因也将不断增强。

2. 内部环境成本的归集与分配

与将企业的生产成本对象化类似，企业的内部环境成本也要最终计入产品成本，其计算结果会影响企业管理者的产品决策。所以关键问题在于如何合理地将各种内部环境成本进行归集并分配给相应产品。对于这一问题，可采用作业成本法予以解决，即以作业为核算对象，通过成本动因来确认和计量作业量，进而以作业量为基础分配环境成本。在划分作业成本库和确定成本动因时，可根据企业的具体情况，将产生环境影响的作业专门设立，形成专门的环境作业成本库，通过对企业所有作业活动进行跟踪反映，分析其成本发生的前因后果，准确地将成本分配给引起环境成本发生的产品，从而为企业提供客观、真实、准确的环境成本信息。另外，运用作业分析，还可发现企业环境成本管理中存在的问题，消除或降低具有环境影响的作业的影响程度。通过挖掘企业潜力，采取有效措施，重新制定产品决策等手段，降低环境成本，进而降低产品生产的总成本，最终提高企业的利润。

四、环境成本的计量方法

环境经济学的丰富理论与实践，为我们提供了环境会计的计量方法。常用的方法主要有直接市场法和替代性市场法。直接市场法是度量被评价的环境质量到环境标准之间的变动，然后直接运用货币价格这一变动的条件或结果进行测算。直接市场法是建立在有充分信息和明确现有的因果关系基础之上的，所以评估结果比较客观。环境成本的计量方法具体包括以下几种。

(一) 恢复费用法或重置成本法

在被评环境质量低于环境标准要求时，假如无法治理环境污染，则只能用其他方式来恢复受到损害的环境，以便使环境质量达到环境标准的要求。将环境质量恢复到标准状况所需要的费用就是恢复费用——重置成本，显然，此时环境价值为负值。

(二) 防护费用法

当某种活动有可能导致环境污染时，人们可能采取相应的措施来预防或治理环境污染，用采取上述措施所需费用来评估环境价值的方法就是防护费用法。防护费用的负担可以有不同的方式，它可以采取由污染者购买和安装环保设备自行消除污染的方式；也可以采取建立专门的污染物处理企业来集中处理污染物，而由污染者支付处理费的方式；还可以采取受害者自行购买相应设备，而由污染者给予相应补偿的方式。

(三) 市场价值或生产率法

环境质量的变化对相应的商品市场产出水平有影响，因而可以用产出水平的变动导致的商品销售额的变动来衡量环境价值。如果环境质量变动影响的商品是在市场机制的作用发挥得比较充分的条件下销售的，那么就可以直接利用该商品的市场价格。

(四) 人力资本法或收入损失法

环境质量脱离环境质量标准对人类健康有负面的影响。这种影响不仅表现为劳动者发病率与死亡率变化而给生产直接带来的损失或收益(可用前述市场价值法加以估算)，而且表现为医疗费开支的变化等，该方法就是专门评估反映在人身健康上的环境价值的方法。此外，直接市场法所使用的，是有关商品和劳务的市场价格，而非消费者相应的支付意愿或受偿意愿，这就使得该方法不能反映消费者因环境质量脱离环境标准而得到或失去的消费者剩余，因而也就不能充分衡量环境的价值。在现实生活中，有些商品和劳务的价格只是部分地、间接地反映了人们对环境质量脱离环境标准的评价，用这类商品与劳务的价格来衡量环境价值的方法，称为间接市场法，即替代性市场法。替代性市场法使用的信息往往反映了多种因素产生的综合性后果，而环境因素只是其中之一，因而排除其他方面的因素对数据的干扰，就成为采用替代性市场法时不得不面对的主要困难。所以，替代性市场法的可信度要低于直接市场法。还有，替代性市场法所反映的同样只是有关的商品和劳务的市场价格，而非消费者相应的支付意愿或受偿意愿，因而同样不能充分衡量环境质量的价值。但是，替代性市场法能够利用直接市场法所无法利用的可靠的信息，衡量时所涉及的因果关系也是客观存在的，这是该方法的优点所在。环境会计的计量确认是难点，如何确定特定环境的货币金额，各种计量方法都有自己的特点，环境会计在计量特定环境价值时，应根据可计量的、可获得的信息的充分性及可靠性和成本—效益原则来选择具体方法，也可采用非货币计量方式在会计报表附注中披露。环境会计的对象能以货币和非货币计量，是环境会计的重要前提和假设，这说明了环境会计具有一般会计学科的共性；也有不同于传统会计学的非货币计量个性，环境会计便是这种共性和个性的综合体。

第三节 碳排放与碳管理会计体系

一、低碳经济与碳排放发展背景

伴随着《京都协议书》的签订、巴黎气候会议的召开，低碳经济已经逐渐成为全球经济发展的新模式。这种新模式的目标是追求低能源消耗，低污染排放，高效率利用能源，不断追求绿色GDP，提倡发展绿色经济。2013年，我国国家发展和改革委员会在北京市、天津市、上海市等七个城市开设碳排放权交易试点，逐步探索建立国内碳排放交易市场。2017年12月，全国碳排放权交易市场已经正式开启，预计到2025年，能够实现对全国8大行业、20个子行业的全覆盖。碳管理会计作为环境会计的一个分支，是基于碳排放提出的新兴学科，我国对于碳排放的控制仍处于起步阶段，如何发展这个学科仍然是个问题，对于需要构建碳管理会计的企业来说更是一个困难重重的挑战。

二、碳排放相关概念释义

(一) 碳排放权

碳排放权又称排污权，根据碳排放权交易制度的规定，企业每拥有一单位的碳排放权用一单位的碳配额来度量，也就是说，可以用每一单位的碳配额代表一吨二氧化碳的排放权利。但是碳配额和碳排放权的属性不同，碳配额是政府无偿分配给企业的碳排放权，而碳排放权是可以在碳排放交易市场上进行买卖的。在碳排放权交易市场上，环保企业是碳排放权的卖方，环保企业的剩余配额可以放在市场上出售，重污染企业或者大量排放二氧化碳的企业需要在交易市场上向环保企业购买一定数量的碳排放权。

(二) 碳交易

将二氧化碳的排放权作为商品放在市场上进行买卖交易的行为，称为碳交易。碳交易最初源自1997年的日本《京都议定书》，该协议首次将二氧化碳排放权纳入市场机制进行自由买卖，是解决温室气体排放、环境污染外部性内部化的新途径。

(三) 碳履约成本

按照学术界普遍认同的对碳成本的定义，碳成本是在产品全生命周期内由于碳排放或减排而产生的相关的所有经济利益的流出。由于广义的碳成本不仅包括碳成本，还包括碳减排，因此与这两者相关的支出都要计入碳成本中，如减排设备的购入与折旧、低碳技术的研发投入、碳交易支出等。本书认为，以上所考虑的权变因素中，碳履约成本应是重点控制的对象，而碳交易支出就是履约成本。

(四) 碳管理会计

随着碳排放权利益相关者想要进一步了解掌握会计信息，其中既包括财务信息也包括非财务信息，碳管理会计应逐渐成为管理会计领域研究的重点。碳管理会计是在现有的管理会计理论基础之上，以财政部《管理会计基本指引》为依据，运用恰当的管理会计工具建立碳管理会计体系，为利益相关者提供持续、系统、及时的企业碳排放量等其他相关信息，进一步揭示自然资本效率和社会效益的一种经济管理活动。碳管理会计体系的建立不仅可以帮助企业制定适应当前国情的经济发展战略，还能推动企业认识到社会环境的重要性，以保证国家战略的落地和实现。

三、碳管理会计体系的建立

碳管理会计体系的最终目标是实现国家经济和社会生态效益的和谐发展，最终实现可持续发展。在现阶段，并不是所有企业都具备建立碳管理会计体系的条件。适合建立碳管理会计体系的企业应具备两个基本条件：第一，能够为碳管理会计体系提供实施信息以供决策；第二，全员能够参与碳管理会计体系。第一个条件要求企业拥有强大的硬件系统支持；第二个条件要求企业内部管理和内部控制必须建立健全。这也就意味着对能够建立碳管理会计体系的企业提出了硬件和软件方面的高要求。碳管理会计系统在传统会计管理科学系统的基础上加入了关于碳排放的多方面内容，能够有效帮助企业的各个管理者在关于低碳经济下的碳排放活动中做出最优决策，为实现企业可持续性生存提供技术服务。应将低碳目标纳入传统管理会计体系中，并结合价值链思想构建碳管理会计体系，如图12-2所示。

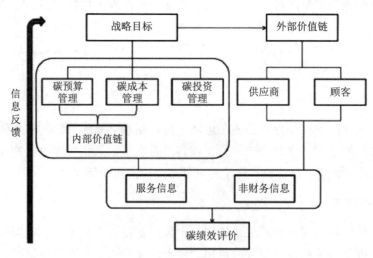

图12-2　碳管理会计体系构建

碳管理会计体系的研究内容主要包括以下六方面。

(一) 低碳战略目标

企业要实现可持续绿色发展就要着眼于全局，把握企业发展与节能减排之间的关系，将碳排放权作为权变因素之一，借助绘制战略地图、价值链管理等管理会计工具将低碳理念与企业战略相结合。在低碳战略目标下，企业在实现新旧动能转换过程中需要额外购置低碳设备，在短期内增加了企业的成本，但从长远来看，企业使用新设备提高了生产效率，同时可以在激烈的市场竞争中树立低碳环保的良好形象而获得更多的发展机会。

低碳战略的最终目标是提升企业的经济发展水平和生态效益，真正实现绿色发展。确立低碳战略目标后，应进一步分解战略目标：一方面要为低碳管理决策提供可靠的信息；另一方面是全面参与企业的低碳管理过程，充分考虑碳因素的权变关系，这一过程包括预算环节、成本管理环节、投资决策环节、价值链管理环节和绩效评价环节等。碳管理会计在传统管理会计系统的基础上考虑了碳影响，通过高质量的碳信息，为低碳战略目标的成功实现提供了重要保证，进而帮助企业管理者做出最优决策，实现企业的可持续发展。

(二) 碳预算管理

在企业战略目标下，全面预算管理是对战略目标的程序化和可度量化，同时预算的监督和控制也有助于企业战略管理的调整和优化。现代全面预算管理是以企业战略为导向，以企业按规范的流程编制全面预算为基础，涉及全方位、监督全过程，面向全员，集执行、监控、考评、激励于一体的企业综合管理控制系统。目前传统的全面预算体系尚未考虑碳排放活动，因此传统的全面预算体系并不能反映碳排放活动对企业的影响。在考虑碳活动影响的情况下，碳预算管理应包含以下内容。

1. 碳排放预算

碳排放是企业在日常生产活动中不可避免发生的碳活动行为。在制定碳排放预算时，可以借鉴恰当的管理会计工具来设计预算方案。一种是运用责任中心工具，即通过碳排放责任中心划分的子预算来规划碳排放量预算额，以此为基础可以对碳成本控制环节提供依据，也可以作为业绩评价考核指标；另一种可以参考作业成本法的思路，也就是将公司经营活动细分成多项任务，并将各个任务所需的资源进行合理细分，再将所需资源的数量按一定的比例换算成碳排放系数，并将其编入预算。碳排放系数的换算比例可以使用历史成本法确定其排放量和业务量之间的关系。

2. 碳排放权交易预算

理论和实践皆表明，碳排放权并不等同于碳配额，企业碳排放量往往并不等于其碳配额，正是由于两者不对等的关系，才使得碳排放权有了市场交易的可能。当企业的碳排放量大于其碳配额时，企业须从碳排放权交易市场上购买差额碳排放权发生支出；当企业碳排放量小于其配额时，企业可以卖掉多余的碳排放权来获得收益。碳排放权交易预算的编制需要预测下年的碳排放权与碳配额数，还应预测碳排放权的交易单价。

3. 碳减排预算

在碳排放权交易预算基础上，还应对企业能够实现的碳减排量进行提前估算。碳减排预算与低碳决策有关，这是决策的过程与结果的体现，应当包括决策的相关减排支出和决策实施后的减排量。碳减排预算体现了企业碳减排的效果和碳减排的支出。

(三) 碳履约成本控制

现行的碳履约成本控制方法是为碳减排主体测定其碳足迹,根据碳足迹测算出碳成本,再将成本分摊至各个产品的成本上的方法。针对碳履约成本控制,我们可以将其分为两部分,即超额碳排放量和碳排放权的购买价格,继而我们可以将这两个因素分别划分责任成本,建立超额碳排放责任中心和碳交易责任中心。第一个责任中心负责碳排放量的控制,第二个责任中心负责碳排放交易活动,完成碳履约。碳履约成本的控制过程如图12-3所示。

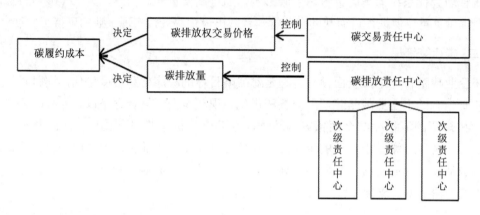

图12-3 碳履约成本的控制过程

(四) 碳价值链管理

碳价值链管理是在波特五力模型的基础上考虑碳因素的,不仅应考虑企业内部价值链,还应该考虑外部价值链,并将价值链的概念扩大,将本企业与上下游企业(供应商、客户)的联系考虑进价值链中。碳价值链管理贯穿碳管理过程始终,有利于企业全方位落实低碳管理。

(五) 碳投资决策管理

碳投资决策管理需要对传统的财务管理决策范围进行相应的调整,在低碳背景下,对于投资决策方案的评价不能局限于定量分析方法,还应考虑环境因素,并兼顾企业经济效益与生态效益,因此在进行决策时不仅要考虑内部投资报酬率,还应考虑非财务指标,将碳排放量等评价指标纳入投资决策评价中。在做碳投资决策时可使用全部成本评价法(TCA)、多标准评价法(MCA),以及利益关系人价值分析法(SVA)。

(六) 碳绩效评价

企业低碳战略下,在已经实施了碳预算管理、碳成本控制、碳价值链管理、碳投资决策管理的基础上,碳绩效评价环节也应不例外地考虑低碳因素的影响,应能够清晰地反映企业在碳排放、碳减排和碳控制等方面的收益与支出情况。在企业碳绩效评价过程中,可以借鉴平衡计分卡和关键绩效指标思想,建立适应本公司经营和管理特点的维度KPI指标,进行业绩评价和激励,这将有助于企业实施可持续发展战略和帮助低碳战略的落地。

第四节 区块链技术与管理会计的融合

一、区块链技术简介

区块链技术起源于 2008 年 11 月。区块链是一种按照时间顺序将数据区块以链条的方式组合成特定数据结构，并利用密码学原理保证其不可篡改和不可伪造的去中心化共享总账。在这个系统中既有区块又有链，交易各方以密钥、数量、电子货币数字签名等有关交易数据组成区块，而各个交易按照达成的时间顺序组成一个主链，各个区块之间用哈希算法进行连接。

二、区块链技术原理

区块链是由一连串基于密码学方法而产生的数据块组成的分布式账簿，每个数据块都含有大量的交易信息，用于验证信息的有效性并生成下一个区块。这些区块按生成的时间顺序前后排列，不可篡改，并且有唯一时间戳为每一份记录加上水印，每一个区块同时又是一个节点。因此，区块链技术的实质是一个用于维持信息共享来源的分布式计算机网络节点。其中，每个节点都保存了一套完整历史数据的副本，用以维护信息的安全性和准确性。

从会计信息角度来看，每个节点都保存了一整套分布式账簿副本。区块链技术的"分布式"不仅体现在数据的分布式存储上，还体现在数据的分布式记录上。每个分布式节点都可以通过特定的哈希算法和 Merkle 树数据结构，将一段时间内接收到的交易数据和代码封装到一个带有时间戳的数据区块中，并链接到当前最长的主区块链上形成新的区块，该过程涉及区块、链式结构、哈希算法、Merkle 树和时间戳等技术要素。因此，如果要修改一个交易数据，就必须修改与之相邻区块中的数据，这样才能修改后面所有区块的数据。

区块链技术中，信息传递不再依赖中心机构，而是以点对点的去中心化方式实现。其主要流程为：首先，交易方利用私钥签名创建交易；其次，将所建交易的信息在 P2P 网络上进行全网广播；再次，区块链上的各个节点收到广播后，对各个记账节点进行验证；最后，各个节点将通过共识验证的交易信息计入账本。

三、区块链技术的特点

(一) 去中心化

传统的分布式储存是把数据按照相应的规则进行多份存储，是由中心节点对数据进行管理。区块链则改变了传统的分布式储存方式，采取了去中心化的管理，让每一个节点对数据进行管理，使每一个节点都参与账本的记录、审核、更新，以达到每一个节点维护整个区块网络的目的。因为在区块链中，每发生一次交易信息，就会向区块链的每一个节点进行广播，每一个节点为了争夺"记账权"、获取报酬，都会记录每一次交易信息，从而都会审核记账的真实完整性，并更新自己记录的信息，形成新的区块。

(二) 去信任机制

在传统的分布式储存中，中心节点需要通过背书的方式，让其他的节点信任自己。在区块链的去中心化中，每一节点没有了通过背书取得信任的中心节点，同时采取了非对称加密和授权技术，存储在区块链网络中的数据都是公开的、透明的，每一个节点都可以获取区块链上全部区块的交易信息，但是每一个节点的用户信息通过高度加密的方式，只有得到用户的授权，才可以被访问，从而保护了用户的数据安全和个人隐私。

(三) 不可篡改性

在区块链中，所有的节点都参与了交易信息的记录，每一个节点都记录了全部账本的数据。一旦新的区块信息形成会被区块链网络所记录，因此单一节点对交易信息的篡改是没有意义的，得不到其他节点的认可。单一节点要改变存储的数据就需要改变大量节点记录的信息，那就要控制区块链网络中51%以上的节点，当节点的基数过大时，实际上就难以实现，存储的数据就不能篡改。

四、区块链技术对管理会计应用的影响

(一) 企业获得真实的信息

管理会计是指在财务会计核算的原始数据的基础上，根据企业的内部和外部的情况，通过相应的分析方法，对财务会计核算的原始数据和收集到的内部、外部信息进行整理、加工、分析等得出报告，管理者把这些报告作为决策的依据的一种管理活动。那么，财务会计核算会在一定程度上影响报告的准确性。区块链技术不可篡改的特点可以很好地规避会计核算数据的篡改、造假等问题，保障了会计核算信息的准确性，保证了管理会计处理会计核算数据的真实性。

(二) 企业获得全面的信息

管理会计除了处理财务会计核算的原始数据，还需要收集外部信息。消费者、供销商的信息是收集外部信息的重要内容，以往大多数企业和消费者、供销商的联系少，企业很难及时、全面地掌握消费者、供销商的第一手有效信息。现在可以设置一个企业、供销商、消费者一体的区块链，利用区块链的去中心化、信息的公开化等特点，企业、供销商、消费者作为链条上的节点，实现各自拥有信息的共享，使得企业可以收集到更多有关供销商、消费者的信息，让企业获得的信息更加全面。

(三) 降低企业的成本

企业以往在处理会计核算的原始数据和收集内外部信息时，往往将一项作业转移到另一项作业，这个过程会耗费大量的人力、物力、财力。区块链可以将所有的作业连接起来，瞬时、自动化地处理这些作业，从而帮助企业节省人力、物力、财力，也提高了处理会计核算的原始数据和收集内外部信息的效率，降低了企业的成本。

五、区块链技术在管理会计中的应用

区块链技术通过基本数据块链的分布式分类账，可以实现数据资料的透明与公开，同时保证了资产和财务会计数据信息的准确与安全，在一定程度上降低了交易成本和潜在的财务风险。除直销企业外，传统企业与客户很难直接接触，这使得它们难以得到客户的第一手需求，也难以根据客户的潜在需求变化，及时做出有针对性的业务决策，区块链技术的出现，将使形势发生巨大的变化。因此，区块链技术具有很大的应用价值。具体来讲，区块链技术在管理会计中的应用将主要集中在以下几个领域。

(一) 作业成本管理

作业成本管理(ABCM) 是一种以增加企业的利润、提高客户的价值为目的，基于作业成本动因的新型集中化管理方法。这种方法先将企业的间接费用归集，然后按作业动因分配这些间接费用，计算出产品的总成本和单位成本，同时还对企业的所有作业活动进行追踪并动态反映，然后进行动因分析、作业分析等成本链分析，最后为企业的管理者提供准确的决策信息。作业是企业所完成的一系列任务的总称，也就是企业为了达到某种目的而进行的消耗资源的活动，类似的作业归集在一起构成了作业中心。作业成本管理的原理是，产品消耗作业，作业消耗资源，一项作业转移到另一项作业的过程，同时伴随着价值量的转移，最终产品是全部作业的集合，也是全部作业的价值集合。区块链系统中的每一个区块相当于企业的一个作业中心，每一个区块中包含了区块头和区块体，区块头含有前一区块地址、时间戳、随机数、目标哈希值和 Merkle 根。区块体则是当前区块创建过程中生成的所有经过验证的交易记录，这些交易记录通过哈希处理生成 Merkle 根。区块链技术下企业的作业中心如图12-4所示。

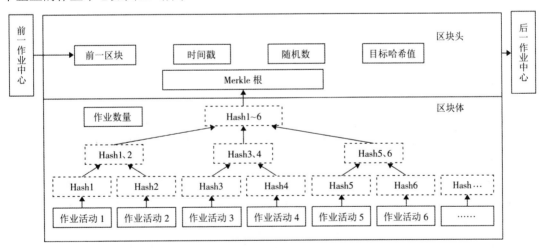

图12-4　区块链技术下作业中心图

作业成本管理能对企业所有作业活动追踪并进行动态反映，区块链也有这种功能。各个区块依次环环相接，区块转移时，既是一项作业转移到另一项作业的过程，也是价值转移的过程，最终形成区块链，从而记录了作业活动的全部数据，并能够提供区块链作业活动数据的溯源和定位功能，任意作业活动都可以通过链式结构顺藤摸瓜、追本溯源。利用区块链技术进行作业成本管理，将管理的重点放在了成本发生的前因后果上，使得管理会计的分析由面向结果转为面向过程，因此提供的信息会更加准确，更有利于改善企业决策的效果和效率。

(二) 价值链管理

价值链最早出现在哈佛大学教授迈克尔·波特写的《竞争与优势》一书中。波特教授认为，企业的价值创造是由一系列活动构成的，这些不同但相互关联的活动构成了一个创造价值的动态过程，即价值链。价值链可以分为内部价值链、横向价值链和纵向价值链。企业内部价值链是企业为顾客创造价值的主要活动及相关支持活动，这些活动如同作业，内部价值链可以被视为作业链，因此区块链技术在内部价值链管理中的应用也就是区块链技术在作业成本管理中的应用。横向价值链反映同类产品在不同生产者之间的价值运动过程，通过充分考虑企业目前和潜在的竞争者，以便获取竞争优势，也就是说横向价值链是同行业间不同竞争对手间相互作用所形成的具有潜在关系的链条，但由于竞争者之间没有任何交易信息，因此在横向价值链中尚无法应用区块链技术。纵向价值链是指企业向上延伸到原材料的供应者，向下延伸到最终产品的最终用户，将企业、供应商和顾客分别视为一个整体，它们之间相互联系并构成一种链条关系。纵向价值链可被视为供应链，拓宽了管理会计的视野。

区块链技术下，价值链中的各个有机体都处于区块链的节点上，每个节点都独立保留了链条中采购、销售等交易的所有数据信息，每一笔交易信息都会经过各个节点的审查，而且这些信息分属于纵向价值链的不同阶段，按链式排列，区块链技术使得每一个影响交易的元素都相对透明，这为企业资产的计量、成本的分摊提供了全面、准确的基础信息。区块链的每个节点上不仅有财务信息，还有非财务信息，使用者能获得区块链中的全部数据，消除信息不对称的风险，因此管理会计可以利用这些信息重新选择价值链上下游企业与销售渠道，从而降低企业整体的成本和费用水平，加快资金周转，形成企业的核心竞争力。

(三) 责任会计

责任会计是现代企业分权管理的条件下，为适应经济责任制的要求，在企业内部建立若干个责任单位，并对他们分工负责的经济活动编制责任预算和组织核算，通过信息的反馈，实现对责任中心进行控制和考核的一整套会计制度。为了对责任中心进行控制和考核，需要建立相应的信息系统来客观、完整地记录相关责任的履行情况，而区块链技术正好可以解决信息系统的问题。责任会计的主体是责任中心，责任中心可以分为成本中心、利润中心、投资中心，在区块链技术下，相应地可以设置为成本区块链、利润区块链、投资区块链三个责任中心区块链，各个区块没有作为中央服务器的第三方监管，使得区块链中的交易信息不能随意被修改，保证了数据的真实和完整性。责任中心区块链能够追踪、记录责任中心的业务活动信息，从而分析、确定各自应承担的成本或收入，以便企业对责任中心的工作业绩进行客观的评价和考核，最终最大限度地调动各个责任中心的积极性。区块链作为一个分布式账簿，对于各个责任中心而言，能够追踪、记录责任的履行情况，并利用智能合约管理本中心所产生的交易协议。

第五节　数智化与管理会计的发展

一、数智化背景

党的二十大报告提出，要构建新一代信息技术、人工智能等一批新的增长引擎，加快发展数字经济，打造具有国际竞争力的数字产业集群。"十四五"规划中也明确指出，要充分发挥海量数据和丰富应用场景优势，赋能传统产业转型升级。数字化与智能化成为企业高质量发展的重要工具和手段，企业数智化转型已经成为必然趋势。在此背景下，会计作为企业经营与发展中必不可少的一环，也必然要实现由传统型核算会计向数字化管理会计的转型，通过强化"监督、反映、决策"三大功能，以高质量会计助力企业实现高质量发展。

数字化与数智化是两个不同的概念，数字化即数字技术，数智化则是各项数字技术的进步与应用，两者既有联系也有区别。数智化是信息化、数字化与智能化的有机融合，它通过连接获取数据，通过数据提炼其中的价值，并通过人工智能将数据的场景应用到实际场景，然后进行智能化分析及决策，这是一项集合了信息化、数字化、智能化的巨大工程。

会计信息化的结果是数字化，而如何发挥大数据的作用价值，则是智能化的核心任务。智能化不是简单进行数字化记录，也不单纯指业务流程自动化、办公自动化、会计信息化。它以解决场景问题为目标，基于信息化、数字化所产生的大数据进行深度挖掘和智能分析，智能解决问题并支持企业决策。

二、管理会计数智化转型的趋势与意义

(一) 数字时代的变革

企业正面临信息化向数字智能化转变的时代，这种变革不仅仅是技术的进步，更是一种全面的思维和文化的转变。数字化技术的快速发展，特别是大数据平台、移动互联网和人工智能的崛起，彻底改变了企业的经营环境和方式。传统的会计工作已不再局限于简单的数据录入和事后核算，而是更加注重数据分析、预测和战略决策。

(二) 智能化替代传统

随着智能软件和设备的迅猛发展，许多传统的会计工作逐渐被自动化和智能化的工具所替代。例如，财务报表的生成、数据清洗和分类、成本分析等常规工作可以通过智能软件进行高效处理，从而释放出会计人员的时间和精力。这使得会计人员能够更专注于分析数据、理解业务，以及为企业的战略决策提供有力支持。

(三) 管理会计的角色与挑战

在数字时代，管理会计的角色正在发生重大变化。过去，管理会计主要关注成本控制、预算管理等方面，而现在，他们需要更广泛的业务洞察力和战略思维。他们不仅需要

理解数字化技术的应用，还要能够将财务数据转化为有意义的业务见解，为企业的决策提供战略性指导。这种角色的转变既是一个机遇，也是一个挑战，需要不断学习和适应。

(四) 数智化转型的必要性

数智化转型对企业来说已经成为不可或缺的必要步骤。通过精益提升数字运营能力，企业能够更好地应对市场变化、优化资源配置，实现业务的创新和升级。管理会计在这一过程中起到关键作用，他们通过深入了解企业业务，分析数据，提供准确的预测和规划，为企业的发展路径提供有力支持。

(五) 管理会计的功能扩展

数字化改革推动了管理会计功能的扩展，使其不再局限于传统的财务核算和成本管理。管理会计需要更多地关注战略规划、业务模式创新、风险管理等方面，以更好地服务于企业的发展。此外，管理会计还可以借助数字技术创新，开发更先进的工具和方法，帮助企业实现数字化运营，提高决策的科学性和有效性。

三、数智化管理会计的目标

(一) 传统管理会计目标的基础

根据财政部2016年颁布的《管理会计基本指引》，传统管理会计的目标是为单位规划、决策、控制、评价等活动提供有用信息，助力单位实现战略规划。这强调了管理会计在企业运营中的基础职能，包括资金管理、全面预算和财务内控。

(二) 数智化下管理会计的深化目标

在数字化和智能化的趋势下，数智化管理会计的目标进一步深化。它在强化基础职能的同时，更着重于提升决策支持和战略支持功能。利用数智技术的推动，管理会计要实现流程自动化、高效管理和智能决策，并通过技术赋能实现企业价值创造的最终目标。

(三) 从"财务小数据"到"业财大数据"的转变

过去，由于技术限制，管理会计仅能获取有限的"财务小数据"，在企业中扮演有限的角色。然而，随着数智技术的成熟，管理会计可以从"业财大数据"中获取更多信息。这使得管理会计能够向战略支持方向转变，通过内外部数据融合，为决策提供更全面、科学的分析报告。

(四) 内外信息共享的提升

数智化管理会计不再仅限于财务数据，它可以通过对内向业务端和外向价值链的延伸，实现业财数据的融合。这样，管理会计能够更好地理解企业的实际生产经营状况，提出更符合实际的战略规划，并为企业的决策提供更准确的指导。

(五) 实现企业价值创造的催化剂

数智化管理会计将管理会计从传统的财务数据分析提升到更广泛的业务洞察和战略规划，从而为企业的价值创造提供催化剂。通过全面性的数据分析、精确的预测和战略性的支持，管理会计可以帮助企业做出更明智、更有针对性的决策，从而实现企业价值的最大化。

在未来的数智化时代，管理会计的目标不再局限于传统的财务工作，而是更加强调业务洞察和战略支持。通过数智技术的应用，管理会计可以成为企业价值创造的关键推动者，为企业的发展提供持续的支持与指导。数智化管理会计体系如图12-5所示。

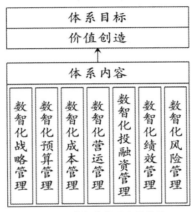

图12-5　数智化管理会计体系

四、数智化管理会计的具体内容

(一) 数智化战略管理

通过数智化技术，企业可以从战略视角重新审视经营与业务活动，实现战略决策的优化。数智技术在战略管理中的应用包括优化决策组织、创新平台建设和改进信息架构。通过扁平化、网络化的决策组织，管理会计专业人员能够参与决策并提供基于历史数据和数据挖掘的理性决策建议。创新平台建设则通过开放的信息采集系统和多方位数据连通，为战略决策提供多样数据支持。在信息架构方面，可以建设数据底层、数据中台和业财融合平台，实现全面的数据分析和可视化报告，帮助领导者做出最佳战略决策。

(二) 数智化预算管理

数智化预算管理通过智能化特点进行全面预算管理，建立涵盖各预算主体的编制系统，汇总实际数据，提供全员参与的编制平台，从而实现统一管理和科学的预算编制。此外，在预算控制系统方面，可以建立分级管控和归口管理职责，加强事前和事中控制。同时，可以构建预算分析系统，实现实时查询和分析功能，为预算管理人员提供全面的分析结果和报告，促进预算管理的科学性。

(三) 数智化成本管理

数智化成本管理利用大数据平台，收集整理生产环节成本数据，建立成本控制标准的信息系统，与各模块进行对接，实现全过程成本控制。通过数智技术实现事前规划、事中跟踪和事后反馈的成本管控闭环，提高成本控制效率与质量。

(四) 数智化营运管理

数智化营运管理利用数据分析预测销售、优化资源分配、提升供应链管理效率。通过客户画像和精准定位，实现个性化和定制化的经营和销售活动。在运输与供应链管理方面，数智化管理系统促进供应链上下游信息沟通，提高资金、存货周转效率，提升资源管理与调度内容。

(五) 数智化投融资管理

数智化投融资管理利用数智技术进行投资决策和融资活动，通过量化投资模型分析多维数据，提高投资决策效率。在融资活动中，利用大数据筛选合适融资资源，优化企业融资结构，降低融资风险。

(六) 数智化绩效管理

数智化绩效管理强调过程评价和控制，通过数据支持员工绩效评估，建立合理的激励模式，优化标杆管理效率，提高竞争优势。

(七) 数智化风险管理

数智化风险管理通过风险预警和应对措施，帮助企业规避潜在风险，如利用知识图谱构建智能风险问答平台，通过深度学习识别风险。在风险应对方面，机器学习的专家系统可以提供解决方案，降低风险损失，通过连接价值链降低不确定性风险，提高企业应对风险的能力。

数智时代的到来，使企业的生产经营和管理环境发生了翻天覆地的变化，进行数智化转型成为企业发展的必然趋势。在数智化管理会计体系下，管理会计应以价值创造与价值增值这一最基本目标为核心，将数智化融入管理会计的七项内容中，实现管理会计决策型和创造型的价值意蕴。通过数智化管理会计体系的构建，实现管理会计的转型发展，实现企业效率与质量的同步提升。

▌思考练习▌

一、单选题

1. 事先预测可能影响企业竞争地位和财务状况的潜在因素，提醒管理当局注意的分析方法是( )。

A. 目标成本法   B. 竞争对手分析

C. 预警分析   D. 宏观环境分析

2. 环境管理战略是否成功，很大程度上取决于( )。

    A. 产品的定价　　　　　　　　B. 获得的信息质量

    C. 资源的利用　　　　　　　　D. 废物的管理

3. 将环境质量恢复到标准状况所需的费用就是恢复费用——重置成本，此时环境价值为( )。

    A. 正数　　　　　　　　　　　B. 负数

    C. 零　　　　　　　　　　　　D. 大于等于零

4. 以下哪项描述最准确地表达了区块链技术的特点( )。

    A. 区块链是一个中央数据库，所有数据由一个中心管理并保存在一个地方。

    B. 区块链是一个分布式账簿，数据块按生成时间顺序排列，不可篡改，并具有唯一时间戳。

    C. 区块链只包含交易信息，不涉及节点和水印的概念。

    D. 区块链技术仅用于维护个人隐私，不与分布式计算机网络相关联。

5. 数智化是集合了信息化、( )和智能化的巨大工程。

    A. 数字化　　　　　　　　　　B. 现代化

    C. 机器化　　　　　　　　　　D. 移动化

二、多选题

1. 企业的战略目标包括( )。

    A. 公司战略目标　　　　　　　B. 供应链战略目标

    C. 竞争战略目标　　　　　　　D. 价值链战略目标

    E. 职能战略目标

2. 战略成本管理与传统成本管理的区别有( )。

    A. 目标不同　　　　　　　　　B. 时间不同

    C. 成本概念不同　　　　　　　D. 战略观念不同

    E. 效果不同

3. 碳管理会计体系的基本内容包括( )。

    A. 低碳战略目标　　　　　　　B. 碳预算管理

    C. 碳成本控制　　　　　　　　D. 碳价值链管理

    E. 碳投资决策管理

4. 环境成本的确定途径有( )。

    A. 将环保支出公开化　　　　　B. 将外部成本内部化

    C. 将内部成本外部化　　　　　D. 将内部环境成本归集与分配

    E. 将外部成本归集与分配

5. 请从以下选项中选择所有描述数智化管理会计特点的正确选项( )。

    A. 数智化管理会计主要关注传统财务数据分析

    B. 数智化管理会计提供广泛的业务洞察和战略规划支持

    C. 数智化管理会计帮助企业实现最大化的价值创造

    D. 数智化管理会计仅关注精确的预测

三、判断题

1. 作业影响动因，动因影响成本。 （　　）

2. 成本动因即引起成本发生变化的原因，多个成本动因结合起来决定一项既定活动的成本，一项价值活动的相对成本地位取决于它相对于重要成本动因的地位。 （　　）

3. 区块链改变了传统的分布式储存方式，采取了去中心化的管理，让每一个节点对数据进行管理，使每一个节点都参与账本的记录、审核、更新，以达到每一个节点维护整个区块网络的目的。 （　　）

4. 环境管理会计仅为企业的管理决策提供面向未来的非财务信息。 （　　）

5. 数智化转型对企业来说已经成为不可或缺的必要步骤。通过精益提升数字运营能力，企业能够更好地应对市场变化，优化资源配置，实现业务的创新和升级。 （　　）

参考文献

[1] 财政部. 企业会计准则2019年版[M]. 上海：立信会计出版社，2019.

[2] 财政部注册会计师考试委员会办公室. 财务成本管理[M]. 北京：经济科学出版社，2019.

[3] 财政部注册会计师考试委员会办公室. 会计[M]. 北京：中国财政经济出版社，2019.

[4] 财政部. 企业会计准则——应用指南2019年版[M]. 上海：立信会计出版社，2019.

[5]郑玲，王培培. 战略管理会计的演变轨迹与发展趋势——基于价值链的分析[J]. 财会月刊，2016(07)：8-12.

[6] 王小红，田谧，孟亚丽. 大数据时代下环境管理会计的机遇与挑战[J]. 会计之友，2019(01)：55-59.

[7] 何建国，余占江. 企业碳管理会计系统构建研究[J]. 财会通讯，2015(16)：36-38.

[8] 刘光强，干胜道，段华友. 基于区块链技术的管理会计业财融合研究[J]. 财会通讯，2022(01)：160-165.

[9] 崔秀梅，温素彬，龙思玥. 数智化管理会计的价值意蕴和体系构建[J]. 财会月刊，2023，44(05)：47-51.

[10] 戴璐，孙茂竹.跨学科视角下的管理会计[M]. 北京：中国人民大学出版社，2014.